# 信托市场热点研究

RESEARCH ON TRUST MARKET HOTSPOTS

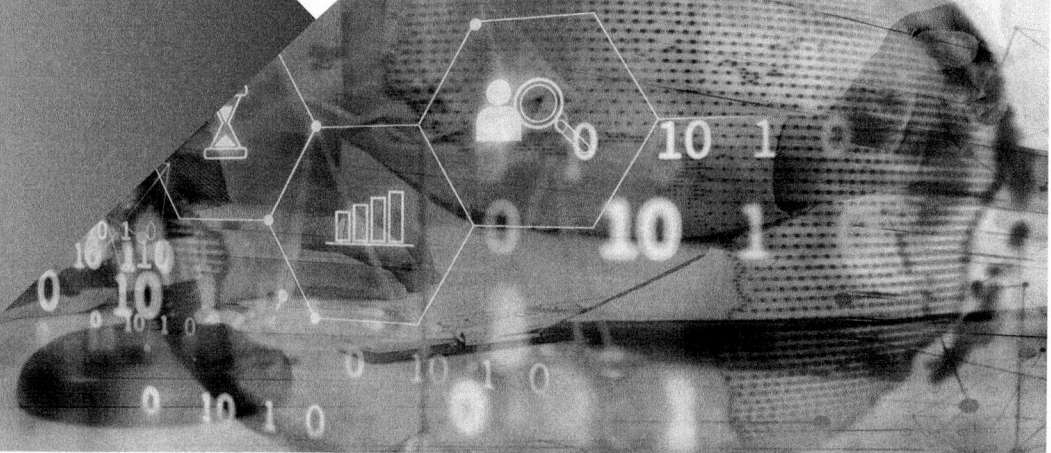

中诚信托战略研究部 著

2020

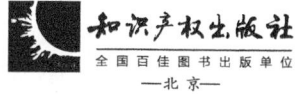

知识产权出版社
全国百佳图书出版单位
—北京—

图书在版编目（CIP）数据

信托市场热点研究. 2020 / 中诚信托战略研究部著 . —北京：知识产权出版社，2021.9
ISBN 978－7－5130－7644－9

Ⅰ. ①信… Ⅱ. ①中… Ⅲ. ①信托业—研究—中国—2020 Ⅳ. ①F832.49

中国版本图书馆 CIP 数据核字（2021）第 159391 号

责任编辑：齐梓伊　　　　　　　　　　责任校对：谷　洋
封面设计：张　悦　　　　　　　　　　责任印制：孙婷婷

### 信托市场热点研究（2020）

中诚信托战略研究部　著

| | |
|---|---|
| 出版发行：知识产权出版社 有限责任公司 | 网　　址：http://www.ipph.cn |
| 社　　址：北京市海淀区气象路 50 号院 | 邮　　编：100081 |
| 责编电话：010－82000860 转 8176 | 责编邮箱：qiziyi2004@qq.com |
| 发行电话：010－82000860 转 8101/8102 | 发行传真：010－82000893/82005070/82000270 |
| 印　　刷：北京九州迅驰传媒文化有限公司 | 经　　销：各大网上书店、新华书店及相关专业书店 |
| 开　　本：787mm×1092mm　1/16 | 印　　张：18.5 |
| 版　　次：2021 年 9 月第 1 版 | 印　　次：2021 年 9 月第 1 次印刷 |
| 字　　数：320 千字 | 定　　价：80.00 元 |
| ISBN 978－7－5130－7644－9 | |

**出版权专有　侵权必究**
如有印装质量问题，本社负责调换。

# 序　言

2020年是我国极不平凡的一年。这一年是我国"十三五"收官之年，是全面建成小康社会这"第一个百年奋斗目标"实现之年；这一年也是脱贫攻坚全面收官之年，我国民生保障取得新进展；这一年我国努力克服新冠肺炎疫情造成的冲击，积极复工复产，短短数月内实现社会经济恢复平稳。对于信托行业和信托公司而言，这也是极不平凡的一年。这一年，监管持续加强，信托公司股权管理要求促使信托公司完善公司治理，资金信托新规的起草和征求意见要求信托公司转变业务方向，房地产、政信等重要业务领域的监管要求也使信托公司的现有业务领域和业务方式受到冲击；这一年，龙头信托公司保持竞争优势，部分信托公司仍然实现快速发展，亦有个别公司陷入经营危机。未来一段时间，在资金信托新规正式发布实施后，信托业必须寻找新的业务方向、业务领域和业务模式，必须尽快完成转型。

在当前的市场和行业发展背景下，中诚信托战略研究部在公司的支持下，持续贴近市场、跟踪市场，立足信托市场、信托业务，对信托行业发展中的重要问题进行思考和研究。

本书是中诚信托战略研究部连续第三年推出研究汇编，也是连续第二年公开出版的研究文集，内容上保持了与往年的一致性：一是主要选题保持一致，关注于宏观经济和监管政策研究、信托行业和信托公司研究、信托业务研究和集合信托市场月度情况分析，反映信托业在2020年的主要进展；二是体例上保持一致，仍然分为五大部分，即宏观形势与监管政策研究、信托行业与信托公司研究、信托业务重点领域研究、信托业务转型创新研究以及集合信托市场月度分析。

本书的出版，将持续为信托公司、其他资管机构、研究机构以及监管部门等社会各界提供年度信托市场热点研究及动态跟踪的参考资料，并希望藉此与关心关注信托行业发展的各界人士进行交流探讨。

是为序。

# 目 录
## CONTENTS

### 第一部分　宏观形势与监管政策研究　001

新冠肺炎疫情对信托公司的影响分析　/ 003

如何应对新冠肺炎疫情国际影响对信托市场的传导　/ 008

货币政策新变化对信托市场的影响分析　/ 013

在"经济双循环"中发挥信托公司的积极作用　/ 018

"十四五"规划建议对信托业未来发展的新要求　/ 022

美股震荡难以对 A 股造成实质性风险　/ 027

《信托公司股权管理暂行办法》的核心要求及其影响　/ 032

资金信托新规对信托行业可能产生的影响分析　/ 036

《民法典》对信托的影响初探　/ 041

《标准化债权类资产认定规则》对信托业务的影响　/ 044

### 第二部分　信托行业与信托公司研究　049

展望 2020：信托业发展的"稳"与"进"　/ 051

信托公司 2019 年度业绩快报评析　/ 057

2020 年上半年集合信托市场情况分析　/ 062

61 家信托公司上半年经营业绩评析　/ 066

行业风险提升下的信托公司增资分析　/ 071

信托的融资功能与融资类信托　/ 076

信托公司如何搭建高效的战略管理体系　/ 082

## 第三部分　信托业务重点领域研究　　087

### （一）房地产领域　　/ 089
信托公司如何应对新冠肺炎疫情对房地产的影响　　/ 089
信托公司如何应对当前的房企债务问题　　/ 093
"三道红线"对房地产信托的影响　　/ 097

### （二）基础设施领域　　/ 100
新基建为信托公司带来的新机遇和新要求　　/ 100
信托公司参与基础设施REITs的可能途径分析　　/ 105

### （三）资本市场领域　　/ 109
新冠肺炎疫情对信托公司资本市场配置的影响　　/ 109
美元流动性问题对信托公司组合投资策略选择的影响　　/ 115
国内外FOF业务发展对信托公司的经验借鉴　　/ 121
市场流动性变化对组合投资策略的影响展望　　/ 125
美元短期扰动对组合投资策略的影响分析　　/ 130
美国大选对资产配置组合的影响分析　　/ 135
第四季度资产配置关注的三条主线　　/ 140
信托公司开展城投债业务的思路设想　　/ 145
信托公司发展债券投资业务的主要路径分析　　/ 150
当前信托公司应对信用债风险的初步设想　　/ 154
信托公司标品信托业务发展趋势展望　　/ 159

## 第四部分　信托业务转型创新研究　　163

未来信托公司资产证券化业务的发展趋势展望　　/ 165
信托公司资产证券化业务的发展趋势展望　　/ 174
"非标转标"对资产端的主要要求　　/ 179
信托公司"投研一体化"建设思路构想　　/ 182
浅析区块链技术在供应链金融中的应用　　/ 186
家庭作为家族信托委托人的相关问题探讨　　/ 190

家族信托业务对受托人专业能力的重点要求 / 193
当前经济形势下家族信托资产配置的新要求 / 197
抗击新冠肺炎疫情慈善信托对信托公司的核心要求 / 201
大额慈善信托的运行效果分析 / 204
慈善信托助力慈善事业可持续发展的主要路径 / 208
当前信托公司慈善信托业务的主要发展态势 / 213
如何实现金融科技对信托公司转型发展的有效驱动 / 218
养老信托的可持续发展思路设想 / 221

## 第五部分　集合信托市场月度分析　225

集合信托市场月度分析报告——2020年1月 / 227
集合信托市场月度分析报告——2020年2月 / 232
集合信托市场月度分析报告——2020年3月 / 237
集合信托市场月度分析报告——2020年4月 / 242
集合信托市场月度分析报告——2020年5月 / 247
集合信托市场月度分析报告——2020年6月 / 252
集合信托市场月度分析报告——2020年7月 / 257
集合信托市场月度分析报告——2020年8月 / 262
集合信托市场月度分析报告——2020年9月 / 267
集合信托市场月度分析报告——2020年10月 / 271
集合信托市场月度分析报告——2020年11月 / 276
集合信托市场月度分析报告——2020年12月 / 280
后记 / 285

# 第一部分
# 宏观形势与监管政策研究

# 新冠肺炎疫情对信托公司的影响分析[*]

2020年，新冠肺炎疫情对社会经济与人民生活影响巨大，总的来看，新冠肺炎疫情对经济造成显著的短期冲击，第一季度GDP增速下行已成定局，但如果能够较快改善疫情防控局势，从中长期而言对中国经济走势影响有限。可以预见，信托公司同样面临疫情带来的短期风险，经营业绩也将承受一定压力，但部分业务也可能面临阶段性发展机遇。

## 一、受疫情影响的存续信托项目潜在风险有所提升

新冠肺炎疫情带来的影响是全面的，尤其是给房地产、政信、小微金融等信托业务重点领域带来较大影响，可能会提升存续信托项目的潜在风险。

（一）可能会提升部分房地产项目风险

房地产市场受到疫情影响较为直接。一是从房地产企业来看，疫情暴发以来，房地产企业在拿地、开工、竣工、销售回款各个环节均出现短期停摆，大部分地区暂停了房地产销售活动，直到疫情结束后才能恢复，原本是楼市"小阳春"的销售局面将会大受影响，从而造成部分开发商资金链吃紧，提升信托还款风险。二是从区域来看，此次疫情严重或者发展较快的地区，是近年来信托公司开展房地产业务的重要区域，例如，湖北省武汉市近年来房地产市场发展较快，却是此次疫情的暴发地和最为严重的地区；浙江省、广东省、河南省、湖南省确诊感染人数较多，深圳、广州、郑州、长沙等城市疫情防控可能升级，这些区域和城市是近年来信托公司房地产业务开展的重要区域，疫情带来的影响非常值得关注。三是从影响的时间来看，此次疫情对房地产市场的影响时间可能会较长，即使疫情已经结束，社会秩序仍存在一个逐步恢复的过程。如果较为严格的房地产调控政策没有变化，原有的房地产销售周期可能也会拉长，存续的房地产信托项目回款情况以及房地产企业的资金状况仍不容乐观。

（二）近期到期的政信项目可能存在无法及时兑付的风险

自2018年下半年以来，信托公司政信业务有所回暖。2019年前三季度信托公司投向基础产业的新增项目规模已达4,537.52亿元（见图1）。随着疫情的暴发和蔓延，

---

[*] 本文写于2020年2月4日。

近期将到期的部分政信项目可能会受到较大影响，存在无法及时兑付的风险。一是目前到期业务可能无法及时兑付。疫情期间，各级政府部门全力抗击疫情，企业延期复工、弹性工作。若此时信托公司政信项目到期，可能会受到工作效率影响，产生一定的时滞，影响按期兑付。二是后续到期业务可能没有能力兑付。为应对疫情，财政部与国家医疗保障局联合印发了《关于做好新型冠状病毒感染的肺炎疫情医疗保障的紧急通知》，根据通知要求地方财政需要支付部分确诊患者发生的医疗费用和疫情防控工作所需的经费，这使疫情较重的区域财政产生较大的压力。此外，疫情较重的地区社会经济秩序受到严重影响，可能也会导致其收入下降，影响区域还款能力。

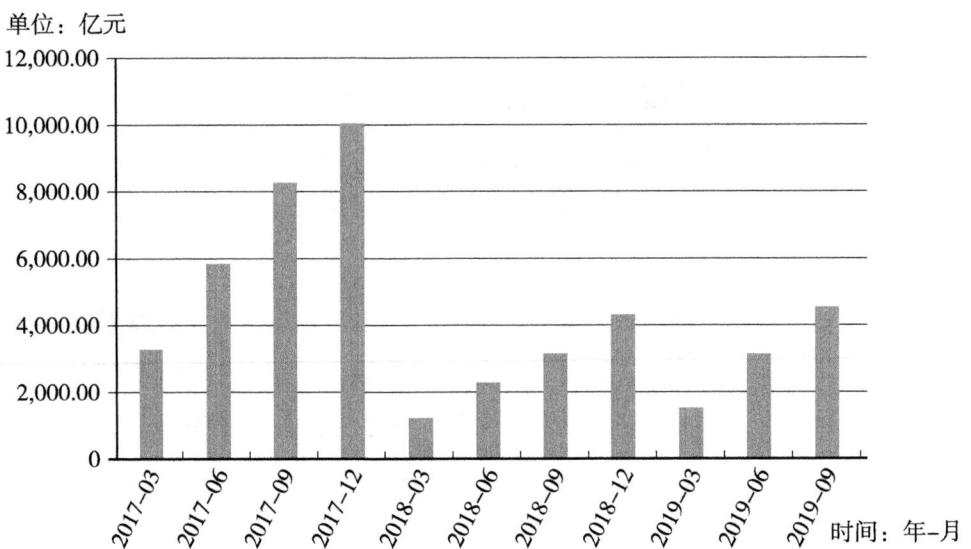

数据来源：Wind，中诚信托战略研究部整理。

**图 1　累计新增基础产业信托项目规模**

（三）部分中小微企业融资风险将会加大

本次疫情对多个行业产生了冲击。以零售餐饮和旅游服务行业为例，有机构测算这两个行业春节期间共损失 10,000 亿元以上。部分餐饮企业告急，企业经营仅能维持 3 个月左右。中小企业聚集的江浙地区情况也不容乐观，以温州为例，确诊人数达 291 人，是湖北以外疫情最严重的城市。大部分企业停产、销售困难，挣扎在生死一线。部分城市甚至出台了支持中小企业共渡难关的十条政策意见。部分中小企业是信托公司小微业务的客户群体，企业生存困难，将增大小微业务还款风险。

## 二、资本市场波动较大影响信托公司标品业务开展

对比 2003 年"非典"疫情对资本市场造成的影响，此次新冠肺炎疫情将给资本市

场尤其是股票市场带来更加明显的波动。

（一）股票市场短期可能持续震荡

2月3日，在综合考虑各方面影响的情况下，股票市场开市。开市后，三大股指低开，沪指跌8.73%，深成指跌9.13%，创业板跌8.23%，3000余只个股跌停。不过，到午间收盘，沪指跌幅略收窄至8.13%，深成指跌幅收窄至8.27%，仅当日一上午北向资金便合计流入86.94亿元，其中沪股通买入58.62亿元，深股通买入28.33亿元，全天合计181.89亿元，这表明市场资金普遍看好疫情结束后的反弹趋势。但随着疫情的演进，不排除预期外因素对市场的冲击，持续造成市场的较大震荡。市场的持续波动，将给信托公司的二级市场投资业务带来挑战。

（二）股票市场行业板块走势分化

从板块上来看，医药生物表现依然最强，银行、家电板块在早盘小幅回升后重新走低，但医药股短期题材炒作的成分更多；受此次疫情冲击较重的餐饮旅游、商业零售等行业短期内难以恢复元气；2019年下半年半导体、5G等行业走势较好，但由于电子工业密集的广东、浙江、湖北都是重灾区，企业无法按时复工，即使复工后人员招聘也会遇到困难，上市公司一季报将会受到影响。预期未来资金将会更加关注估值偏低、经营稳定的上市公司。因此，信托公司在二级市场投资中的板块选择和投资能力显得更为重要。

（三）债券市场近期表现将优于股票市场

为抗击疫情，中国人民银行已经充分向市场表达了维持流动性充裕，引导资金价格下行，降低企业融资成本的意愿，货币政策在一定时间内将保持宽松，债券市场近期表现将优于股票市场。从2月3日的交易情况来看，国债期货大幅收涨，10年期主力合约涨1.37%报100.97元，创逾三年新高；5年期主力合约涨0.71%报101.40元，2年期主力合约涨0.23%。在股票市场不确定性增加、板块分化显著的情况下，信托公司可以更多关注债券市场的投资机会。

### 三、信托公司经营业绩将会受到一定影响

短期内，信托公司的业务开展将受到一定影响，存续项目潜在风险增加，整体业绩水平可能将承受更大压力。

（一）新业务短期内开展较为困难

从业务开展方面，信托公司房地产、政信等项目短期内可能面临停摆的风险。由于全国各个省市均已发现确诊病例，部分地区暂停公共交通运输，信托公司开展新业

务过程中，难以完成现场尽调等业务环节，不能充分履行《信托公司受托责任尽职指引》中规定的相关职责。短期内，新业务开展较为困难，这也将影响到整体的经营业绩。此外，即使疫情结束，企业恢复生产经营仍需一定的时间。

（二）资本市场震荡对业绩产生不确定性影响

股票市场中，受此次疫情冲击最为严重的旅游餐饮、商业零售、影视院线板块，以及民航和机场运输均受到严重的打击。同时，经过前期的快速上涨，消费电子、半导体产业链等后期走势也具有较强的不确定性因素。而此次的疫情发源地武汉市是半导体产业重镇，有长江存储、武汉新芯、武汉弘芯等三大晶圆厂。此外，虽然部分医药股近期一枝独秀，但不排除资金炒作的可能，后期回落的可能性较大。在疫情控制未明朗之前，股票市场将维持震荡格局，信托公司的投资收益存在较大不确定性。

（三）疫情对信托公司流动性提出更高要求

受负债渠道约束，信托公司补充流动性的渠道较少。同时，由于业务发展、化解风险项目等要求，信托公司获取流动性需求较强。从信托业协会的数据来看，截至2019年第三季度末，信托行业风险项目个数与规模方面均呈上升趋势，风险项目数量1305个，风险项目规模为4,611.36亿元。目前，受疫情影响严重的主要地区也是信托公司重要的业务区域，若疫情冲击较大，短期风险项目攀升，可能会对信托公司流动性提出更高要求，进而影响经营业绩。

**四、部分信托业务面临阶段性发展机遇**

为对冲疫情对经济的冲击，预期货币和财政政策将保持适度宽松，在疫情得到有效控制后，部分信托业务将面临发展机遇。

（一）基建投资力度可能增大

2019年基础设施投资较2018年有所回升，但增长仍然缓慢，最高的9月也仅为4.50%。在疫情发生之前，国务院采取允许将专项债券作为符合条件的重大项目资本金等方式拓宽基建项目资金来源，并将水利建设作为2020年的重点工作加大投入，以提升基建投资的增速。疫情发生后，对经济增长影响较大的消费行业受到严重冲击，若情况进一步恶化，不排除政府部门增加基建投资力度对冲下行风险，领域仍将集中在补短板的公路、铁路、城建、物流、生态环保、社会民生以及5G等。这将给信托公司参与新型基础设施建设提供机遇。

（二）资本市场业务面临机遇

为对冲公开市场逆回购到期和金融市场1.05亿元资金集中到期等因素的影响，中国人民银行在公开市场开展 3000 亿元 14 天期、9000 亿元 7 天期逆回购操作。值得注意的是此次逆回购中标利率均下行了 0.1%。中国人民银行为维护疫情防控特殊时期银行体系流动性合理充裕并引导利率下行意图明显。在应对疫情对经济造成的冲击过程中，保持流动性宽裕并引导资金利率下行有助于帮助企业渡过难关。预期债券市场业务将得到信托公司更多关注。

（三）房地产并购的业务需求将会增加

在疫情影响较为严重的区域，部分房地产企业将会面临严峻考验。尤其是综合实力中等、资金链较为紧张、拥有一定优质项目资源的区域龙头或知名房地产企业，为应对生存危机，可能会有出售部分优质资产的意愿。对于整体实力较强、资金相对宽松的大型房地产企业而言，有实力、有意愿以较低成本并购获得区域优质资产，优化区域布局。在房地产并购的需求和供给中，信托公司可以提供包括投融资在内的多种服务。

（四）密切关注并深入研究大健康领域的投融资机会

由于新冠肺炎疫情发展持续升级，1 月 25 日全国 30 个省市针对疫情启动重大突发公共卫生事件一级响应机制。部分疫区口罩、防护服等物资严重缺乏，凸显了应对公共体系建设和流行病防治建设的不足。疫情结束后，公共卫生体系建设、流行病的预测和防治，以及相关大数据技术研发和技术体系建设等将会成为国家和企业共同关注的焦点，并存在相关投融资机会。信托公司可以与大健康领域的领先机构合作，密切关注并深入研究该领域的投融资机会。

（五）慈善信托将会迎来更多需求

为助力打赢新冠肺炎疫情防控阻击战，信托业迅速行动，由中国信托业协会倡议成立并由国通信托有限责任公司担任受托人的"中国信托业抗击新型肺炎慈善信托"在短短 3 天时间内募集资金达 3080 万元，并迅速筛选确定 4 个投放项目优先执行，取得了良好的社会效果。在此次抗击疫情过程中，慈善信托相对于传统捐赠，体现出了更多的制度优势，将会迎来更多需求。

（执笔人：杨晓东）

# 如何应对新冠肺炎疫情国际影响对信托市场的传导[*]

随着新冠肺炎疫情在国外的暴发，世界经济遭受了短期冲击。从冲击上来看，国外疫情对出口型中小企业、金融市场产生的影响较大，人民币具有升值趋势，需提高警惕。对信托公司而言，需加强研判，抓住政信业务机会，注重资本市场结构性配置，防范国际业务风险。

## 一、疫情已造成世界经济和国际金融市场动荡

### （一）疫情将严重冲击世界经济

根据世界卫生组织的报告，截至2020年3月9日17时，全球新冠肺炎确诊病例超过10万，其中，韩国、伊朗和意大利等国家疫情较为严重。世界卫生组织总干事谭德塞认为，该疫情构成大流行的威胁"已经变得非常真实"。与国内应对疫情相比，国外疫情防控难度更大。首先，国外政府部门应急调动能力和资源协调能力远弱于中国政府；其次，部分国家受到医疗体制和医疗条件制约，应对疫情存在缺陷；最后，受风俗习惯等因素影响，部分地区民众对疫情重视程度不够等。这都将扩大疫情的防控难度，扩大影响范围和延长疫情的持续时间。由于新冠肺炎疫情的持续影响，世界经济正在遭受供给和需求的双重夹击，世界经济正滑向2009年衰退以来最疲弱的扩张。

### （二）疫情造成金融市场大幅震荡

2月底，美股及全球股市出现了大幅下跌，2月最后一周，标准普尔500指数更是单周下跌11.49%，是仅次于2008年金融危机期间和9·11事件后的单周跌幅。作为避险资产的黄金则与标准普尔500指数共同走弱。3月9日，在原油暴跌的催化下，美股三大指数开盘全线重挫，跌幅均超7%，触发熔断机制。回顾历史，美股和黄金基本呈现负相关关系，21世纪美股和黄金同步变化则发生在2008年次贷危机期间。部分机构认为发生这一现象的原因为美股超卖，投资人卖出黄金头寸应对股票头寸的流动性紧张。不过，这一说法对整个市场行为的解释略显单薄。更可能的原因是市场对

---

[*] 本文写于2020年3月11日。

经济下行产生通缩预期的反应。若未来市场发生通缩，虽然名义利率会下行，但通胀率下行更快，反而会使实际利率上升，进而造成资产价格下行。

（三）疫情引发世界经济衰退的概率在不断增大

疫情发生后，澳大利亚、美国等央行纷纷采取降息等措施，以应对经济前景的不确定性。3月3日，美联储紧急降息50个基点，将联邦基金利率区间降至1%—1.25%，这是自2008年国际金融危机以来美联储首次在两次政策会议之间调整利率。随着持续发酵，疫情引发世界经济衰退的概率不断增大。实际上，在2019年，全球经济已经出现放缓迹象，多数国家已经开启降息周期以减缓经济下行压力。疫情仅仅是经济下行的短期催化因素，并未改变原有的趋势。若疫情能够在短时间内得到控制，部分需求的反弹将延缓经济下行压力。但是，在美联储等央行货币政策空间有限的条件下，疫情持续时间超出预期，疫情引发世界经济衰退的概率将不断增大。

## 二、疫情的国际影响对信托市场有一定传导

由于疫情引发的进出口贸易下降将进一步拖累经济增长，加剧国内出口型中小企业生存困境，金融体系将更加脆弱，国内资本市场震荡加剧。此外，全球将步入新的一轮降息周期，人民币短期具有升值趋势。

（一）进出口贸易下降加剧国内出口型中小企业生存困境

从全球的价值链角度来看，疫情暴发对世界经济产生冲击，任何国家都难以独善其身。根据世界银行在《2019年全球价值链发展报告》中的分类，从需求的角度，2017年美国、中国和德国为各自区域的需求中心，美国则具有举足轻重的地位，是世界需求的中心；从生产的角度，中美两国是一般全球价值链（生产活动跨境一次）的中心，中国的需求主要来自于制造业，美国来自于服务业。德国在复杂全球价值链（生产活动跨境至少两次）生产中具有需求中心的地位，涉及汽车、精密仪器等高端制造业，中国计算机行业是亚洲的需求中心。疫情在全球的暴发将对全球制造业的生产、运输、用工等产生冲击，进而拖累世界经济。2020年，中国1—2月进出口总值比去年同期下降9.6%，其中出口下降了15.9%。部分中小企业是信托公司小微业务的客户群体，企业生存困难，将增大小微业务还款风险。

（二）国际金融体系脆弱性增强将加剧国内资本市场震荡

从杠杆率的水平来看，根据BIS（国际清算银行）的数据，美国非金融企业2008年12月为72.50%，2019年9月为75.30%，略高于2008年的水平。近年来，美国企业依靠超低利率举债回购股票，推升股价，提高EPS（每股收益）和ROE（净资产收

益率）水平以吸引资金配置，但实际利润增速放缓。若疫情持续，这一问题可能会被放大并造成市场冲击；美国政府部门杠杆率2008年12月为66.30%，2019年9月已上升至98.70%，这也将进一步制约应对疫情的财政空间（见图1）。虽然2019年美国居民杠杆率低于2008年的水平，但根据国盛证券的测算，美国居民的权益类资产配置占比已超过4成，若疫情造成权益市场大幅下行将会进一步推升居民的杠杆率。欧洲的情况也不容乐观，若疫情进一步扩散，欧洲的财政将进一步受到挑战，意大利等部分债务率较高的国家若发生债务危机将会进一步重创欧洲经济。随着我国金融市场对外开放程度的提升，国内资本市场国际化程度亦不断提升。若美国资本市场出现震荡，国内资本市场也将会受到冲击。从国际投资机构的资产配置策略制定来看，宏观经济环境是权益、固收、商品等资产配置的基础，若宏观环境恶化，权益类配置整体规模缩减，国内资本市场资金流入将会受到影响，而非此消彼长的关系。

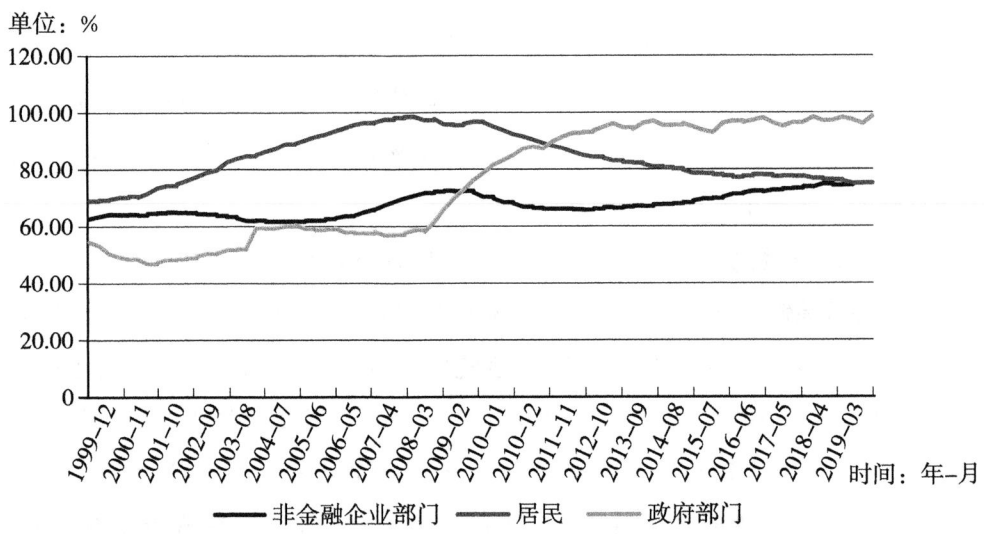

数据来源：BIS，中诚信托战略研究部整理。

**图1　1999年12月至2019年3月美国政府部门杠杆率变化情况**

（三）全球降息周期使人民币具有升值趋势

疫情发生后，全球多个国家宣布降息以应对疫情对经济的冲击。参考历史经验，美联储紧急降息后，当月常规会议也会大概率宣布降息。市场预期，美联储在3月中仍将会降息50个基点。目前，10年期美债收益率已下降至0.5%附近，处于历史低位，美联储货币政策空间有限。参照2008年的经验，由美联储购买政府债券向实体经济注入流动性可能也是一个选项。不过，在经济环境较差的条件下，由宽货币向宽信用的传导机制可能不畅。美联储降息后，中美利差重回160BP（基点）的历史高位，这将增加部分热钱的流入，使人民币具有升值趋势。

### 三、信托公司对疫情国际影响的应对措施

信托公司需抓住国内稳增长的政策机遇，关注资本市场业务机会，防范国际业务和小微业务风险，不断提高投研能力。

（一）抓住稳增长的政策机遇

从经济增长的三驾马车受到疫情的冲击来看，出口具有外生性，消费短期内难以具有较大的弹性，固定资产投资成为关键选项。而在固定资产投资中，制造业投资具有顺周期性，保持地产投资稳定，积极发挥基建投资的作用，将有助于经济的恢复。目前来看，基建项目将会加速落地。根据财政部的数据，前两个月合计地方债发行规模达到12,230亿元，较2019年同期的7822亿元，增长56.35%。其中，发行一般债2732亿元，发行专项债9498亿元。若情况进一步恶化，不排除政府部门增加基建投资力度对冲下行风险，政信业务将是信托公司近期关注的重点。

（二）资本市场业务需关注阶段性机会、结构性机会和底部配置机会

在全球宽松的条件下，国内利率仍将在一段时间内保持下行趋势，可关注债券市场的阶段性机会。从结构上，3月4日中共中央政治局常务委员会会议再次强调，把被抑制、被冻结的消费释放出来，把在疫情防控中催生的新型消费、升级消费培育壮大起来，使实物消费和服务消费得到回补。要选好投资项目，加强用地、用能、资金等政策配套，加快推进国家规划已明确的重大工程和基础设施建设。与消费，以及公共卫生服务、应急物资保障领域，5G网络、数据中心等新型基础设施建设相关标的将构成A股市场的机构性机会。此外，部分低估值、高分红的周期股、金融股具备底部配置机会。

（三）防范国际业务和小微业务风险

近期，人民币不断走强，美联储降息后，国内货币政策空间进一步提升，这一趋势更加强化。从疫情处置与经济恢复情况来看，中国具备良好的基础，外资对中国经济稳定性的信心也进一步提升。信托公司近期开展国际业务需关注人民币升值所造成的汇兑风险。国外金融市场，尤其是美国金融市场持续震荡，若疫情控制力度不够，不排除二次下探和极端情况的发生，需密切关注国际市场情况，防范相关风险。此外，在疫情期间，信托公司小微业务的展业和催收还款存在一定难度，部分公司催收困难。信托公司可根据国家相关法律规定及合同约定，视情况对部分非恶意逾期还款人予以展期，防范相关业务风险。

## （四）提升投研能力对信托公司经营愈发重要

投研能力是信托公司的短板，此次疫情的暴发对信托公司的投研能力又是一次考验。从经营角度来看，提升信托公司投研能力，加强对国内、国际经济和资本市场研判，有助于提高公司应对能力，有助于防范和化解市场中的不确定性因素；从业务角度来看，随着信托公司主动管理能力的提升，资本市场业务、国际业务等对信托公司投研能力进一步增强起到促进作用，是信托公司发展此类业务的支撑；从资管市场竞争来看，投研能力是资管机构的软实力，也是市场竞争中的核心竞争力。随着国内金融市场的不断发展，提升投研能力对信托公司经营愈发重要。

（执笔人：杨晓东）

# 货币政策新变化对信托市场的影响分析*

2020年以来，中国人民银行采取强有力的政策措施，积极对冲新冠肺炎疫情对国内经济造成的负面影响，为维护经济社会稳定发挥了积极的作用。随着经济数据的回暖，超常规货币政策将告一段落，这也是近期债券市场波动的主要原因。未来，由宽货币到宽信用，提升货币政策传导效率将是重点。从信托公司业务来看，资本市场业务短期内可能会面临一定的回调，非标业务收益率仍将保持下行，组合投资业务可择时适度提升权益资产比重。

## 一、超常规货币政策将告一段落

2020年以来，中国人民银行加大总量逆周期调节，对应对新冠肺炎疫情冲击、维护经济社会稳定发挥了积极作用。不过，由于大量的货币投放，部分负面影响开始显现，近期市场利率中枢出现小幅上行。

### （一）超常规货币政策发挥了积极作用

2020年年初以来，为应对新冠肺炎疫情造成的冲击，中国人民银行运用结构性货币政策工具，采取向金融体系提供流动性、支持防疫保供和中小微企业复工复产、积极引导整体利率和贷款利率下行等政策措施，并实施了累计达5.9万亿元的宏观对冲措施，为维护经济社会稳定发挥了积极的作用。从数据上来看，1—4月，人民币贷款新增8.8万亿元，同比多增近2万亿元；4月末，M2（广义货币供应量）和社会融资规模增速分别为11.1%和12%，均较上年末有较大提高。

### （二）超常规货币政策负面效果开始显现

随着资金大量、快速的投放，短期资金价格迅速下行并突破利率走廊的下限。与此前不同的是，本次利率的快速下行主要由降准、再贷款等因素主导。从市场的表现来看，7天逆回购利率高于7天银行间资金利率，1年期MLF（中期借贷便利）利率高于1年期银行同业存单利率。这表明，市场资金较为充裕，并在银行端淤积，中国人民银行货币投放能动不足。从局部结构上来看，3年期存款基准利率为2.75%，而AAA评级企业发3年期债券的融资利率已经降至2.5%，理论上存在套利机会（见图1）。

---

* 本文写于2020年5月27日。

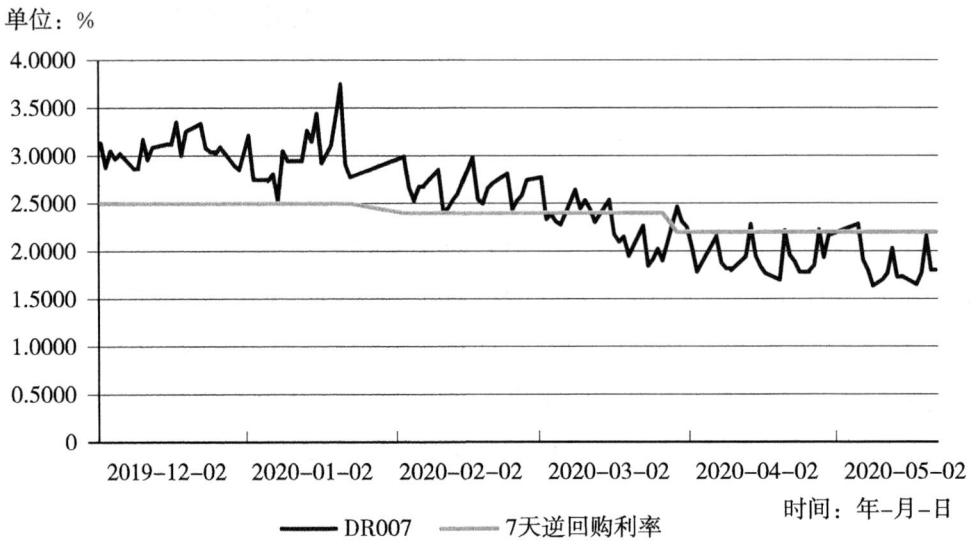

数据来源：Wind，中诚信托战略研究部整理。

**图1　2019年12月至2021年5月银行间存款类金融机构以利率债为质押的
7天期回购利率变化情况**

（三）货币市场利率中枢可能出现小幅上行

2020年年初以来，中国人民银行分别于1月6日、3月16日和4月3日进行3次降准，叠加3000亿元专项再贷款和5000亿元再贷款再贴现，累计投放资金2.55万亿元。同时，2020年3月底以来，暂停逆回购操作，续作的MLF和定向TMLF（定向中期借贷便利）较年初均有所缩量。从数据上来看，4月全国规模以上工业增加值同比增长3.9%，远高于预期。受上述因素影响，短期内货币市场利率中枢可能出现小幅上行。鉴于上述原因，市场对资金面的担忧有所增加，叠加前期债券市场价格处于高位，债券市场出现了一定的波动。

## 二、提升传导效率将是货币政策重点

虽然近期经济数据出现好转，但受疫情的影响，企业复工复产仍然较为脆弱，利率总体仍将保持低位，提升传导效率将是货币政策重点，M2和新增社会融资将以信贷和债券为重点。

（一）利率总体仍将保持低位

受疫情和全球经贸形势的影响，2020年政府工作报告中并未提出具体经济增长目标。"六保"是2020年"六稳"工作的着力点，保就业和稳就业将是工作的核心。中小企业受此次新冠肺炎疫情冲击最大，对就业和民生的影响也最大。从货币政策的层面看，利率总体保持低位，有助于为中小企业降低融资成本构建有利的外部环境。中国人民银行将继续通过提供低成本资金,引导 LPR(贷款市场报价利率)进一步下行、银行让利等灵活多样的方式,进一步促进企业贷款利率明显下行。

### (二)提升传导效率将是货币政策重点

从政府工作报告来看,报告要求创新直达实体经济的货币政策工具,务必推动企业便利获得贷款,推动利率持续下行。这表明,货币政策需要由宽货币向宽信用发力。采取延长中小微企业贷款延期还本付息,鼓励银行大幅增加小微企业信用贷、首贷、无还本续贷,大型商业银行普惠型小微企业贷款增速要高于40%及其他创新型政策工具,增加企业信贷投放。

### (三)M2 和新增社会融资将以信贷和债券为重点

2020 年度政府工作报告未设定经济增长目标,M2 也就失去了锚定的基础。不过,政府工作报告要求,引导 M2 和社会融资规模增速明显高于去年。从 4 月的数据来看,这一要求已有所体现。4 月,社会融资增量高达 3.09 万亿元,M2 增速大幅回升至 11.1%,连续两个月保持双位数增长(见图 2)。在社会融资数据中,信贷和债券融资是社会融资高增长的主要因素。当月新增人民币贷款 1.7 万亿元,企业中长期贷款大概占 1/3,债券融资已经连续两个月超过 9000 亿元。银行信贷投放较多,亦推动 M2 增速继续大幅回升。未来,信贷、特别国债和地方债发行等仍将是推动社会融资和 M2 高增长的基础,也是中国人民银行降准、降息的基础。

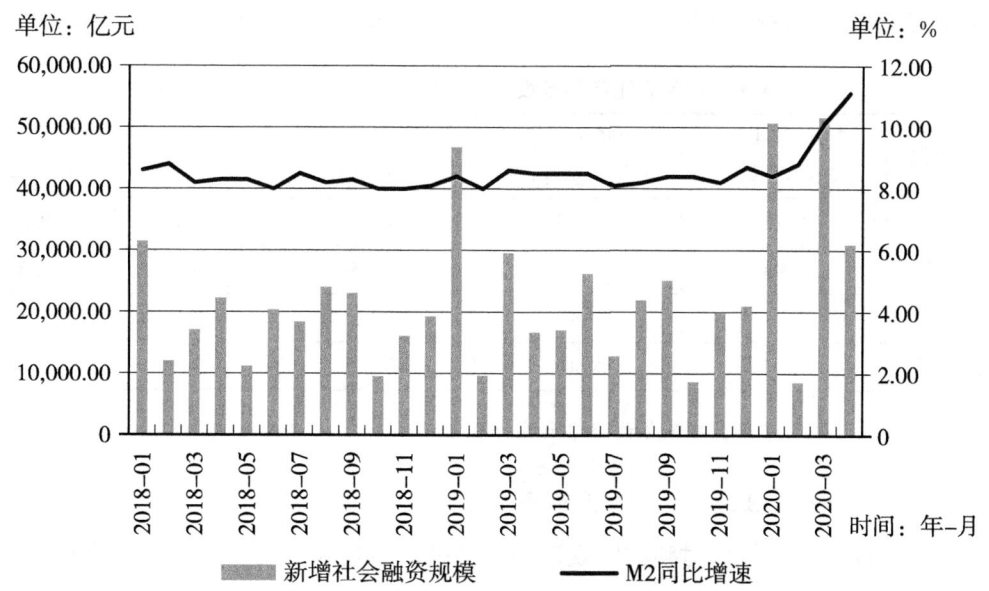

数据来源:Wind,中诚信托战略研究部整理。

图 2　2018 年 1 月至 2020 年 3 月新增社会融资和 M2 变化情况

## 三、货币政策新变化对近期信托市场的影响

从近期货币政策变化的短期影响来看，信托公司资本市场业务将面临一定的回调，非标业务收益率仍将保持下行，组合投资业务需关注权益市场配置机会。

### （一）债券市场业务短期面临一定的回调

在近期逆周期政策调节下，中国人民银行通过降准、再贷款等措施增加货币投放，以 LPR 引导资金利率下行，持续降低企业融资成本。受此影响，市场资金短端利率不断下行，利率曲线走势陡峭，投资机构对境内利率债、政策金融债的投资需求较为旺盛。不过，债券市场前期出现较大涨幅，随着经济数据好转，中国人民银行执行非常规货币政策的必要性开始下降，短端利率可能提升，近期债券市场出现了较大的波动。从中长期来看，市场利率仍将保持低位，债券市场仍具有一定的配置价值。

### （二）非标业务收益率仍将下行

未来，中国人民银行仍将以一定节奏增加货币投放，并以 LPR 引导贷款资金利率下行的方式，信托产品收益率也必将随着整体市场利率水平变化同步下行。从 2020 年 4 月的情况来看，集合信托发行平均收益率为 7.62%，环比下降 0.09 个百分点，同比下降 0.63 个百分点；集合信托成立平均收益率 7.64%，环比降低 0.09 个百分点，同比下降 0.65 个百分点。其中，金融、房地产、基础产业和工商企业投向的信托产品收益率分别为 6.76%、7.94%、8.01% 和 8.15%，环比分别下降 0.03、0.03、0.11 和 0.01 个百分点，同比分别下降 0.89、0.51、0.54 和 0.17 个百分点（见表 1）。

表 1 集合信托产品各投向平均收益率环比/同比变化

| 投资领域 | 2020 年 4 月平均收益率/% | 2020 年 3 月平均收益率/% | 2019 年 4 月平均收益率/% | 环比变化/百分点 | 同比变化/百分点 |
| --- | --- | --- | --- | --- | --- |
| 金融 | 6.76 | 6.79 | 7.65 | -0.03 | -0.89 |
| 房地产 | 7.94 | 7.97 | 8.45 | -0.03 | -0.51 |
| 基础产业 | 8.01 | 8.12 | 8.55 | -0.11 | -0.54 |
| 工商企业 | 8.15 | 8.16 | 8.32 | -0.01 | -0.17 |

数据来源：用益信托网，中诚信托战略研究部整理。

### （三）组合投资业务关注权益市场配置机会

2020 年政府工作报告对整体宏观形势判断是，当前和今后一个时期，我国发展面临的风险挑战前所未有。这表明我们的经济发展在未来所经受的冲击仍将十分复杂，资本市场仍面临诸多不确定性因素的挑战。而 2020 年不设定经济增长目标，则表明政

府部门在逆周期调节政策方面执行的是底线思维而非强刺激，财政、货币政策并未超出市场预期。信托公司在组合投资业务中，可逐步适度下调债券投资业务比重，重点关注短端信用债的债券型基金；在权益投资方面，中国经济基本面保持良好，A股市场整体估值水平较低，需重点关注优质"白马股"的底部配置机会。

（执笔人：杨晓东）

# 在"经济双循环"中发挥信托公司的积极作用*

2020年7月21日,习近平总书记主持召开企业家座谈会并讲话,他强调"逐步形成以国内大循环为主体、国内国际双循环相互促进的新发展格局"①,这是国家应对国内国际形势变化和挑战,推动经济稳定增长的重大战略。信托行业作为金融市场主体之一,应有效发挥制度优势,创新服务方式和产品体系,在"经济双循环"中发挥积极作用。

## 一、对"经济双循环"的理解

经济循环是指经济活动中资源在不同主体间流动循环的过程,即信息、资金及商品等资源在个人、企业、政府等不同主体之间流动循环的过程。国内循环就是指资源在国内主体间流动,国际循环就是指资源在不同国家间流动。当前,国际环境发生了重大变化,保护主义上升、世界经济低迷,特别是新冠肺炎疫情造成了出口贸易的大幅下降,欧美市场需求持续减弱,这一国际形势凸显了完善国内循环体系的紧迫性。构建"以国内大循环为主体、国内国际双循环相互促进的新发展格局",关键是构建国内循环,尽快在国内建成完整的产业链、供应链和需求链以及相应生产要素的优化配置,实现"国内生产,国内消费""消费升级,技术升级"循环模式,释放消费潜力和重塑国内产业链。

从经济内循环的内涵来看,主要包括以下几个方面:

一是扩大消费,提升经济发展动力。超大规模市场和内需潜力是我国经济发展的显著比较优势,经济发展的战略重点需要从出口导向转向扩大内需。积极促进国内消费市场,就是要培育壮大新型消费、线上消费、旅游消费等,将国内产能通过消费升级有序消化。

二是促进投资,夯实经济发展基础。基础建设是中短期逆周期调控的重要抓手,不同时期的基础建设为经济长远发展奠定了基础。目前,我国城市化率及人均居住面积较发达国家仍有较大提升空间,中国城市化率由60%上升至70%过程中,围绕城市

---

\* 本文写于2020年7月30日。
① 习近平主持召开企业家座谈会并发表重要讲话,载新华网http://www.xinhuanex.com/politics/leaders/,登陆日期:2021年7月21日。

化的交通设施、水利建设、城市公共基础设施建设等领域存在刚性投资潜力。此外，以信息基础设施、创新基础设施等为主体的新基建必然成为投资重点，特别是5G、大数据、人工智能等为核心的新兴基础设施建设，将会为产业链的完善提供重要支撑。

三是持续创新，破除技术发展"瓶颈"。持续自主创新是经济保持稳定增长的关键。加快推进数字经济、智能制造、生命健康、新材料等战略性新兴产业发展，突破关键环节、关键领域、关键产品，实现技术自主研发，实现进口依赖向国产替代的转变，为经济发展赋能，更好服务产业升级。

四是提升效率，优化资源配置。经济有序循环需要着力打通研发、生产、分配、流通、消费各个环节，推动创新技术、创新成果、创新人才正常流动与合作，结合保护知识产权、改善营商环境、减少准入限制、降低交易成本等方式提升经济运行效率，实现消费转型、技术创新与推广，促进经济平衡充分发展。

## 二、信托在"经济双循环"中的功能优势

资金融通是经济循环中的关键环节，金融行业及金融机构作为资金融通环节的主体，在"经济双循环"格局的形成过程中必然要发挥其核心优势，并主动适应环境、优化制度功能，推动经济持续稳定增长。

（一）"经济双循环"对金融体系的主要需求

"经济双循环"需要金融体系提供更多长期资金支持。城镇化涉及基础设施、产业发展、民生改善、生态环境保护等方面，科技创新涉及人才引进、技术定价、知识产权保护等方面，均是庞大、复杂的系统工程，必然需要大量中长期资金的支持。金融体系必须适应这一经济环境，更加关注以服务国内实体经济发展为本的长期资金供给和资源配置。

"经济双循环"需要金融体系提供更灵活的投融资工具。资金高效配置依赖于投融资工具的有效创新，金融体系要充分发挥撬动社会资本的杠杆作用，提供更加灵活的投融资工具，形成开发性金融、商业性金融、社会资本和民间资本共同推动经济社会发展的良好局面。

"经济双循环"需要金融体系提供更高效的服务方式。产业转型与消费升级对金融服务的需求不仅仅是长期、多元的资金供给，更涉及支付、结算、担保、信用、评级、破产隔离等多样化服务。金融体系需要吸引和积聚社会资金与机构的积极参与，有效供给立体化的金融产品与服务。

（二）信托的主要功能优势

在构建"经济双循环"格局中，信托不仅可以实现高效率资金中介功能，还可以

丰富资产管理产品类别，满足高净值人士和机构投资者高收益投资回报需求，在资金高效融通配置上发挥更加综合、更加灵活、更加效率的制度优势。

一是可以汇集长期资金。近年来，信托在工商企业、房地产、基础设施、证券市场、金融机构的资金配置领域具有显著优势，特别是银行和资本市场无法完全满足的融资需求领域，如中小微企业、新兴产业投资领域等需求多样化领域，信托公司可以有效发挥长期累积的私募融资专业能力。同时，信托公司还可以发挥信托制度优势，积极拓展保险金信托、家族信托等业务，募集长期资金，为经济发展提供支持。

二是实现投贷联动、股债结合等多样化投融资。信托公司作为唯一贯通货币市场、资本市场、产业市场的金融机构，经营范围广泛，在构建"以国内大循环为主体、国内国际双循环相互促进的新发展格局"中提供全链条综合金融服务方面有着得天独厚的竞争优势。信托公司一方面可以发挥传统信贷融资专业优势，服务基础建设投资和工商企业扩大再生产投资，另一方面可以积极采用股权投资模式，通过产业基金合伙人、股债结合等多种方式，实现基础建设和工商企业融资需求。

三是对接资本市场，发挥信托直接融资功能。近年来，资本市场的改革与开放进程加快，资本市场提升资金配置效率的功能越来越显著，信托公司可以通过债券、股票等金融产品投资，积极开展资产证券化等业务直接对接资本市场，帮助企业直接融资。

## 三、信托公司应在"经济双循环"中发挥积极作用

围绕构建"双循环"格局，特别是针对国内循环为主体的战略导向，信托公司应聚焦私募融资类业务、受托服务类业务及主动投资类业务，主动围绕实体经济发展和满足人民群众日益增长的财富管理需求，在"经济双循环"中发挥积极作用。

一是优化对消费的支持方式。消费金融为具有消费属性的产品或服务提供资金融通服务，微观层面为众多消费者提供短期消费信贷，宏观层面为消费支出提供了资金支持。信托公司可以向个人客户发放指定用途的小额消费贷款，推动以消费为支撑的经济循环体系发展。此外，信托公司还可以积极开展消费权益信托，帮助客户获得高性价比的消费权益、分担客户的消费成本，助力释放消费潜力。信托公司还可以在消费活动中创新发展消费预付款受托管理等业务，丰富受托服务业务类型，保护消费者权益。

二是提升对投资的支持力度。基础产业投资、工商企业投融资是信托行业传统优势业务。围绕新基建及工商企业转型升级发展，信托公司可募集保险资金、家族信托等长期资金，实现新基建、科技创新企业的长期融资需求，通过产业基金合伙人、股债结合、传统信贷等方式，实现储蓄—投资的有效转化。

三是丰富对科技的支持手段。加快创新型国家建设和转型发展过程中，技术创新及知识产权成为决定国家核心竞争力的关键要素。信托公司可以通过 PE（市盈率）投资直接为高新技术企业或者创新模式提供支持，也可以通过发挥信托制度优势，将信托在财产转移和财产管理领域的灵活制度安排应用于知识产权的多元保护与价值实现，积极探索知识产权质押、资产证券化等融资模式，推动自主创新和技术攻关，充分释放知识产权的商业和市场价值。

四是提高对实体经济的服务效率。实体经济发展需要多元化投融资工具及低成本融资资金，信托公司可运用资产证券化、发行债券等直接融资方式助力企业降低融资成本，拓宽融资渠道。此外，不动产投资信托基金试点标志着境内基础设施领域起步，REITs（房地产信托投资基金）可以有效盘活存量资产，形成良性投资循环，提升直接融资比重，信托公司应积极争取试点资格，为国内融资体系提供专业支持。

（执笔人：张炜）

# "十四五"规划建议对信托业未来发展的新要求\*

党的十九届五中全会审议通过《中共中央关于制定国民经济和社会发展第十四个五年规划和二〇三五年远景目标的建议》（以下简称《规划建议》），明确提出到二〇三五年基本实现社会主义现代化的远景目标，开启了全面建设社会主义现代化国家新征程。作为金融业的重要组成部分，信托业在"十四五"期间以及之后一段时期，在社会主义现代化国家建设中面临着新的发展要求。

## 一、明确发展定位，回归信托本源

《规划建议》强调了金融在国家经济社会建设中的服务定位，强调了金融行业与实体经济、民生发展、科技创新均衡发展的功能要求，明确提出要"建立现代财税金融体制，构建金融有效支持实体经济的体制机制，提升金融科技水平，增强金融普惠性"，"推动金融与实体经济均衡发展"，明确"农村金融服务、绿色金融服务、金融支持创新、完善现代金融监管体系、健全金融风险体系、维护金融重要基础设施安全"等具体内容。在这一总体战略要求下，信托业应该在三个方面进一步明确自身发展定位，努力回归信托本源。

一是立足于金融机构定位，致力服务实体经济。金融是实体经济的血脉，资金融通是金融核心基础功能。信托业长期承担着探索市场化融资方式、弥补银行信贷不足的金融功能。面对新环境、新目标、新格局、新举措，信托业应以服务实体经济为宗旨，充分发挥信托的资金融通优势，不断满足经济发展需要，与实体经济形成良性循环。

二是立足于受托人定位，全面深化受托服务。信托基于"受托人"的权利及义务，可实现连续性、长期性、稳定性、跨越经济周期、跨越生命周期的机制安排。围绕金融资本市场发展、人民日益增长财富保值增值、财富传承需求，信托业应在受托管理、资产管理、财富管理等领域进一步拓展投资渠道、丰富资产配置、创新金融产品。

三是立足于信托功能定位，大力推动创新发展。信托作为一项特殊的法律制度安

---

\* 本文写于2020年11月6日。

排，其基本功能是财产转移和财产管理，以此为基础，可以在资金融通、事务管理、社会治理、公益慈善等领域发挥更大作用。这就需要信托业探索更多商业模式，在传统业务之外实现更大创新，最大限度释放信托本源活力。

## 二、发挥制度优势，服务战略需求

面向"十四五"，信托立足金融机构定位、受托人定位、信托功能定位，要将自身发展置于国家发展中积极谋划，把国家需要作为首要任务，在国家战略中谋求新的发展机遇。

（一）满足服务实体经济新需求

《规划建议》提出"推动金融、房地产同实体经济均衡发展，实现上下游、产供销有效衔接，促进农业、制造业、服务业、能源资源等产业门类关系协调"。信托公司应适应市场变化，满足实体经济在新发展阶段的新需求。一是可以更好发挥直接融资作用。实体经济发展需要多元化投融资工具及低成本融资资金，信托公司可运用资产证券化、发行债券等直接融资方式助力企业降低融资成本，拓宽融资渠道，提升储蓄—投资的有效转化效率。二是可以满足长期资金募集需求。信托公司要发挥更加综合、更加灵活、更加效率的优势，构建成熟的涵盖资产端和负债端的匹配体系，通过发展标准化、投资类业务，构建符合长期资金特点的产品体系；通过发展家族信托、资产证券化等业务，吸引个人和机构的长期资金投入实体经济建设，从而强化长期资金募集能力和资产配置效率。三是加强新型产业领域支持力度。围绕新基建、工商企业转型升级、战略性新兴产业发展等重点领域，通过产业基金合伙人、股债结合、传统信贷等方式，实现资金高效配置。

（二）强化服务民生福祉新重点

《规划建议》对增进民生福祉、改善人民生活品质提出了一系列重要要求和重大举措。坚持把实现好、维护好、发展好最广大人民根本利益作为发展的出发点和落脚点，强化消费、教育、就业、医疗、养老等领域政策扶持。信托应坚持扩大内需这个战略基点，重点关注医疗、教育、养老等民生领域持续增长的需求及投资机会。一是利用社会资本以市场化运作方式支持医疗、教育、养老等相关产业发展，如在养老领域可设立信托计划持股养老项目、设立养老消费信托等方式，解决信息不对称及养老项目投资期长问题。二是优化对消费的支持方式，信托公司可以向个人客户发放指定用途的小额消费贷款，积极开展医疗、教育、培训等领域消费权益信托，如在教育领域，积极发展消费预付款受托管理等业务，丰富受托服务业务类型，保护消费者权益。

## （三）增强服务科技创新新动力

《规划建议》中提出坚持创新在我国现代化建设全局中的核心地位，把科技自立自强作为国家发展的战略支撑。在新一轮科技革命和产业变革的大背景下，我国发展面临的内外环境发生深刻复杂变化，经济社会发展和民生改善比任何时候都更加需要增强创新动力，技术及知识产权将成为决定国家核心竞争力的关键要素。信托公司可以通过PE投资直接为高新技术企业或者创新模式提供支持，也可以通过发挥信托制度优势，将信托在财产转移和财产管理领域的灵活制度安排应用于知识产权的多元保护与价值实现，积极探索知识产权质押、资产证券化等融资模式，推动自主创新和技术攻关，充分释放知识产权的商业和市场价值。

## （四）创新服务社会治理新功能

随着我国居民财富日益积累、经济改革不断深化、法治制度的不断完善，信托作为财产管理与转移的制度及工具优势将更加凸显，预期事务受托服务的需求将逐渐增多。受托服务信托由于具有核心类本源功能，包括资产隔离、破产保护和事务管理，具有相对其他金融制度安排所不具备的天然的独一无二的优势，通过与各类场景结合存在很大的市场机会。信托公司可通过信托制度参与物业管理、遗产分配、婚姻财产管理等领域，如针对"包干制"物业管理模式下出现的小区管理物业纠纷困境，可以通过"信托制"物业服务模式，重建业主、业委会与物业企业之间的信任关系；再比如可通过设立"遗嘱信托"实现家庭遗产处理与财富传承。

## （五）把握服务区域发展新机会

十九届五中全会提出要推进区域协调发展和新型城镇化，坚持实施区域重大战略、区域协调发展战略、主体功能区战略，健全区域协调发展体制机制。随着城市群发展及核心城市的服务半径扩张，信托行业应把握基建投融资领域的新机会，大力支持政府融资平台的投融资需求，协助政府推动传统基础设施建设发展，信托公司与地方政府平台的合作模式可由传统的政信融资业务模式转为城投债、地方债投资和股权合作等新业务模式。此外，信托公司还可以利用信托促进农村土地流转，在保持农村土地所有权和承包权不变的情况下，通过经营权流转进一步提升国家新型城镇化中土地资源利用效率。

## （六）拓展服务对外开放新领域

十九届五中全会进一步明确要坚持实施更大范围、更宽领域、更深层次对外开放，实行高水平对外开放，开拓合作共赢新局面。金融行业对外开放程度逐年提升，信托公司应积极参与金融对外开放进程，进一步提升海外资产配置管理能力。此外，信托公司积极参与实体企业海外布局，加强对相关机构开展海外投资、外贸等领域的支持。

### 三、提高自身能力，满足发展要求

服务实体经济、服务民生福祉、服务科技创新、服务社会治理、服务区域发展、服务对外开放对信托公司是机遇也是挑战，需要加强投研能力、风控能力、净值化运营管理能力、弘扬信托文化等方面能力建设，进一步匹配国家战略执行与实施要求。

（一）强化投研能力建设

围绕国家产业转型发展、"双循环"格局构建、资本市场建设，发挥信托多元化平台功能及制度优势，需进一步提升研究支持能力。一是加强研究与展业的匹配性，建立更加系统化的政策、流程、管理及投研架构，引进培养专业化运营人才和投资团队，更好服务于业务拓展和公司经营。二是强化跟踪研究能力，在宏观研究、大类资产配置研究、权益市场研究、行业研究以及策略研究等方面形成成熟投研框架，进一步提升跨品种的资产配置能力。三是强化产品研究与设计能力，信托与银行、券商以及保险机构的金融产品的受众群体不完全重合，信托具有更加灵活的架构和资源整合能力，可与其他机构合作，设计开发更加灵活的资产管理产品、创新设计多样化信托产品，进一步拓展服务边界，如通过养老信托、消费信托、保险金信托、家族信托等产品，打通资金融通、产业融资、财富管理、事务管理等需求，在实体经济、民生福祉、社会治理等领域实现更加综合和多样的复合功能。

（二）强化风险管理能力建设

面对未来科技创新与产业发展热点多变的市场实际，在产品的设计、销售及管理等过程中，信托公司要进一步强化主动风控合规管理意识，有效厘清责任边界，体现信托公司谨慎、尽责义务。强化创新业务风险全流程管理，建立涵盖事前防范、事中控制、事后监督和纠正的更加全方位立体式的风险管控体系。提升针对特定风险、特定产品的管控化解能力，深入剖析和研究市场，重视对市场风险的研判；方案设计、项目运行期间和项目结束全流程中做好项目价值研判和风险预案；加强多元化的合作渠道，最大限度保障受益人和公司的权益；提高信托公司经营的规范性，不断完善内部组织架构和审批决策效率。

（三）强化净值化管理与运营能力建设

经济社会的发展需要多元化融资渠道及多样化资金支持，特别是国家创新战略、人才战略、制造强国等战略部署对融资的需求更加多样化和个性化，信托公司应积极发挥私募融资优势支持战略落地。信托公司类信贷模式产品存在期限较为固定、缺乏流动性等缺点，可能无法满足中长期或多样化的投资需求，私募融资产品的净值化管理迫在眉睫。建立完善内部产品估值、净值计价、信息披露运作机制，提升信息系统支撑功能。积极探索净值估算方式方法，深化基础研究与模型测算；加强信息披露管理，强化对信托项目定期和不定期的跟踪评估；构建产品流动性监测和预警机制，制定更加完备及时的流动性监测体系。

（四）大力弘扬信托文化

信托文化是推动行业稳健发展的最坚定力量。对信托公司来说，信托文化建设有利于发挥信托的制度优势，促进信托公司加速回归本源定位。信托业要坚定转型发展信心，坚守受托人定位，通过文化的力量重塑行业新形象，注入发展新动能，要坚持信托本源，坚持服务实体经济，坚持满足人民群众日益增长的财富管理需求，形成良好信托文化，彰显中国特色信托业的使命与服务宗旨。

（执笔人：和晋予　张炜）

# 美股震荡难以对 A 股造成实质性风险*

2020 年 9 月以来，美股出现了一定的震荡调整，但重现 3 月暴跌行情的可能性不大。随着国内资本市场对外开放力度的提升，中美股市同步性有所提高。不过，鉴于中美在经济基本面、货币政策和市场估值方面的差异，美股下跌会对 A 股造成扰动，但不会产生实质性风险。在内外双循环的新格局下，这种现象将愈发明显。美股下跌扰动是 A 股权益资产投资时机，可重点关注随着经济好转受益的金融、可选消费和周期类标的。

**一、美股再次上演震荡行情**

2020 年 9 月以来，美股出现了一定程度的震荡调整，避险情绪有所抬升。不过，在美联储新的货币政策框架下，宽松货币政策不会马上退出，美股重现 3 月暴跌行情的可能性不大。

（一）美国三大股指大幅震荡

9 月 8 日，美股收盘再次上演暴跌行情，三大指数大幅下挫。其中，纳斯达克指数报收 10,847.69 点，下跌 4.11%；道琼斯指数报收 27,500.89 点，下跌 2.25%；标准普尔 500 指数报收 3,331.84 点，下跌 2.78%。从个股表现来看，大型科技股全线走低，苹果下跌 6.73%，市值跌破 2 万亿美元，亚马逊、微软则分别下跌 4.39% 和 5.41%。此外，特斯拉未能入选标准普尔 500 指数成分股，收跌超 21%，创历史最大单日跌幅。本周以来，美股虽有所回暖，但在新一轮纾困法案难以达成等因素共同影响下，美股仍有下行压力。

（二）避险情绪推助中长期美债收益率下行

从其他资产情况来看，布伦特 11 月原油期货收跌 2.23 美元，跌幅 5.31%，报 39.78 美元/桶；黄金再度出现过山车行情，伦敦现货黄金一度下跌至 1906 美元/盎司后，多头强势拉起，苦苦支撑；受避险情绪推助，中长期美债收益率全线下跌。5 年期、10 年期和 30 年期美债收益率报收 0.272%、0.682% 和 1.423%，分别下跌 3.2、3.9 和 5.1 个基点。

---

\* 本文写于 2020 年 9 月 15 日。

### (三) 美股重现 3 月暴跌行情的可能性不大

目前，美股高位震荡可能基于以下几个原因：一是美股快速上行后进入调整期。2020 年 3 月以来，受美联储一系列刺激政策的影响，在 FAAMG 等热门科技公司的强劲反弹带领下，美股无视经济基本面快速上行，标准普尔 500 指数成分股公司的市值就已达 30 万亿美元，相当于 GDP 的 150%。随着泡沫的集聚，市场进入震荡调整。

二是美联储资产负债表短期出现收缩。受疫情影响，美联储采取零利率、无限 QE（量化宽松政策）及其他政策措施，资产负债表规模快速扩张，扩表规模超过 3 万亿美元，创历史纪录。不过，在流动性危机解除条件下，美联储资产负债表 6 月 10 达到历史高峰的 7.17 万亿美元后，出现了不同程度的收缩。此外，8 月美联储会议纪要显示"鸽派"程度有所下降，流动性预期变化对市场产生了一定的扰动。

三是美国大选对市场的扰动。随着美国总统大选的临近，市场对大选结果较为敏感。从市场隐含波动率 VIX 指数（波动率指数）情况看，随着特朗普在 6 月后的支持率明显上升，VIX 指数明显下行。近期虽然美股震荡，但 VIX 指数并未快速攀升。在美联储修改货币政策框架的情况下，宽松周期不会快速结束，在不发生"黑天鹅"事件的情况下，美股重现 3 月暴跌行情的可能性不大。

## 二、近年来中美股市同步性增强

中国资本市场对外开放主要经历了 1992—2000 年的探索期、2001—2012 年的开放期和 2013 年以来的深化期等几个阶段。2014 年后，沪港通、深港通的相继实施，以及 QFII（合格境外机构投资者）和 RQFII（人民币合格境外机构投资者）大扩容使中国资本市场国际化程度进一步提高，中美股市同步性也进一步增强（见图 1）。

### （一）同步性增强的基本面——中美经济联系紧密

根据世界银行在《2019 年全球价值链发展报告》中的分类，从需求的角度，2017 年美国、中国和德国为各自区域的需求中心，美国则具有举足轻重的地位，是世界需求的中心。长期的国际分工和产业转移形成了目前"中国生产、美国消费"的格局。从美国商务部统计的数据来看，2020 年上半年中美两国双边货物贸易累计总额为 2,393.96 亿美元，中国是美国的第三大贸易伙伴。其中，美国对中国货物出口总额为 494.91 亿美元，来自中国的货物进口总额为 1,899.05 亿美元。中国依旧是美国第一大货物进口来源地，占美国货物进口总额的 17.11%。

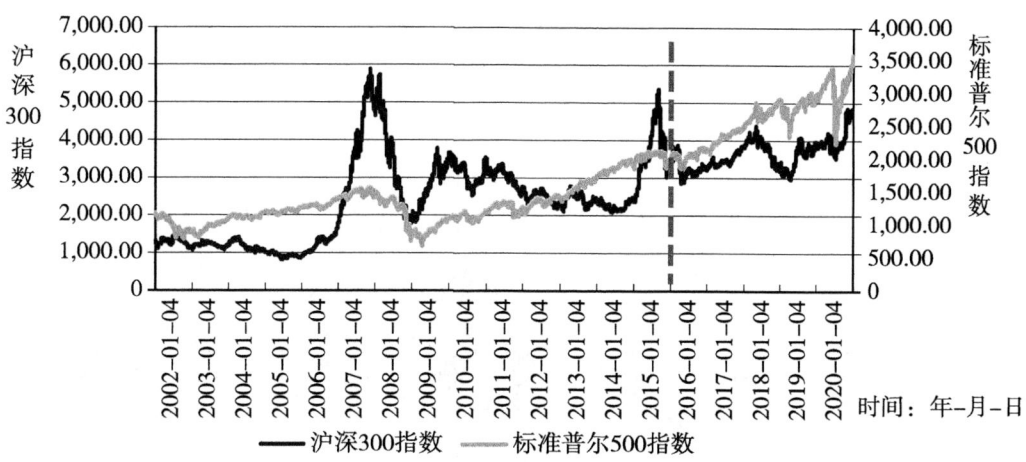

数据来源：Wind，中诚信托战略研究部整理。

**图1　2002年1月至2020年1月中美股市变化情况**

（二）同步性增强的市场面——中国资本市场持续扩大开放

随着国内资本市场对外开放力度的增加，境外资金流动更加频繁（见图2）。2019年至今（2020年9月8日），陆股通累计净流入资金超过4500亿元，峰值曾一度超过2014—2018年陆股通净流入总额（5732亿元）。境外资金流动情况对A股市场能够迅速反应，具有较好的信号作用，A股指数日内波动呈现明显的正相关关系（见图3）。同时，随着境外资金流动的增加，A股市场波动也有所加大，容易形成内外市场共同震荡的局面。

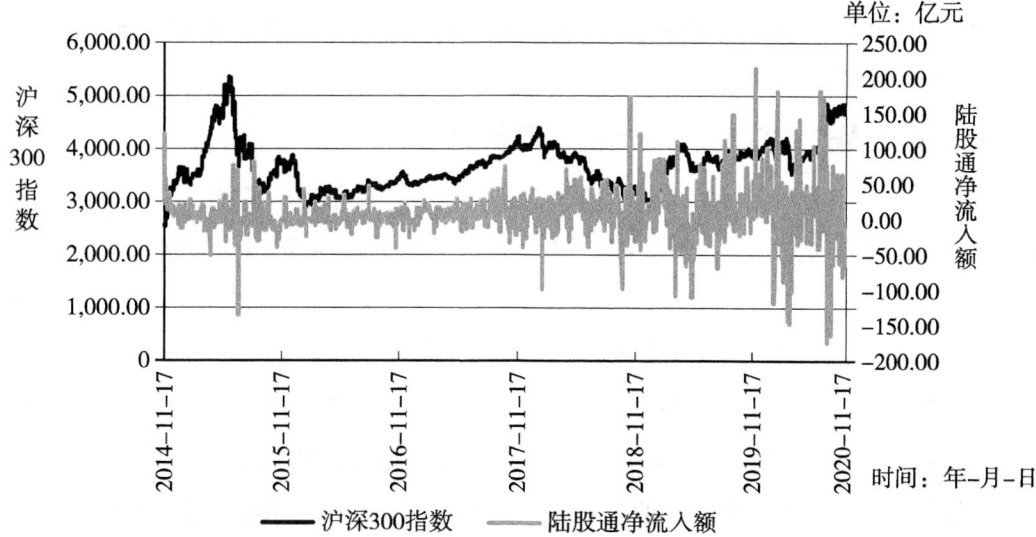

数据来源：Wind，中诚信托战略研究部整理。

**图2　2014年11月至2020年11月外资流动变化情况**

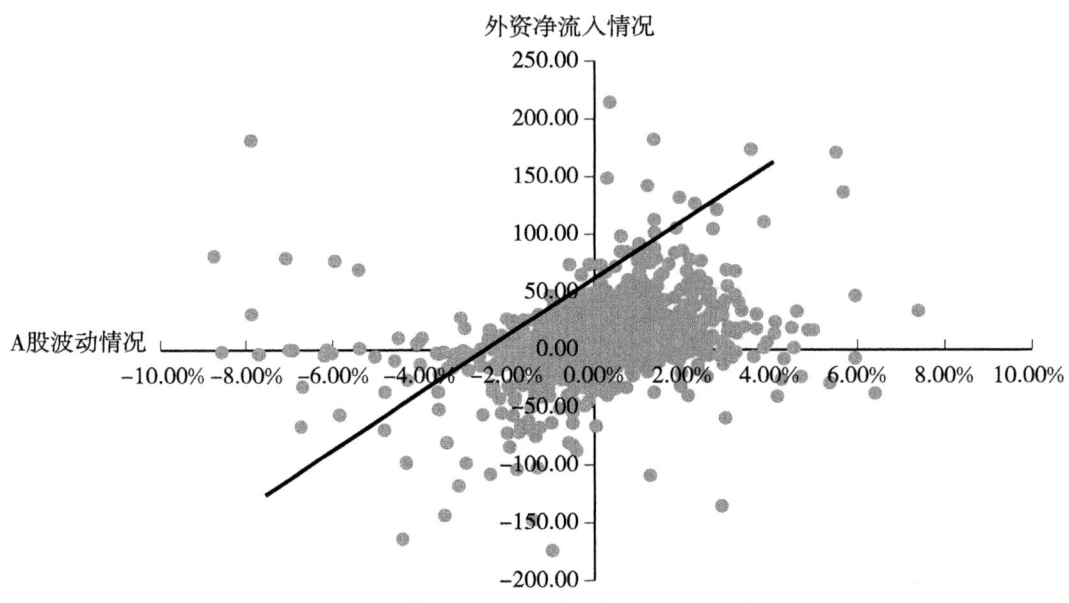

数据来源：Wind，中诚信托战略研究部整理。

图3 外资流动与A股波动变化情况

（三）同步性增强的博弈面——外资以美国市场为基础的配置策略

虽然国内资本市场对外开放力度不断增强，但仍处于起步阶段。从国际大型投资机构的资产配置策略制定来看，权益市场仍是以美国市场为主，美元是唯一的避险资产。在资产配置过程中，宏观经济环境是权益、固收、商品等资产配置的基础，若宏观环境恶化，权益类配置整体规模缩减，由避险需求推助的美元升值将导致境外资金流出国内资本市场。因此，大型资管机构配置策略也会导致美股与A股出现一定的共振，而非此消彼长的关系。

### 三、美股震荡难以对A股造成实质性风险

疫情以来，中美在经济基本面、货币政策，以及市场估值方面均存在一定的差异，美股震荡会对A股造成扰动，但不会产生实质性风险。在内外双循环的新格局下，这种现象将愈发明显。

（一）中美经济基本面存在差异

疫情以来，由于国内控制得力，复工复产稳步推进。第二季度国内生产总值同比增长3.2%，由第一季度下降6.8%转负为正；出口数据表现强劲，防疫物资、电子产品等支撑整体出口表现，出口产业链景气度持续改善。而美国第二季度国内生产总值按年率计算下滑31.7%，为有记录以来最大季度降幅。令人担忧的是，美国疫情仍在蔓延，经济复苏仍面临较大的不确定性。在内外双循环的格局下，中国经济韧性更足。

## （二）中美货币政策存在差异

为应对新冠肺炎疫情对实体经济的冲击，中国人民银行通过数量型货币政策，扩大总量供给，以解决企业融资难、融资贵的问题。通过三次降低存款准备金率、增加1.8万亿元再贷款再贴现额度、出台小微企业信用贷款支持计划、实施中小微企业贷款阶段性延期还本付息等政策，满足了银行间市场特殊时期的流动性需求。随着国内生产的恢复，特殊的、阶段性的货币政策工具逐步退出，国内货币政策将逐步回归常态化。反观美联储，为应对流动性危机，采取零利率、无限QE以及各类创新工具等措施，扩表规模超过3万亿美元，扩表规模创纪录。在扩表速度上同样也令人震惊，自宣布QE后，13周内就达2.9万亿美元。在QE1高峰时期，同样时间仅为1.3万亿美元。在美联储新的货币政策框架下，宽松政策很难马上退出。

## （三）中美股票市场估值存在差异

从估值水平来看，A股以2010年1月为起点，上证指数、深圳成指、沪深300和创业板指数的PE值分别处于74.96%、88.17%、85.29%和87.26%分位。剔除金融股全A股的PE在40倍左右。不过从行业上来看，食品饮料、医药生物、家用电器等行业处于历史分位值高位，房地产、钢铁、建筑材料等行业处于历史分位值低位，分化较为明显；美股以2003年1月为起点，标准普尔500指数、纳斯达克指数和道琼斯指数的PE值分别处于99.65%、99.68%和99.77%分位，均处于高位。

## （四）美股下跌扰动是权益资产投资时机

2020年9月以来，随着美股震荡，A股也出现了一定的调整。具体来看，一是由于海外资金风险偏好下降，交易型资金流动更加频繁的扰动。根据国盛证券的统计，交易型资金近期外流加大，仅2020年8月31日至9月4日累计净流出超过200亿元，是近期离场的主力。二是在创业板指数实施注册制和20%涨跌幅后，部分资金非理性炒作低价股的影响，对市场产生的冲击。总的来看，在美国大选前，不确定性因素仍将持续扰动市场，但外围市场震荡对A股的影响是噪声，而非实质性风险。美股下跌扰动是A股权益资产投资时机，可重点关注随着经济好转受益的金融、可选消费和周期类标的。

（执笔人：杨晓东）

# 《信托公司股权管理暂行办法》的核心要求及其影响[*]

2020年2月6日，中国银行保险监督管理委员会（以下简称银保监会）正式公开发布了《信托公司股权管理暂行办法》（以下简称《办法》），对信托公司股权管理作了详细要求，该《办法》自2020年3月1日起施行。《办法》的出台实施，是监管部门加强监管、治理乱象、防范风险工作的现实要求，也将对信托公司及其股东产生深刻影响。

## 一、《办法》出台的主要背景

《办法》的发布实施，既是信托公司规范股权管理、加强风险防范的内在诉求，也是监管部门加强信托监管、弥补监管短板、整治市场乱象的重要体现。

### （一）信托公司的转型发展需要规范股权管理

信托公司的转型发展，需要实力雄厚、管理经验成熟和注重长远发展的股东的支持，需要优化股权结构、规范股权管理以应对转型压力。随着社会经济的转型，信托公司也已走上转型发展之路，促进脱虚向实，发展本源业务。但转型业务培育期长，前期投入大，业绩显效慢，短期内信托公司也面临一定的转型压力，需要股东短期内容忍一定的业绩放缓甚或下滑，以及长期给予更多的发展支持，更多关注长期回报而非仅关心短期业绩。

### （二）信托公司的风险防控需要加强股权管理

信托公司加强风险防控的重点之一是防范股权管理不到位引发的经营风险和业务风险。近两年隐形股东、违规持股、违规关联交易、利益输送等股权管理不到位引发的信托公司治理不健全问题，令行业出现了局部的问题和风险，且已有信托公司因实控人状况不透明及部分业务违规问题受到监管部门的处罚。

### （三）监管部门加强金融机构股权监管的重要体现

一方面，对各类金融机构制定/修订股权监管规定是监管部门的统一要求。近两年，金融监管部门积极贯彻落实党中央、国务院关于防控金融风险、弥补监管短板的

---

[*] 本文写于2020年2月12日。

决策部署，陆续对各金融子行业加强了股权管理的制度完善工作，这其中也包括，将散见于不同法律法规中的信托公司股权管理监管要求修订为统一的《办法》。另一方面，规范股东行为、加强股权管理、推动"三会一层"依法合规运作是近两年整治市场乱象的重点。按照金融监管工作的部署，银保监会贯彻落实党和国家会议精神，坚决打好防范化解重大风险攻坚战，近两年银保监会持续整治市场乱象，在银监发〔2018〕4号文和银保监发〔2019〕23号文中均将规范股东行为、加强股权管理、推动"三会一层"依法合规运作作为整治市场乱象的重点，并将该部分整治工作在工作要点中进行了细化。

## 二、《办法》提出的核心要求

《办法》共6章78条，就信托公司股权管理涉及的总体原则、股东责任、信托公司职责、监管部门职责、明晰相关法律责任等均作了专章要求。在监管思路和相关要求方面，与其他金融机构股权管理办法具有一定的相通性，尤其沿用和充分借鉴了《商业银行股权管理暂行办法》的制度安排和实践经验，并突出考虑了信托监管实际。整体来看，《办法》对信托公司股权管理的主要要求是公司股权阳光化、股权管理规范化和管理责任积极化三个方面。

### （一）公司股权阳光化

《办法》提出了穿透监管原则，要求信托公司股权阳光化。一是要求股权穿透，实控人阳光化，不得代持和交叉持股，包括要求信托公司股东的股权结构应逐层追溯至最终受益人，投资人入股信托公司不得使用委托资金、债务资金等非自有资金，投资人不得委托他人或接受他人委托持有信托公司股权，信托公司股东与信托公司之间不得直接或间接交叉持股等。二是明确监管部门股权穿透监管措施和手段，规范隐形股东和股权代持现象，强力推进信托公司股权阳光化。

### （二）股权管理规范化

从总体规范来看，《办法》的发布实施令信托公司股权管理有法可依、有章可循。一方面是有法可依，《办法》发布后，信托公司股权管理的要求更为明确，《办法》对信托公司股权管理的法律依据、"三位一体"股权管理体系、相关各方责任等作了制度安排。另一方面是有章可循，根据《办法》的要求，在股权取得阶段，投资人入股信托公司应书面承诺遵守法律法规、监管规定和公司章程，投资人拟作为信托公司主要股东的，还应根据监管规定书面承诺在必要时向信托公司补充资本；在股权管理阶段，各信托公司应将关于股东管理的相关监管要求、股东的权利义务等写入公司章程，

"三会一层"将依据法律法规和公司章程依法合规开展工作。

从对主体责任和取得、持有、退出信托公司股权各环节来看,《办法》也提出了诸多规范性要求。例如,《办法》对各类拟成为信托公司股东的投资人在经营规范、财务良好、信用良好等方面作了详细要求,对取得、持有、退出信托公司股权各环节涉及的资金来源、出资意愿、出资程序、股东权利实施、风险隔离机制、关联交易等方面提出了规范要求,也对信托公司股权管理的职责作了规定。

(三) 管理责任积极化

管理责任积极化包括股东责任积极化、信托公司责任积极化和监管部门责任积极化三方面的主要要求。

股东责任积极化方面,一是股权取得阶段,《办法》要求投资人入股信托公司的入股目的端正、出资意愿真实,拟作为主要股东的投资人还应具备持续的资本补充能力,并根据监管规定书面承诺在必要时向信托公司补充资本;二是股权持有阶段,主要股东不得滥用股东权利,不得进行利益输送,不得开展不正当关联交易,不得利用信托公司股权质押、设立金融产品等方式套取资金,主要股东在信托公司出现资本不足或其他影响稳健运行情形时应履行入股承诺,以增资方式向信托公司补充资本;三是股权退出阶段,要求退出时持有信托公司股权5年以上。

信托公司责任积极化方面,《办法》除对信托公司股权事务管理作了规定以外,还对信托公司提出了股东行为管理要求,要求信托公司股权管理工作更具主动性。具体来看,对信托公司加强股东资质审查、相关信息披露、定期评估股东、关联方识别和关联交易审查、加强公司治理机制建设均作了要求。

监管部门责任积极化方面,《办法》要求银保监会及银保监局对穿透监管负有责任,应主动对信托公司的股东进行动态监测和评估,以及对信托公司股权管理工作予以监督,并根据审慎监管原则对信托公司股东、信托公司、信托公司董事会成员及可能涉及的第三方中介机构等施加必要的监管手段。

### 三、《办法》产生的重要影响

《办法》的发布实施,会对信托公司及其股东产生重要影响。对于信托公司来说,《办法》的发布实施,将有效促进信托公司合规性和规范性的提高、公司治理完善和运营管理效率的提升,进一步夯实信托公司长期发展的基础,提升发展质效。对于信托公司的拟进入股东和现有股东来说,《办法》的发布实施,将促进更多资质良好、实力雄厚、支持信托公司长期发展的投资人成为信托公司的股东,并进一步约束规范现有股东的行为。

（一）对信托公司的影响

一是提高信托公司的合规性和规范性。《办法》的发布实施将解决信托公司股权管理突出问题，整治信托公司股权管理乱象，优化信托公司股权结构，规范信托公司股权管理。尤其是，《办法》对关联交易的审查原则、审查方式进行了明确，并将关联交易审查决策的层级提高到董事会层面，将进一步规范信托公司关联交易的合规化运作。

二是建立完善信托公司的公司治理机制。《办法》制定了"三位一体"股权管理体系，对信托公司股东、信托公司、监管部门三方主体从股权进入到退出各个阶段的股权管理职责作了具体要求，将有效解决信托公司公司治理方面的问题和不足，建立完善信托公司的公司治理机制。

三是促进信托公司管理效率的进一步提升。《办法》要求主要股东不得干预信托公司董事会和高级管理层的正常经营管理和决策，要求加强关联交易审查，将有效规避大股东违规干预信托公司经营管理，规避通过关联交易向主要股东输送利益，规避内部人控制导致的道德风险等，有助于促进信托公司运行和管理效率的提升。

四是进一步夯实信托公司的发展基础。第一，《办法》强化信托公司股权的穿透管理，将以信托公司股权的阳光化促进股权管理的规范化，进而保障信托公司经营管理规范化；第二，《办法》促进股东责任落实，要求股东履行入股承诺和履行增资义务，将为信托公司展业、扩大经营和必要救助均起到积极作用；第三，《办法》要求健全信托公司治理机制和规范关联交易，保护投资者利益，有利于通过促进和放大信托公司的正向社会意义，促进行业长远发展。

（二）对信托公司股东的影响

一是促进更多高资质投资人成为信托公司股东，优化信托公司股东背景。目前国内信托牌照稀缺，且从近年来信托公司股权转让案例来看投资回报率较高，信托公司股权仍具较大吸引力。《办法》从严规范股东资质，将促进更多资质良好、实力雄厚、经营规范、支持信托公司长期发展的投资人成为信托公司的股东。

二是强化信托公司股东责任落实，规范约束股东行为。信托公司股东应认真学习和落实《办法》的要求，尽快开展各项股权穿透自查、书面出具补充资本承诺、信息沟通和信息报送等工作，并在股权持有的过程中，自觉规范股东行为，按照法律法规和信托公司公司章程的约定行使权利义务。

（执笔人：崔继培）

# 资金信托新规对信托行业可能产生的影响分析*

2020年5月8日,银保监会发布《信托公司资金信托管理暂行办法(征求意见稿)》(以下简称资金信托新规)并向社会公开征求意见。资金信托新规的目的及内容与中国人民银行、中国银行保险监督管理委员会、中国证券监督管理委员会、国家外汇管理局《关于规范金融机构资产管理业务的指导意见》(银发〔2018〕106号)(以下简称资管新规)保持了基本一致,待正式出台后将会对信托行业产生重要影响。

## 一、资金信托新规对资金信托概念的界定

资金信托新规对资金信托业务和资金信托的概念进行了界定。资金信托业务是指:"信托公司作为受托人,按照投资者的意愿,以信托财产保值增值为主要信托服务内容,将投资者交付的资金进行管理、运用、处分的信托业务活动。"资金信托是指:"信托公司接受投资者以其合法所有的资金设立信托,按照信托文件的约定对信托财产进行管理、运用或者处分,按照实际投资收益情况支付信托利益,到期分配剩余信托财产的资产管理产品。资金信托应当为自益型信托,委托人和受益人为同一人,本办法统称投资者。信托受益权出现转让、继承等依法变更情形的,投资者随之变更。"

从上述界定可以看出,对资金信托的判断主要基于四个方面:一是从信托财产类型来看,资金信托新规界定的资金信托初始信托财产为资金;对于变相通过财产权信托收益权转让等方式向投资者募集资金的,也在资金信托新规的规范范围。二是从信托目的来看,资金信托新规界定的资金信托的信托目的是信托财产的保值增值。三是从受托人的职责来看,主要定位于为信托财产保值增值提供管理、运用、处分等服务,这与服务信托与公益慈善信托有重要区别。四是从信托当事人的关系来看,资金信托新规界定的资金信托为自益信托,委托人和受益人统称为投资者,这也意味着他益信托、自益与他益相结合的信托不属于新规规范的范畴(见表1)。

---

\* 本文写于2020年5月14日。

表1 界定资金信托的主要维度

| 类型 | 初始信托财产 | 信托目的 | 受托服务类型 | 信托当事人关系 | 具体业务分类 |
|---|---|---|---|---|---|
| 资金信托 | 资金（包括部分财产权） | 保值增值 | 与保值增值相关的管理、运用、处分等 | 自益信托 | 单一/集合资金信托、封闭/开放式资金信托、固收类/权益类/商品及金融衍生品类/混合类资金信托 |
| 非资金信托 | 资金、财产权 | 保值增值以外的其他目的、公益慈善 | 资产流转，资金结算，财产监督、保障、传承、分配等受托服务，以及与公益慈善相关的受托服务 | 他益信托、自益与他益相结合的信托、公益（慈善）信托 | 服务信托（家族信托、资产证券化信托、企业年金信托等）、公益（慈善）信托 |

注：本表中的资金信托指《信托公司资金信托管理暂行办法（征求意见稿）》所界定的范畴。

## 二、资金信托新规对资金信托业务的主要监管要求

根据资管新规精神，资金信托新规对资金信托业务管理具体涉及了受托人职责、分类管理、销售、托管、投资管理、关联交易、会计核算、信息披露、信托受益权转让、终止清算等。与之前的监管要求相比，其重点内容包括如下五个方面。

### （一）合格投资者要求

一是在合格投资者的界定上，与资管新规保持一致，与《信托公司集合资金信托计划管理办法》等以往监管要求相比有明显提升；二是在合格投资者的数量上，限定了资金信托的合格投资者人数为不得超过200人，且不得通过拆分信托份额或者转让份额受益权等方式变相突破；三是接受其他资产管理产品参与，不合并计算其他资产管理产品的投资者人数，但是应当有效识别实际投资者与最终资金来源，且管理人应当将资产管理产品的实际投资者资质情况提供给信托公司。

### （二）投资股票的集中度要求

每只集合资金信托计划持有单一上市公司发行的股票的市值最高不超过该资金信托净资产的25%，每只结构化资金信托持有单一上市公司发行的股票的市值最高不超过该资金信托净资产的20%，经国务院银行业监督管理机构认可，或全部投资者均为合格投资者且单个投资者投资金额不低于一千万元人民币的封闭式集合资金信托计划不受比例限制。

## （三）非标债权额度或比例要求

一是对单一主体通过集合资金信托进行非标债权融资的额度进行限制，要求信托公司管理的全部集合资金信托计划投资于同一融资人及其关联方的非标准化债权类资产的合计金额不得超过信托公司净资产的30%；二是规定了集合资金信托中投资非标债权资产的比例，要求信托公司管理的全部集合资金信托计划向他人提供贷款或者投资于其他非标债权类资产的合计金额在任何时点均不得超过全部集合资金信托计划合计实收信托的50%。

## （四）关联交易额度或比例要求

一是要求信托公司将信托资金直接或者间接用于本公司及其关联方单一主体的金额不得超过本公司净资产的10%，直接或者间接用于本公司及其关联方的合计金额不得超过本公司净资产的30%；二是要求信托公司将集合资金信托计划的信托资金直接或者间接用于本公司及其关联方的合计金额不得超过本公司净资产的15%。

## （五）其他重要内容

一是对资金信托的投资合作机构进行了限制，提高了对投资合作机构的牌照及资质要求；二是要求每只资金信托单独管理，不得将本公司管理的不同资金信托产品的信托财产进行交易；三是允许固收类证券投资资金信托可以在公开市场上开展标准化债券类资产回购等；四是规定了结构化资金信托的比例要求。

## 三、资金信托新规对信托行业可能产生的影响

### （一）信托公司的业务结构将明显调整

一是非标债权融资的资金信托业务规模将持续压缩。根据资金信托新规的规定，信托公司对同一融资人及其关联方非标债权融资额度上限为净资产的30%，非标债权集合资金信托任何时点占全部集合资金信托的比例上限为50%。目前信托公司单个项目往往金额较大，且往往侧重大客户策略，同时集合资金信托中融资类业务占比较高，如采取单一主体非标额度限制和非标债权比例限制，信托公司的非标债权融资集合资金信托业务的规模将会被压缩。

二是信托公司将加大单一资金信托业务和投资类集合资金信托业务的发展力度。由于资金信托新规对非标债权集合资金信托作了严格的额度和比例限制，那么做大分母将成为信托公司的必然选择，其中提高单一资金信托业务和投资类集合资金信托业务的规模和占比将成为信托公司近期的重要任务。

三是持续提高服务信托和公益（慈善）信托业务规模。按照资金信托新规的规

定,服务信托和公益(慈善)信托不属于资金信托,其相应也不在资金信托新规的规范范围。资金信托新规对服务信托和公益(慈善)信托的豁免,实为鼓励和支持信托公司积极发展服务信托和公益(慈善)信托,加速回归信托本源。

(二)信托公司的短期收入压力有所加大

一是信托业务收入面临较大下行压力。在当前的业务结构中,融资类信托是信托业务收入的主要来源,服务信托与公益慈善信托短期内对信托公司收入贡献有限。受资金信托新规影响,信托公司的资金信托业务规模和信托报酬率均将受到较大影响,一方面是资金信托业务规模按照上限要求整体压缩,同时叠加集合资金信托对投资者人数不超过200人的限制的影响,集合资金信托产品发行难度预计将会显著增加,进一步加大资产的开拓难度和降低业务规模;另一方面是单一资金信托业务和投资类资金信托业务的开拓往往会拉低整体信托报酬率,双重影响之下信托公司的信托业务收入或将出现显著下降。

二是固有业务收入将受到一定影响。长期以来,信托公司固有资产对投资类资产的运用比例过半,其中出于发行支持等方面的考虑,对金融产品尤其是本公司管理的集合资金信托的投资在其固有资产运用中占比较高。由于资金信托新规对信托公司自有资金参与集合资金信托额度作了限制,或将在一定程度上影响信托公司的固有业务收入。

(三)信托行业的风险水平将得到控制

一是控制了规模风险。此次资金信托新规对合格投资者及200人的明确限制,不但提高了合格投资者的门槛,同时对单只资金信托的募集规模进行了实质上的控制,在一定程度上避免出现大型单体集合资金信托的兑付风险。

二是控制了集中度风险。集合资金信托对单一主体和集合资金信托在非标债权融资方面的集中度限制,将降低单一信托公司和信托行业对单一融资主体的集中度风险。

三是控制了关联交易风险。集合资金信托对关联交易额度的限制,将进一步减少在关联交易中可能存在的利益输送、不当交易等损害投资者利益的情形。

四是控制了错配风险。资金信托新规规定不得开展或者参与具有滚动发行、集合运作、分离定价特征的资金池业务,不得将本公司管理的不同资金信托产品的信托财产进行交易,杜绝不同资金信托产品信托财产交易可能造成的风险转嫁。

五是控制了信托业务风险向表内传递。资金信托新规规定了信托公司参与集合资金信托的额度上限与单只产品额度和公司净资产挂钩,防止单只集合资金信托投资和该类金融产品投资对信托公司固有资产的过度影响。

## （四）信托公司的专业能力将持续提升

一是持续提升专业投资能力，特别是股权投资和标准化投融资业务的专业能力，形成信托公司在投资领域的专业竞争力；二是持续提升净值管理能力，建立资金信托净值管理制度和信息系统，配备专业的估值人员，按照《企业会计准则》和资管新规的规定、信托文件的约定，建立和完善净值管理机制；三是持续提升服务能力，加大对服务信托的探索力度，以求尽快形成一定的业务规模和业绩贡献。

## （五）信托公司的增资意愿将普遍增强

资金信托新规将资金信托业务开展的规模限制与信托公司净资产挂钩，因此建立和完善资本补充机制、增加资本实力刻不容缓。信托公司应与股东及时沟通增资事宜，尽快从增加股东实际投入、减少分红等多个方面提高净资产的规模，从而提高资金信托业务的相关额度，以及对资金信托业务的风险承受力。

（执笔人：和晋予　崔继培）

# 《民法典》对信托的影响初探*

《中华人民共和国民法典》(以下简称《民法典》)已于2020年5月28日在第十三届全国人大第三次会议上通过,并于近日公布。《民法典》整体是现行民事单行法规的系统性编订纂修,同时根据近年来社会经济发展和重大社会争议问题增设部分条款,以及对原有部分法律漏洞进行了补充完善。总体来看,《民法典》坚持维护私法自治导向,保护民事主体合法权利,有利于进一步维护和促进社会经济活动秩序,对保障和促进信托活动的有序健康开展也将发挥显著作用。

## 一、进一步明确了信托财产的相关问题

民事主体所享有的财产和财产权利是其设立信托时的信托财产来源。《民法典》对民事主体的所享有的民事权利的进一步明确,有利于进一步明确信托财产的相关问题。

一是扩大了夫妻共同财产的范围,并进一步界定了夫妻共同债务。《民法典》界定的夫妻共同财产包括"劳务报酬"和"投资收益",较原《中华人民共和国婚姻法》有所增加,有利于进一步明确婚姻存续期间拟设信托的家庭财产的归属。此外,《民法典》第1064条的规定,夫妻一方在婚姻关系存续期间以个人名义超出家庭日常生活需要所负的债务,不属于夫妻共同债务;但是,债权人能够证明该债务用于夫妻共同生活、共同生产经营或者基于夫妻双方共同意思表示的除外,回应了近年来司法实践中对于夫妻共同债务的重大争议,对夫妻共同债务问题作了完善。

二是在整体上明确了部分新型财产权利。《民法典》进一步明确了法律对数据、网络虚拟财产的保护。自原《中华人民共和国民法总则》明确提出对数据、网络虚拟财产的保护之后,《民法典》对此进一步明确。此外,《民法典》增设了居住权这一物权类型,规定居住权是指居住权人有权按照合同约定,对他人的住宅享有占有、使用的用益物权,以满足生活居住的需要,设立居住权的住宅不得出租,但是当事人另有约定的除外。新型财产权利是否可以作为信托财产,需要信托业内进行深入研究和探讨。

---

* 本文写于2020年6月4日。

## 二、持续促进家族信托业务的规范发展

《民法典》围绕民事权利展开,以民事权利为主构建民法体系,并凸显维护私法自治的基本价值,同时强化了人文关怀。《民法典》对私有财产的保护、对遗嘱继承的明确,以及对遗嘱信托的界定都将持续促进家族信托的发展。

一是《民法典》对私人权利给予了高度尊重和保护。《民法典》总则编强调对民事主体的民事权利和合法权益予以法律保护,以及强调平等、自愿、公平、诚信、守法、公序良俗以及绿色生态等民法基本原则,集中体现了民法保护民事主体权利的基本价值和基本立意。在此立法精神下,高净值人士的家族财富保护将会得到进一步加强,通过家族信托等方式实现家族财富的保护、传承、安排及管理,将会迎来更多需求。

二是《民法典》明确提出了遗嘱信托,将进一步丰富家族信托的设立方式。《民法典》第1133条明确规定,自然人可以依法设立遗嘱信托。在原有的《中华人民共和国信托法》中,遗嘱可以作为设立信托的一类书面形式已有明确约定。此次《民法典》对遗嘱信托的首次明确,更多从遗嘱继承的角度出发,将其作为一类财富传承的法定工具予以明确,将进一步丰富家族信托的设立方式。

三是《民法典》对继承的规定更为详细,有利于强化信托财产传承的规范性。根据《民法典》继承编的规定,遗嘱继承的方式包括自书遗嘱、代书遗嘱、打印遗嘱、录音录像形式立的遗嘱、口头遗嘱、公证遗嘱等,且规定了每类遗嘱的法律要件,有利于进一步强化以信托受益权作为个人财产开展遗嘱继承活动的规范性,对家族信托业务的规范性开展具有一定促进意义。

## 三、有利于更好地保护信托受益人利益

《民法典》在物权编和合同编部分,均表现出进一步保护债权人的合法权益、维护社会金融秩序的强烈色彩,给予信托公司在信托财产运用中对涉及的债权债务关系的处理更多的法律依据和法律手段,更好地保护信托受益人的利益。

一是《民法典》对合同保全作了重大完善。《民法典》将合同保全专门成章,第535条到537条分别增加了债权人代位权涉及的从权利、规定了债权到期之前的保全行为,以及代位权行使的效力等,鼓励债权人行使代位权,有利于保护债权人的合法权益,进而有利于保护信托业务中受益人的相关利益。

二是《民法典》取消对流押/流质条款的禁止性规定,允许以物抵债。根据《民法典》第401条的规定,抵押权人在债务履行期限届满前,与抵押人约定债务人不履

行到期债务时抵押财产归债权人所有的，只能依法就抵押财产优先受偿。《民法典》第428条同时规定，质权人在债务履行期限届满前，与出质人约定债务人不履行到期债务时质押财产归债权人所有的，只能依法就质押财产优先受偿。上述规定均有利于保护债权人权利。

三是《民法典》增加了对并存的债务负担的规定。根据《民法典》第552条的规定，第三人与债务人约定加入债务并通知债权人，或者第三人向债权人表示愿意加入债务，债权人未在合理期限内明确拒绝的，债权人可以请求第三人在其愿意承担的债务范围内和债务人承担连带债务。在并存的债务承担中，第三人因加入履行债务而成为与原债务人并行的主债务人之一，债权人可以直接向第三人主张履行全部债务，同时原债务人的偿债义务也未消灭，将更大限度地保障债权人的利益。

**四、引导信托业探索更多新业务空间**

《民法典》增设的保理合同、加强债权保护、促进资产流转等则对信托业探索更多新业务空间开拓了思路。

一是《民法典》增设保理合同相关规定，为保理业务的开展提供了更明确的法律依据，对保理业务的范围也进行了一定拓展，为信托公司开展应收账款融资等业务提供了更好保障。按照《民法典》第761条的规定，保理合同是应收账款债权人将现有的或者将有的应收账款转让给保理人，保理人提供资金融通、应收账款管理或者催收、应收账款债务人付款担保等服务的合同。该保理合同定义较《商业银行保理业务管理暂行办法》的规定，进一步明确了保理业务的基础资产可以为"将有的应收账款"，扩大了保理业务基础资产的范围，有利于金融机构挖掘更大业务空间。

二是《民法典》对债权流转的促进将引导信托公司探索特殊资产处置。除前面所述《民法典》加强了对债权债务关系的规范、加强对债权人的保护外，还明确了抵押权随主债权转让无须登记等保护债权同时简化实务的事项。根据《民法典》第547条的规定，受让人取得从权利不因该从权利未办理转移登记手续或者未转移占有而受到影响，即在立法层面肯定主债权转让时附属担保权益未办理登记或转让手续不影响转让效力。上述规定对信托公司开展不良资产等特殊资产处置业务将起到一定促进作用。

（执笔人：和晋予　崔继培）

# 《标准化债权类资产认定规则》对信托业务的影响

2020年7月3日，中国人民银行等四部委发布了《标准化债权类资产认定规则》（以下简称《认定规则》），并自2020年8月3日起施行。《认定规则》是监管部门落实资管新规要求的又一实施细则文件。《认定规则》明确了标准化债权类资产（以下简称标债资产）和非标准化债权类资产（以下简称"非标"）的界限、认定标准及监管安排，体现了鼓励标债资产发展、消除监管套利、引导市场规范发展的监管思路，也将影响未来信托公司标债资产相关业务的开展和价值挖掘。

## 一、明确了信托公司开展标债资产投资业务的范畴

《认定规则》通过给出标债资产的定义，细化标债资产的认定标准，尤其明确"非非标"不属于标债资产，进一步明确了信托公司开展标债资产投资业务的范畴。

一是《认定规则》给出了标债资产的定义。按照《认定规则》的定义，标准化债权类资产是指依法发行的债券、资产支持证券等固定收益证券，主要包括无须认定直接列明的和需要按照五项认定标准加以认定的资产，其中直接列明的标债资产包括"国债、中央银行票据、地方政府债券、政府支持机构债券、金融债券、非金融企业债务融资工具、公司债券、企业债券、国际机构债券、同业存单、信贷资产支持证券、资产支持票据、证券交易所挂牌交易的资产支持证券，以及固定收益类公开募集证券投资基金"。

二是《认定规则》通过细化五项认定标准明确了标债资产和"非标"资产的界限。五项认定标准包括：①等分化，可交易；②信息披露充分；③集中登记，独立托管；④公允定价，流动性机制完善；⑤在银行间市场、证券交易所市场等国务院同意设立的交易市场交易。五项细化的认定标准遵从了面向合格投资者发行的私募债券的基本思路，包括明确了发行的方式、合格投资者数量、登记托管机构要求、估值要求等。

三是《认定规则》明确了"非非标"不属于标债资产。《认定规则》将市场中常见的银登中心、北金所、保交所等交易场所的"非非标"明确为"非标"，但同时也

---

\* 本文写于2020年7月8日。

留口，保留其未来申请成为标准化债权类资产的权利。《认定规则》明确，"银行业理财登记托管中心有限公司的理财直接融资工具，银行业信贷资产登记流转中心有限公司的信贷资产流转和收益权转让相关产品，北京金融资产交易所有限公司的债权融资计划，中证机构间报价系统股份有限公司的收益凭证，上海保险交易所股份有限公司的债权投资计划、资产支持计划，以及其他未同时符合本规则第二条所列条件的为单一企业提供债权融资的各类金融产品"为"非标"。但如果前述资产符合五项认定标准，基础设施机构（银登中心、北金所等）可作为申请主体，向中国人民银行提出标债资产的认定申请。

四是《认定规则》进一步鼓励标债资产市场的发展，将涌现出更多信托公司的参与机会。在资管业务中，标债资产相较于"非标"的重要监管红利之一即为对期限错配的豁免，有利于管理人适当调节资管产品的期限，更好地根据市场情况匹配产品的期限和收益。《认定规则》对标债资产和"非标"界限的划分，叠加监管对标债资产的偏爱，以及《信托公司资金信托管理暂行办法（征求意见稿）》（以下简称"资金信托新规"）显现的对增加投资标准化资产、权益类资产占比的导向，信托公司标债资产业务也将迎来更大的市场空间。

## 二、促进信托公司"非标"融资业务向标准化的规范转型

《认定规则》明确了标债资产的范畴和运营管理要求，堵住了"非非标"和部分"非标"转标的规则漏洞，同时考虑到近期资金信托新规的监管导向，《认定规则》将促进信托公司"非标"融资业务向标准化的规范转型。

一是《认定规则》对标债资产从资产本质角度加以认定，有助于促进标债资产市场的规范发展。一方面，《认定规则》对标债资产的认定，趋向于统一功能监管下的"债券类资产+类存款"概念。《认定规则》列明的标准化债权类资产，均为依法发行的债券和类存款资产；《认定规则》细化的五项标准化债权类资产的认定标准，也均为证券的特征。另一方面，《认定规则》对标债资产和"非标"的区分的主要关注点在于规范性、流动性，在信息披露、定价公允等监管方面充分兼顾区分标准的可操作性，这也是《认定规则》将其他固定收益类公募资管产品、其他未同时符合《认定规则》第2条所列条件的为单一企业提供债权融资的各类金融产品纳入非标资产的重要原因。

二是将"非非标"初步定性为"非标"，有利于促进信托公司开展真正的"非标"转标业务。受《认定规则》影响，业界的"非标"转标操作将受到一定限制，操作难度将加大。为了满足监管部门对"非标"的监管和压缩要求，信托业对"非标"转标

的诉求非常迫切。从操作"非非标"到直接形成基础资产在证券交易场所转标，均是为了通过"非标"转标形成形式上的标债资产。此次《认定规则》不但明确将"非非标"直接认定为"非标"，也通过明确标债资产的五项认定标准，堵住了不少"非标"转标的漏洞，"非标"转标的操作将受到一定限制，只有在形式上和实质上均满足标债资产的要求，才能真正实现"非标"转标。

### 三、推动信托公司建立标债资产的自主投研能力

《认定规则》对标债资产涉及的底层资产进行了规范和认定，对资管产品纳入标债资产与否给予了限定，将限制信托公司通过嵌套开展标债资产投资业务的范围，推动信托公司尽快提升标债资产业务的自主投资管理能力。

一是信托公司通过与其他机构合作开展标债资产投资的业务模式将受到一定影响。根据《认定规则》答记者问，固定收益类公募证券投资基金为标债资产，其他固定收益类公募资管产品属于"非标"资产。这意味着，信托公司开展标准化的组合投资类业务，底层固定收益类基金必须为标准化资产，合作机构也将主要限于券商和公募基金公司。

二是《认定规则》将推动信托公司建立标债资产的自主投研能力。鉴于《认定规则》下部分间接投资标债资产的业务及行为将受到一定影响，信托公司开展标债资产投资业务必须尽快提升自主业务能力，包括提升标债资产识别能力、直接投资能力、自主投资能力和净值管理能力。第一，应按照《认定规则》的要求，按照实质重于形式的原则，对直接列明和符合五项细化认定标准要求的债权类资产进行识别和判断，提高对标债资产的识别和判断能力；第二，尽快建立和完善标债资产的直接投资能力和自主投资能力，建立相关的专业投研能力，避免由于嵌套固定收益类公募证券投资基金造成的投资人收益的下降、受托人信托报酬的减少和运营管理效率的损耗；第三，尽快建立和完善净值化管理能力，这也是落实资管新规、资金信托新规，完善信托公司运营管理的必然要求。

### 四、《认定规则》下信托公司开展标债资产业务的角色将更加丰富

《认定规则》体现了规范市场发展、进一步鼓励金融机构向标债资产市场发展的监管导向，随着标债资产市场将迎来新的大发展，信托公司也将抓住市场机遇，进一步丰富自身在标债资产业务中的角色定位，提高开展标债资产业务的主导性，加强在标债资产业务中的能动性，以进一步挖掘标债资产业务链价值。

一是可将部分"非标"融资业务转型升级为投行业务，并进一步提升承销资格的

价值。信托公司可深入挖掘交易对手的需求，按照《认定规则》的监管精神，遵循面向合格投资者发行的私募债券的业务思路，探索将"非标"融资业务转型升级为债券承销业务。尤其是，如果信托未来正式开展和推广债权型信托直接融资工具，部分符合要求的债权型信托直接融资工具也可被认定为标债资产，信托公司的投行功能和债券承销资格将得到进一步施展。

二是可提升信托公司在资产证券化业务的价值。在目前资产证券化业务中，信托公司的角色带有强烈的通道色彩，这也是信托公司资产证券化业务收费极低的重要原因。《认定规则》在标债资产认定标准中明确，"发行文件中明确发行人有义务通过提供现金或金融工具等偿付投资者，或明确以破产隔离的基础资产所产生的现金流偿付投资者"，意在避免资产支持证券的偿付依赖发行人主体信用，强化资产证券化业务中发行人的主导作用。鉴于信托公司在信贷资产证券业务中作为特定目的信托受托机构担任该类资产支持证券的发行机构角色，在非金融企业资产支持票据业务中担任发行载体机构，部分信托公司已取得企业资产证券化的计划管理人资格担任企业资产证券化的管理人、发行人，未来信托公司开展资产证券化业务也将以更大的主动性参与，真正承担起尽调、产品设计、设立、备案、发行、管理、信息披露等职责，发挥更大的业务价值。

三是可提升标债资产业务中的综合服务价值。资金信托新规首次给出了服务信托的定义，表明监管全力支持信托利用账户管理、财产独立、风险隔离等方面的制度优势和服务能力提供除资产管理服务以外的各类受托服务业务的开展。结合此次《认定规则》的要求，未来信托公司可加强标债资产业务的渗透能力，探索标债资产市场中的资产流转、估值结算、信息披露等各类受托服务，提升在标债资产业务中的综合服务价值。

(执笔人：崔继培)

# 第二部分
# 信托行业与信托公司研究

# 展望2020：信托业发展的"稳"与"进"[*]

2019年是中国信托业实现内涵式发展的重要一年。面对持续下行的宏观形势和不断加强的监管力度，行业受托资产规模持续稳步下调，风险资产规模和比重均有所提升；但信托公司的主动管理业务仍保持一定发展，转型发展持续深入，经营业绩相对平稳。展望2020年，宏观经济形势难以迅速扭转，行业监管预计更加严格，防范化解金融风险压力仍然较大，预计信托业的发展将在"稳"与"进"之间寻找平衡。

## 一、2020年信托业发展之"稳"

2007年"新两规"（《信托公司管理办法》和《信托公司集合资金信托计划管理办法》）颁布实施以来，信托业经历了10年的高速发展历程，但从2018年开始行业发展出现调整，受托资产规模连续两年下滑。受到宏观经济和监管政策影响，信托业2020年仍将保持稳健发展局面，在受托资产规模、盈利水平等方面预计不会出现大幅波动。

### （一）受托资产规模预计降中趋稳

从2018年第一季度开始，信托业受托资产规模已连续7个季度出现下滑。究其原因，一方面由于受到宏观经济的影响，从历史季度数据看，信托资产规模的增速与宏观经济增速变动趋势较为相关，经测算两者相关系数达到了0.8以上。另一方面，信托资产规模的下降与监管导向密切相关，2019年监管部门继续保持较强的监管力度，在房地产信托、部分通道业务方面控制了业务规模，也造成了信托资产规模的下降。

2020年，在宏观经济形势和监管导向不变的情况下，信托业受托资产规模仍有下降趋势，但降幅有可能趋于稳定。一是货币与财政政策的相对积极，将会带来货币供应量和财政支出的增加，信托业作为金融行业的重要组成部分，在管理资产规模上受到一定的宏观政策支撑；二是企业和金融机构盘活资产、化解风险的动力不断增强，通过信托开展资产证券化的需求更加明显，预计资产证券化业务规模将有所增加；三是资本市场良好预期初步形成，证券投资信托业务存在一定发展潜力。因此，虽然去通道、控地产仍将导致规模下降，但一些支持信托规模增长的因素依然存在。

---

[*] 本文写于2020年1月9日。

## （二）行业盈利水平可能稳中有降

2019年前三季度，尽管受托资产规模有所下降，但信托行业经营收入和盈利水平同比仍实现6.42%和13.13%的增长，主要是由于2018年至2019年上半年，基础设施和房地产领域的主动管理规模增长较快，给信托公司奠定了1—2年的收入基础。此外，由于2019年上半年资本市场的阶段性行情，信托公司固有业务的投资收益也有一定提升。

展望2020年，信托行业的经营收入和盈利水平可能出现稳中有降的趋势。一是由于融资类信托业务规模增速放缓，尤其是集合资金信托贷款比例不超过30%和房地产信托余额管控等限制，信托公司通过融资类业务获得的新增收入将有所减少，存续项目的收入贡献也随之递减；二是实体经济领域的风险提升客观上影响了信托业务的发展，预计2020年工商企业、消费金融等领域的风险可能进一步加大，信托公司对相关业务的开展可能会更为谨慎；三是信托公司需要对之前使用固有资金接盘的风险项目计提相应的减值准备，这会导致利润总额的明显减少。因此，预计全行业盈利水平在2020年不容乐观。

## （三）行业监管要求将会全面提升

从2019年中国信托业年会主题"弘扬信托文化，强化合规建设"的主题上看，2020年信托行业监管仍将保持严监管态势，监管要求将会全面提升：一是风险排查更为细致全面，在2019年末开始的风险排查主要围绕信托公司的实质风险，重点是摸清风险底数；预计2020年监管部门对信托公司风险的关注更为全面、具体。二是股权管理更为详细务实，2020年3月1日将施行的《信托公司股权管理暂行办法》对股东信息阳光化、股东责任的落实以及股权管理工作的要求更加详细，尤其是在关联交易方面更加注重防止向股东的利益输送，有效防范其可能产生的风险。三是对信托公司资本管理提出新要求，在之前信托公司净资本管理的基础上，可能会增加核心资本覆盖率、资本覆盖率等监管要求，并在不同业务类型方面设置差异化的风险资本系数，鼓励服务实体经济、发展服务信托和公益慈善信托。四是结合资管新规，可能出台对资金信托业务的监管要求，并着手开展净值化管理工作。监管要求的全面提升，客观上为信托业的行稳致远打下了坚实基础。

## （四）风险化解压力仍将总体可控

信托行业的风险项目数量和规模自2018年第一季度开始一直保持稳中有升的趋势，2019年第三季度末，行业风险资产率达到2.10%，为近年来最高，个别信托公司风险化解的压力较大。风险项目的持续增加，一方面由于宏观经济的持续下行，另一方面与相关政策的实施力度有一定关系,导致信托融资方出现违约问题。但从风险项目的具体情况来看,2020年预计信托业风险化解压力仍将总体可控。一是因为集合资金信托的风险资产规模估计占比不到60%(2019年第三季度为58.32%),信托公司的风险化解压力相对小一些;二是全行业的资本实力仍将进一步提升,在风险资本计提方面的监管要求越来越严格,行业抵御风险的能力也在逐步加强;三是信托业保障基金、信托公司恢复与处置计划等流动性救助和资本补充机制将会发挥作用,也为信托业化解风险提供了部分保障。因此,尽管风险项目在2020年仍将有所暴露,但其化解压力总体上预计保持稳定可控。

## 二、2020年信托业发展之"进"

在复杂的外部环境下,近年来信托业保持稳健发展之余,积极推进转型创新,探索长期持续发展之路。展望2020年,从信托业务结构、部分产品领域、机构资本实力以及行业收入结构等方面将体现出信托业求"进"的发展特征。

### (一)信托业务结构将转型调整

2019年12月30日,银保监会发布《关于推动银行业和保险业高质量发展的指导意见》,要求银行业和保险业金融机构坚持回归本源、优化结构,明确提出信托公司要回归"受人之托、代人理财"的职能定位,积极发展服务信托、财富管理信托、慈善信托等本源业务。这为2020年乃至未来一段时期的信托业务发展方向定下重要基调。

因此,信托公司无论从主观上还是客观上,都必须推进业务结构的转型调整。一是将会按照监管要求,继续压降通道类业务,管控房地产等传统融资类业务,实现融资类业务的合理控制甚至逐步压降;二是大力开展资产证券化、证券行政事务管理、以账户为核心的资产配置、家族信托等服务信托业务,以及完全他益的公益、慈善信托业务;三是积极开展证券市场投资和股权投资等投资类业务。从结构比例上看,传统融资类业务有可能降低占比;而资产证券化、证券事务管理等信托规模仍具备一定提升空间,其占比可能有所增加;投资类信托根据市场情况,其占比也可能实现稳中有增。

### (二)部分产品领域将加快发展

在信托业务结构转型调整的大背景下,随着宏观形势和市场需求的变化,预计2020年部分业务领域和信托产品可能会加快发展。从短期来看,由于2020年政府仍将加大基建投资力度以稳定经济增长,基建领域的融资需求以及地方政府的再融资能力可能有所提升,信托公司的政信业务短期内将仍有发展空间;此外,资本市场的行情预期初步形成，短期内证券投资业务也可能有较快发展。从中长期来看，企业和金融机构对资产证券化的需求持续增长，信托公司开展各类资产证券化仍是重要的发展方向；高净值客户面对复杂的市场环境和利率下行通道，其财富管理需求将进一步提升，为其设立账户、开展财富管理和资产配置业务将会得到较快发展；家族信托仍将保持快速发展势头，其市场竞争预计更加激烈。

（三）机构资本实力将稳中有增

2020年，信托公司的资本实力将呈现稳中有增的态势，这主要基于三方面的原因进行判断。一是监管政策的导向，如前文所述，2020年监管对信托公司的资本管理将提出新的要求，除了净资本之外还要对核心资本和总资本覆盖情况设置监管指标，一些业务规模增长较为明显的信托公司，需要补充资本以满足监管要求；二是风险化解的需要，无论是通过固有资金化解风险，还是引入信托保障基金等流动性支持，都需要信托公司具有较为充足的资本实力作为基础；三是股东支持的体现，预计监管部门在风险排查之后，对于资本实力不足的部分信托公司，可能会要求股东启动资本补充机制，也可能会带来行业资本实力的增加。但由于信托业整体盈利水平增速放缓甚至趋于下降，信托公司ROE水平近年来也出现了明显下滑，因此股东对信托公司增资的力度预计整体有限，除非监管部门对信托公司的资本提出普遍的较高要求，否则难以出现以往的"增资潮"现象。

（四）行业收入结构将开始优化

近年来，信托公司的收入结构中以信托业务收入为主，平均占比在70%左右。在信托业务收入中，以房地产信托、政信业务、小微金融业务等融资类信托产生的信托报酬占比较高，这也构成了信托公司收入的主要来源，但融资类业务所涉及的领域与宏观经济变化和政策调控关系密切，一旦处于逆周期或者强调控，该类业务收入将会受到较大影响。

随着信托业务结构的转型调整，行业收入结构预计从2020年开始也将有所优化，中长期来看将会包含三个层次的信托业务收入：一是短期的融资类业务收入，存续项目的收入贡献为1—2年，但容易受到经济和政策环境影响，且比重可能有下降趋势；二是中长期的管理费收入，信托公司以提供专业受托服务收取固定管理费，通过做大规模、做长期限，获得中长期稳定的信托报酬，资产证券化、家族信托、财富管理、证券事务管理等是这类收入的来源，也是监管鼓励的中长期方向；三是体现专业投资能力和价值的超额收益分成，主要体现在证券投资、股权投资等业务，通常而言会采用基金架构，采取"管理费+超额收益分成"的方式，这取决于信托公司的专业投资能力能否为客户带来超额收益，从而实现分成。短期内信托公司还难以摆脱对融资类业务的依赖，但从长远来看，信托公司合理的收入结构应该以长期持续的管理费收入为主，追求投资业务的超额收益分成将是更高的目标。

### 三、信托公司"稳"中求"进"的发展之道

在"稳"与"进"的总体形势下，信托公司面临着重要的平衡和选择问题：一方面是经营发展的业绩压力，另一方面是风险防范、持续发展的长远压力。2020年乃至今后一段时间，这个问题可能会更加突出。如何解决"稳"与"进"的关系，处理好生存与转型的矛盾，信托公司可能需要从以下四个方面考虑。

（一）建立面向短、中、长期的战略引领体系

面对复杂的外部环境，信托公司需要从战略上明确未来业务的发展方向。但是，从信托业务发展趋势上看，需要面向短、中、长期的目标和任务，建立相应的战略引领体系。短期内信托公司仍需通过融资类业务解决生存发展的基础问题，同时要开始着手业务转型布局；中期内要做大以管理费收入为基础的业务规模，打造持续稳定的收入来源；长期要提升专业能力，在投资业务端实现管理费之外的超额收益。

（二）深度挖掘自身特色资源禀赋

在未来融资类业务空间可能受限、房地产等传统领域监管严格的情况下，信托公司需要深度挖掘自身特色资源禀赋，谋求在特定领域的专业化和特色化发展。一是深度挖掘自身积累的优质业务资源，围绕战略客户的需求开展特色化服务；二是深度挖掘股东的优势资源，在合规的前提下开展与股东发展协同的业务，体现自身特色优势；三是深度挖掘市场上特定行业龙头企业的需求，通过业务合作提升在特定行业、领域内的专业优势。

（三）不断提升主动管理和受托服务能力

信托公司的主动管理能力体现在产品设计、价值提升、风险管控等多个方面。从产品设计来看，打造多元化、系列化的产品条线，是信托公司满足高净值人群需求的重要方式；从价值提升来看，识别并有效提升资产价值，将是信托公司提高市场竞争力、体现专业优势的重要途径；从风险管控来看，在下行期有效管理并处置风险，防止风险资产对公司利润甚至资本的侵蚀，是信托公司可持续发展的长久之道。此外，信托公司应该更加重视受托服务能力建设，为实现持续稳定的管理费收入打下基础。

（四）重视并大力发展金融科技

与银行、保险、券商等其他金融机构相比，信托公司的金融科技水平相对落后，

目前行业对信息科技的投入多数集中在管理系统方面。随着金融科技水平的不断发展，部分信托公司在小微金融、证券投资、家族信托、资产证券化、财富管理等方面开始了系统建设并取得明显成效。与其他金融行业一样，金融科技水平是信托公司未来竞争力的主要因素之一。因此，预计2020年将会有更多的信托公司加大金融科技建设投入，行业整体的金融科技水平将会显著提高。

（执笔人：和晋予）

# 信托公司 2019 年度业绩快报评析*

近期，中国货币网披露了 60 家信托公司 2019 年度业绩快报，主要包含未经审计的信托公司资产负债表和损益表。尽管数据与年报披露信息略有差异，且 9 家公司只提供了合并口径数据，但仍然可以看出 2019 年度大部分信托公司业绩呈现的主要特点。

## 一、资本实力总体增强

2019 年，60 家信托公司资本实力总体仍保持了增长态势。一是从注册资本看，平均每家信托公司注册资本由 2018 年的 40.12 亿元增至 42.49 亿元，增幅达到了 5.91%。增长的背后是 2019 年部分信托公司在增资扩股中提升注册资本，根据公开信息统计，全年共有 5 家信托公司进行增资，平均增加 28.40 亿元；其中最为显著的是外贸信托，注册资本由 27.41 亿元增至 80 亿元。注册资本的提升，为信托公司行业地位、综合实力、抗风险能力的提升打下重要基础。

二是总资产和净资产的明显增长。2019 年 60 家信托公司平均总资产由上年的 106.85 亿元增至 122.65 亿元，增幅达到 14.79%；净资产平均值也从 85.94 亿元增至 97.13 亿元，增幅为 13.02%。两者增幅都远超过注册资本增幅，反映出信托公司通过增加资本积累、扩大资本公积等途径，不断夯实资本实力，不仅为业务发展提供资本保证，而且为有效应对风险提供资本空间（见表1）。

表1 60 家信托公司资本实力指标

| | 2019 年均值/亿元 | 2018 年均值/亿元 | 2019 年增幅/% |
|---|---|---|---|
| 注册资本 | 42.49 | 40.12 | 5.91 |
| 总资产 | 122.65 | 106.85 | 14.79 |
| 净资产 | 97.13 | 85.94 | 13.02 |

数据来源：中国货币网，中诚信托战略研究部整理。

资本实力的整体增强对信托公司的业绩表现起到明显促进作用。从总资产排名前 10 的公司来看，10 家公司营业收入排名全部在行业 20 名以内；8 家公司营业收入排名在前 10 名以内。可见资本实力雄厚的信托公司，其业务收入排名整体相对靠前，更

---

* 本文写于 2020 年 1 月 22 日。

加体现了资本实力对信托公司业务开展、收入提升以及竞争力提高的积极作用，体现了信托公司的行业地位（见表2）。

表2　总资产TOP10对应营收排名

| 总资产排名 | 信托公司 | 对应营业收入排名 |
| --- | --- | --- |
| 1 | 中信信托 | 1 |
| 2 | 兴业信托 | 5 |
| 3 | 重庆信托 | 9 |
| 4 | 平安信托 | 4 |
| 5 | 中融信托 | 2 |
| 6 | 华润信托 | 11 |
| 7 | 华能信托 | 3 |
| 8 | 江苏信托 | 8 |
| 9 | 中诚信托 | 20 |
| 10 | 建信信托 | 10 |

数据来源：中国货币网，中诚信托战略研究部整理。

## 二、盈利水平稳中有增

从业绩快报来看，2019年60家信托公司的盈利水平相比2018年保持了稳中有增的态势。一是从利润总额来看，2019年60家信托公司的平均利润总额达到了12.06亿元，比2018年增长了4.51%；这一均值水平在2019年60家信托公司中可以排名至24位；排名30位的中位数水平为9.15亿元，与均值水平差异明显。这也充分体现了信托行业内部利润总额分化程度较大，排名靠前的信托公司利润总额水平明显更高。

二是净利润也保持了稳定增长，60家公司的净利润均值达到了9.33亿元，同比增长3.90%，尽管小于利润总额的增速，但保持了稳中有增的基本态势。净利润的均值水平在60家公司中可排名22位，同样明显高于中位数7.00亿元的水平，也体现了排名靠前的信托公司在净利润方面的较大领先优势。

但是从ROE水平来看，由于净资产增幅达到了13.02%，而净利润增幅只有3.90%，60家公司的平均ROE水平出现了明显下滑，从2018年的10.45%进一步下降到2019年的9.61%，下滑了0.84个百分点（见表3）。事实上，信托行业ROE水平近年来一直处于下行态势，主要包括两方面原因：一是资本实力方面，近年来行业增资扩股的力度明显加强，资本实力显著提升，ROE的分母已经有明显提高；二是，由于宏观下行、监管加强、行业转型，2017年之前的高速利润增长难以持续，ROE的分子水平不断下降。两者综合作用，导致行业整体的 ROE 水平近年来持续走低。

表3 60 家信托公司利润与 ROE 指标

|  | 2019 年均值 | 2018 均值 | 2019 年增幅 |
| --- | --- | --- | --- |
| 利润总额 | 12.06 亿元 | 11.54 亿元 | 4.51% |
| 净利润 | 9.33 亿元 | 8.98 亿元 | 3.90% |
| ROE | 9.61% | 10.45% | -0.84% |

数据来源：中国货币网，中诚信托战略研究部整理。

### 三、收入结构调整明显

2019 年度 60 家信托公司的营业收入呈明显增长态势，其均值水平由 2018 年的 15.95 亿元提升至 18.16 亿元，增幅达到 13.86%。从结构来看，2019 年信托公司营业收入的显著增长，主要得益于固有业务收入的贡献，其增幅达到了 48.83%；而以手续费和佣金净收入为主的信托业务收入增幅相对较低，只有 3.01%。

营业收入的这种结构调整与 2019 年的市场环境和监管形势密切相关。首先，资本市场的整体回暖为固有业务收入提升提供了有利的市场基础。从固有业务收入的构成来看，增长较为显著的是投资收益和公允价值变动，增幅分别达到了 19.20% 和 138.71%，充分体现了资本市场的变动情况；相比之下，在市场环境不利的 2018 年，信托公司投资收益平均为 -0.31 亿元，整体亏损（见表4）。其次，信托行业面临的宏观环境和监管要求，客观上影响了信托业务收入增长速度。2019 年信托资产规模持续下降，作为信托公司主要收入来源之一的房地产信托业务在下半年也受到了更为严格的监管，信托业务收入增速出现明显放缓。同时也应该看到，2019 年信托业务收入总体仍保持了一定正向增长，这主要是因为 2018 年至 2019 年上半年信托公司主动管理的融资类业务增长较快，为 2019 年甚至 2020 年奠定了一定的收入基础。

表4 60 家信托公司收入及其构成变动情况

|  | 2019 年均值/亿元 | 2018 年均值/亿元 | 2019 年增幅/% |
| --- | --- | --- | --- |
| 营业收入 | 18.16 | 15.95 | 13.86 |
| 手续费及佣金净收入 | 12.67 | 12.30 | 3.01 |
| 固有业务收入 | 5.73 | 3.85 | 48.83 |
| 投资收益 | 4.78 | 4.01 | 19.20 |
| 公允价值变动 | 0.12 | -0.31 | 138.71 |

数据来源：中国货币网，中诚信托战略研究部整理。

## 四、信托公司财务指标反映出的若干问题

### (一) 信托业务收入仍是信托公司营业收入的主要影响因素

尽管固有业务收入的增幅对信托公司营业收入增幅的贡献更大,但是信托业务收入仍然是信托公司营业收入的最主要影响因素。从公司排名情况看,手续费及佣金净收入排名前10的信托公司,对应的营业收入排名均在前20名,8家公司营业收入排名前10。因此,尽管信托公司面临较为复杂甚至不利的外部环境,但信托业务仍是信托公司应该大力发展的主营业务,只有不断提高信托业务收入,信托公司整体收入水平才能持续稳定提升(见表5)。

表5 手续费及佣金净收入TOP10对应营收排名

| 手续费及佣金净收入排名 | 信托公司 | 对应营业收入排名 |
| --- | --- | --- |
| 1 | 中信信托 | 1 |
| 2 | 中融信托 | 2 |
| 3 | 中航信托 | 7 |
| 4 | 平安信托 | 4 |
| 5 | 五矿信托 | 6 |
| 6 | 华能信托 | 3 |
| 7 | 兴业信托 | 5 |
| 8 | 建信信托 | 10 |
| 9 | 渤海信托 | 13 |
| 10 | 爱建信托 | 16 |

数据来源:中国货币网,中诚信托战略研究部整理。

### (二) 资产减值准备的计提对信托公司利润影响明显

2019年60家信托公司的财务快报中,资产减值准备计提规模比2018年有所增加,平均每家公司计提达到1.22亿元,比上年度的1.06亿元增长15.27%。资产减值准备的计提对信托公司利润影响明显,从计提规模排名前10的信托公司来看,有8家公司的营业收入排名明显高于利润总额排名,二者相差最大的有18名之多。一般而言,资产减值准备计提规模主要取决于其固有资产质量,多是由于固有资产承接了信托风险项目导致其不良率有所提升。2019年行业风险资产规模和数量逐季增加,监管部门要求信托公司要严格对固有资产进行分类并计提拨备,因此行业资产减值准备的计提规模有所上升,对信托公司的利润总额也产生较为明显的影响(见表6)。

表6　资产减值准备计提规模TOP10对应的营收和利润排名

| 资产减值排名 | 信托公司 | 对应营业收入排名 | 对应利润总额排名 |
| --- | --- | --- | --- |
| 1 | 长安信托 | 12 | 37 |
| 2 | 兴业信托 | 5 | 12 |
| 3 | 四川信托 | 18 | 36 |
| 4 | 渤海信托 | 13 | 16 |
| 5 | 中建投信托 | 17 | 21 |
| 6 | 中信信托 | 1 | 1 |
| 7 | 华信信托 | 52 | 56 |
| 8 | 昆仑信托 | 21 | 19 |
| 9 | 湖南信托 | 42 | 47 |
| 10 | 中诚信托 | 20 | 25 |

数据来源：中国货币网，中诚信托战略研究部整理。

### （三）信托公司对流动性的需求显著提升

近年来，信托公司固有资产的流动性问题越发得到关注，突出体现在信托公司拆入同业资金的规模上。2018年，60家信托公司固有总资产和净资产之差的平均值为20.91亿元；2019年这一指标上升至25.52亿元，同比增长22.05%，增幅明显高于总资产和净资产增幅。信托公司固有资产中同业资金拆入的显著增长反映了其流动性需求不断提升。在行业风险加速暴露的形势下，通过固有资金承接信托风险资产，直接导致部分信托公司流动性紧张乃至不足。因此，信托公司流动性需求明显提升，这一现象背后的深层次原因还是风险问题。

（执笔人：和晋予）

# 2020年上半年集合信托市场情况分析[*]

2020年以来,受到全球经济下行、新冠肺炎疫情等多重因素影响,国内宏观形势较为复杂。第二季度以来,随着我国政府疫情防控形势有所改善,"六稳、六保"的宏观调控政策效果逐步显现,宏观经济有所恢复。宏观经济和金融市场对信托市场产生了重要影响。根据市场公开数据,我们对上半年集合信托市场情况进行简要分析。

## 一、上半年集合信托发行规模和成立规模创近年新高

用益信托网公开数据显示,2020年上半年集合信托市场持续升温,新增规模创近年来新高。其中,1—6月集合信托发行规模14,477.77亿元,比2019年下半年增长3.35%,比2019年上半年增长6.91%;1—6月集合信托成立规模达到12,349.59亿元,环比提升8.33%,同比提升10.64%(见图1)。

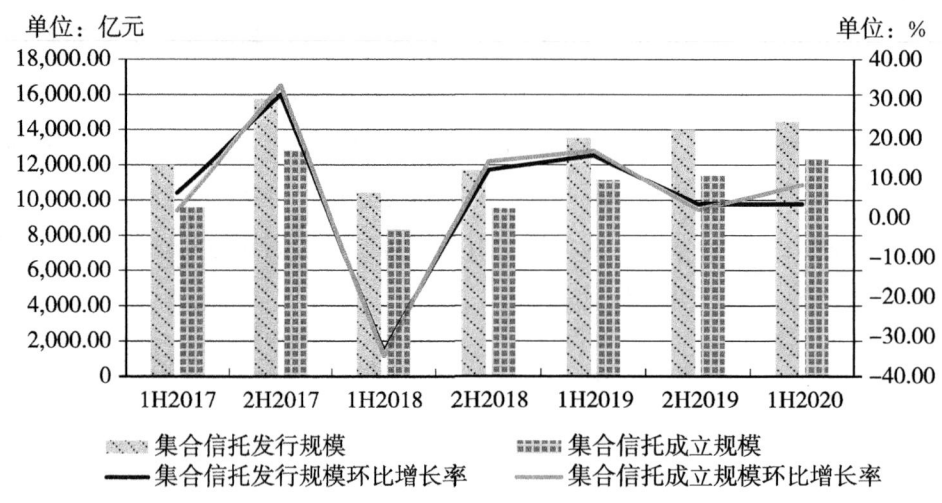

数据来源:用益信托网。

**图1 半年度集合信托发行规模、成立规模及其环比增长率**

自2018年开始,资管新规出台、监管政策趋紧,以及外部市场环境的变化,导致信托行业进入转型期,市场上表现为集合信托发行和成立规模的双降。压通道、打破刚兑、禁止期限错配、房地产融资收紧等一系列监管政策导向下,信托公司纷纷对业务

---

[*] 本文写于2020年7月3日。

结构进行调整，重新整合、优化市场资源，不断提升主动管理能力，积极推动业务转型和创新。从2018年下半年开始，集合信托市场持续回暖，集合信托产品的发行规模和成立规模开始恢复并持续保持正向增长。尽管2020年上半年存在新冠肺炎疫情和信托"非标"融资严格管控的影响，集合信托市场新增规模依然延续了增长态势，说明信托行业在社会经济金融领域中依然发挥着重要作用，满足了社会财富管理和资源配置的需要。

具体到每月来看，上半年的2月是国内疫情形势最严峻的时期，此时各行业受疫情影响也最严重，集合信托当月的发行规模和成立规模下跌至低位。随后的3月，随着国内疫情得到有效控制，经济活动开始有序恢复，加上递延的市场需求，当月集合信托新增规模强力反弹至市场高位。此后的4—6月，受国内外疫情形势的影响，全球经济步入衰退周期，加之监管部门开始对信托"非标"融资类业务进行严格管控，集合信托新增规模有所回落（见图2）。

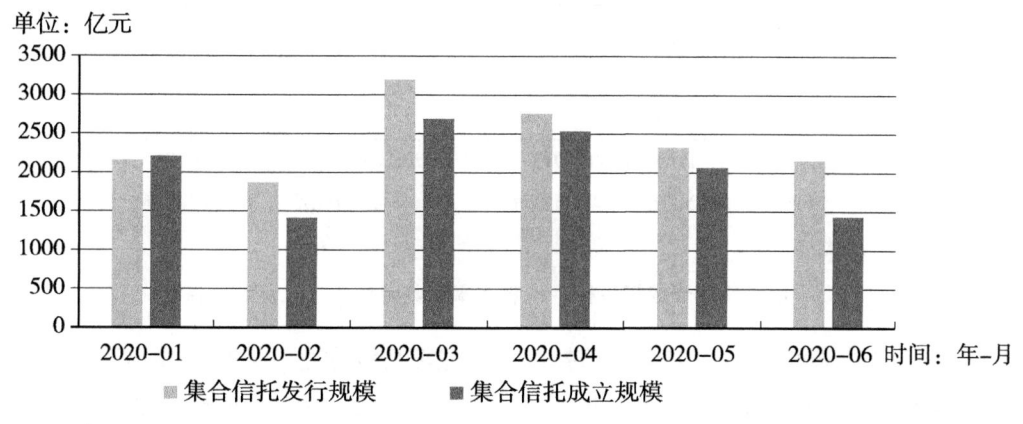

数据来源：用益信托网。

图2　2020年1—6月单月集合信托发行规模和成立规模

## 二、上半年集合信托收益率逐月持续回落

用益信托网数据显示，2020年上半年集合信托产品发行的平均收益率7.62%，环比下降0.29个百分点；上半年集合信托产品成立的平均收益率7.66%，环比下降0.34个百分点。数据显示，从2019年下半年度开始，市场上发行和成立的集合信托产品的收益率持续走低（见图3）。经济增速放缓背景下，加之目前疫情的冲击，无论是政府救市的政策影响，还是下行周期下市场自身调整的需要，市场投融资利率大概率会进行一定程度的回落调整。基于目前的经济和政策形势，结合集合信托产品收益率的历史表现，我们判断集合信托产品收益率下半年仍有一定的下降空间。

影响集合信托收益率的因素，一是市场资金和项目的供需关系，而当前环境下，多种因素都将导致供大于求,即所谓"资产荒";二是集合信托投向资产的属性,未来的趋势是投资低收益率的标准化资产。具体来说:资金方面,经济遭受疫情重创,各国政府普遍采取宽松的货币政策,导致市场上的钱变多了;资产方面,经济下行导致优质项目稀缺,加剧行业竞争;政策方面,当下监管政策的导向是收紧和严控信托非标融资类业务规模(如去年控制房地产信托融资规模的"630政策"和今年推出的"资金信托新规"等),信托只能更多地转去投资标准化资产,导致收益率下行;社会融资方面,为对冲经济发展下行压力,政府采取一系列经济调控措施,其中一个主要手段就是引导社会融资利率下行,在这种大环境下,信托市场也将顺应利率下行的趋势。

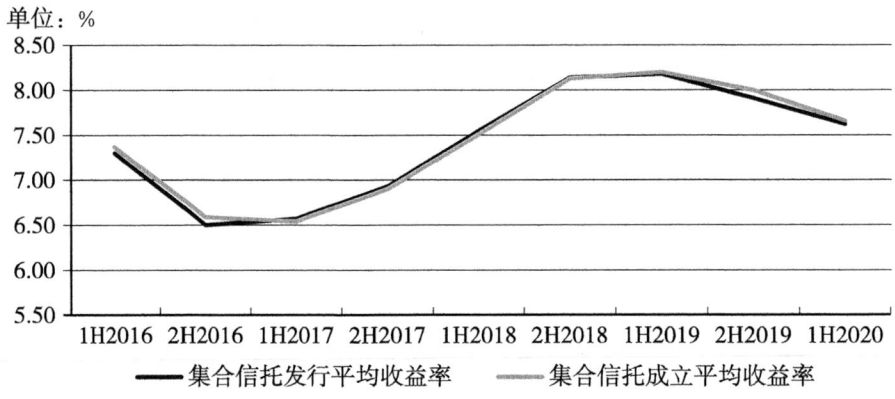

数据来源:用益信托网。

**图3 半年度集合信托发行平均收益率和集合信托成立平均收益率**

具体到每月来看,1—6月集合信托产品收益率持续回落。其中,集合信托发行平均收益率由1月的7.8%下跌到6月的7.36%;集合信托成立平均收益率由1月的7.88%下降到6月的7.22%(见图4)。

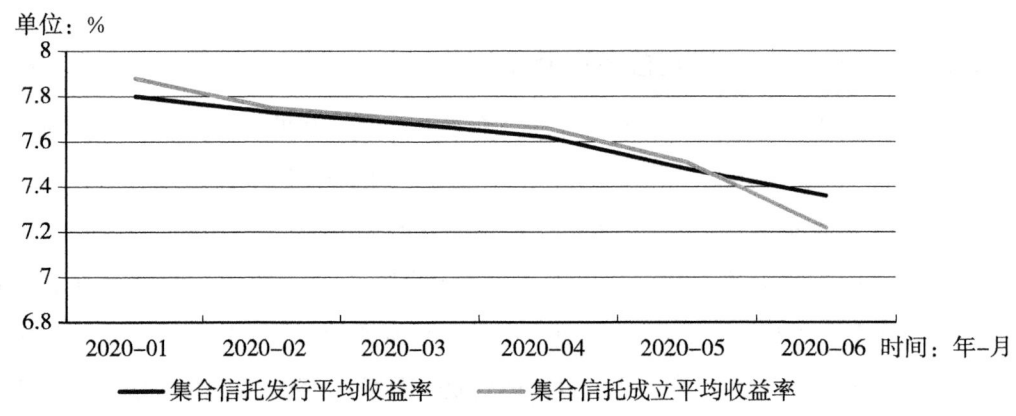

数据来源:用益信托网。

**图4 2020年1—6月集合信托发行平均收益率和集合信托成立平均收益率**

## 三、集合信托投向房地产领域的规模占比持续降低

从集合信托投向领域看，其投向房地产领域的规模占比在2018年的下半年和2019年的上半年达到极大值，超过40%。之后开始持续降低，2020年上半年集合信托投向房地产领域规模占比只有27.43%。这个拐点其实正是监管部门开始严格管控房地产信托融资规模（即"630政策"）的时间点。在监管的导向下，信托行业开始积极调整业务战略布局，从这个拐点开始，集合信托投向基础产业、金融和工商企业领域的规模占比持续提升，分别从2019年上半年的21.75%、27.31%和8.49%提升到2020年上半年的24.37%、31.57%和13.7%（见图5）。

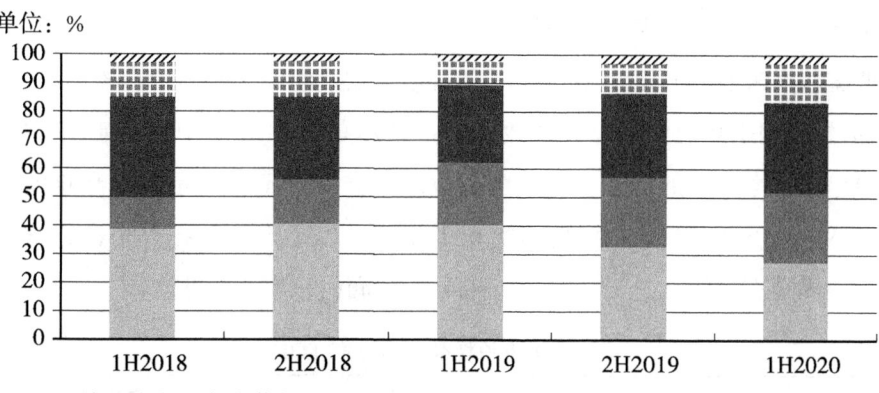

数据来源：用益信托网。

图5 半年度各投向集合信托成立规模占比

监管政策引导下，"非标"融资类业务规模受到严格管控，信托越来越多地选择投资标准化资产，金融已经超过房地产，成为集合信托最主要的投资领域。集合信托投向工商企业的规模占比持续拉升，表明信托业积极响应国家政策号召，其服务实体经济的作用在不断加强。而集合信托投向基础产业的规模占比不断攀升，则是因为在宏观经济下行压力下，政府基于"六稳、六保"的宏观调控政策，大力发展国内基础设施建设，相关投融资市场较为活跃。

（执笔人：韩鸣飞）

# 61家信托公司上半年经营业绩评析*

截至2020年7月16日,已有61家信托公司在中国货币网披露了未经审计的2020年上半年经营业绩。从公布的数据来看,2020年上半年,信托公司资本实力稳步提升,营业收入实现一定增长,但利润水平略有下滑,公司之间的分化程度依然较大。

## 一、公司资本实力稳步提升

从披露数据来看,61家信托公司平均净资产达到102.94亿元,较2019年末全行业67家信托公司平均总资产母公司数93.04亿元亦有增长,增幅达到10.64%。信托公司上半年固有净资产的提升,主要由于以下三方面因素:一是由上半年实现的利润贡献,61家公司中有58家信托公司实现了盈利;二是部分信托公司进行增资,对平均资本实力提升有一定促进;三是去年未分配利润的积累(见表1)。

表1 61家信托公司净资产TOP10

| 排名 | 信托公司 | 净资产/万元 |
|---|---|---|
| 1 | 重庆信托 | 3,962,249.51 |
| 2 | 中信信托 | 3,045,502.72 |
| 3 | 平安信托 | 2,553,978.73 |
| 4 | 华润信托 | 2,343,894.41 |
| 5 | 华能信托 | 2,200,333.98 |
| 6 | 江苏信托 | 2,144,516.02 |
| 7 | 中融信托 | 2,087,613.37 |
| 8 | 建信信托 | 2,083,140.85 |
| 9 | 兴业信托 | 2,010,549.99 |
| 10 | 外贸信托 | 1,843,497.03 |
| 平均数 | | 1,029,430.89 |
| 中位数 | | 780,199.50 |

数据来源:中国货币网,中诚信托战略研究部整理。

---

* 本文写于2020年7月23日。

值得注意的是，上半年 61 家信托公司延续了 2018 年以来行业增资放缓的趋势，一方面是由于信托公司 ROE 有所降低，另一方面是由于 2017 年以来行业信托资产规模下行。反观 2019 年以来增资的公司，信托资产规模均有显著的扩张，说明了信托业务发展对信托公司资本的显著需求。从目前的监管政策尤其是资金信托新规征求意见稿反映出的监管导向来看，未来信托公司的多项业务规模将与信托公司的净资产挂钩，或将激发新一轮的增资热潮。

### 二、营业收入持续保持增长

从营业收入来看，61 家信托公司上半年营业收入整体较去年同期行业平均水平实现增长。61 家信托公司上半年平均实现营业收入 9.27 亿元，与去年同期行业平均相比增加 0.78 亿元，同比增长 9.14%。营业收入排名前 10 的信托公司上半年平均实现营业收入 26.29 亿元，较去年同期同比增长 25.36%，远超行业平均增速（见表 2）。

表 2　61 家信托公司营业收入 TOP10

| 排名 | 信托公司 | 营业收入/万元 |
| --- | --- | --- |
| 1 | 重庆信托 | 336,630.77 |
| 2 | 中信信托 | 333,145.60 |
| 3 | 平安信托 | 330,472.61 |
| 4 | 光大信托 | 315,631.00 |
| 5 | 五矿信托 | 268,186.81 |
| 6 | 中融信托 | 244,025.65 |
| 7 | 华能信托 | 242,968.69 |
| 8 | 兴业信托 | 212,970.50 |
| 9 | 华润信托 | 177,394.52 |
| 10 | 中航信托 | 167,508.60 |
| 平均数 | | 92,710.79 |
| 中位数 | | 63,115.42 |

数据来源：中国货币网，中诚信托战略研究部整理。

从营业收入结构来看，61 家信托公司手续费及佣金净收入的占比进一步提升，进一步体现出信托业务的重要地位。61 家信托公司上半年平均实现手续费及佣金净收入 6.37 亿元，与去年同期行业平均相比增加 0.66 亿元，同比增长 11.49%，高于营业收入增速 2.35 个百分点。同时，61 家信托公司上半年手续费及佣金净收入在营业收入中的占比达到 68.74%，较去年同期提高 1.45 个百分点（见表 3）。

表3 主要经营指标平均对营收的贡献度

| 主要经营指标 | 对营业收入的贡献度/% |
|---|---|
| 手续费及佣金净收入 | 68.74 |
| 投资收益 | 21.11 |
| 净利息收入 | 4.83 |
| 资产减值损失 | -5.81 |

数据来源：中国货币网，中诚信托战略研究部整理。

## 三、平均盈利水平略有下滑

与营业收入的持续增长不同的是，已披露业绩的61家信托公司上半年利润总额和净利润均同比略降。其中，61家信托公司上半年平均实现利润总额6.09亿元，较去年同期行业平均水平减少0.01亿元，同比略降0.21%；61家信托公司平均实现净利润4.69亿元，较去年同期行业平均水平减少0.04亿元，同比略降0.92%（见表4）。

表4 61家信托公司利润总额和净利润TOP10

| 排名 | 信托公司 | 利润总额/万元 | 排名 | 信托公司 | 净利润/万元 |
|---|---|---|---|---|---|
| 1 | 平安信托 | 276,694.48 | 1 | 平安信托 | 228,280.26 |
| 2 | 重庆信托 | 221,998.67 | 2 | 重庆信托 | 172,857.99 |
| 3 | 华能信托 | 208,477.65 | 3 | 华能信托 | 152,612.81 |
| 4 | 五矿信托 | 195,148.20 | 4 | 五矿信托 | 146,361.15 |
| 5 | 光大信托 | 185,924.65 | 5 | 光大信托 | 143,836.93 |
| 6 | 华润信托 | 156,541.26 | 6 | 华润信托 | 133,009.96 |
| 7 | 中信信托 | 140,677.10 | 7 | 中信信托 | 107,067.45 |
| 8 | 建信信托 | 139,667.45 | 8 | 建信信托 | 104,173.25 |
| 9 | 江苏信托 | 110,363.34 | 9 | 江苏信托 | 95,897.55 |
| 10 | 中航信托 | 110,152.54 | 10 | 上海信托 | 86,191.50 |
| 平均数 | | 60,939.51 | 平均数 | | 46,920.91 |
| 中位数 | | 43,371.55 | 中位数 | | 34,202.62 |

数据来源：中国货币网，中诚信托战略研究部整理。

从披露数据来看，61家信托公司中有58家信托公司实现盈利，3家信托公司亏损。其中3家信托公司亏损的主要原因是投资收益亏损较大、资产减值损失较多。如果剔除亏损信托公司的影响，行业实现盈利的58家信托公司平均实现利润总额同比增幅为7.56%。

## 四、资产减值计提和利息支出影响较大

从披露数据来看，61家信托公司资产减值计提和利息支出对信托公司的盈利水平影响较大。

从资产减值计提来看，资产减值计提是导致上半年61家信托公司利润总额和净利润增速低于营业收入增速的重要原因。61家信托公司上半年平均资产减值计提达到0.54亿元，资产减值与利润总额的比值达到8.84%，与营业收入的比值达到5.81%。从各家信托公司实际资产减值损失指标来看，共10家信托公司上半年实现资产回收，37家信托公司计提资产减值，其中9家信托公司计提的资产减值超过了1亿元。

从利息支出来看，61家信托公司上半年利息支出整体攀升较快，对经营业绩也造成了一定压力。不考虑重庆信托合并数据的特殊情况，60家信托公司上半年平均利息支出为0.32亿元，与利润总额的比值为5.28%，较2019年提高了1.3个百分点。

## 五、行业分化进一步加剧

一是信托公司主要经营指标的增速差异显著。营业收入指标方面，共39家信托公司实现同比增长，增速超过100%的共3家，位于20%—100%区间的共18家，位于0—20%区间的共18家，位于-20%—0区间的有13家，5家公司降幅超过20%。手续费及佣金净收入指标方面，共41家信托公司实现同比增长，增速超过100%的共6家，位于20%—100%区间的共16家，位于0—20%区间的共19家，位于-20%—0区间的有12家，4家同比下降超过20%。净利润指标方面，共33家信托公司实现同比增长，增速超过100%的共3家，位于20%—100%区间的共19家，位于0—20%区间的共11家，位于-20%—0区间的有11家，13家降幅超过20%（见表5）。

表5　61家信托公司主要经营指标增速区间

| 主要经营指标 | ≥100% | 20%—100%（不含） | 0—20%（不含） | -20%—0（不含） | <-20% |
| --- | --- | --- | --- | --- | --- |
| 营业收入 | 3 | 18 | 18 | 13 | 5 |
| 手续费及佣金净收入 | 6 | 16 | 19 | 12 | 4 |
| 净利润 | 3 | 19 | 11 | 11 | 13 |

数据来源：中国货币网，中诚信托战略研究部整理。

二是主要经营指标的行业集中度仍持续提升，头部信托公司竞争优势更加显著。营业收入指标方面，CR10指标从去年同期的44.75%提高到46.49%，排名前10的信托公司上半年平均每家公司营业收入增长5.32亿元。手续费及佣金净收入指标方面，

CR10 指标从去年同期的 45.89% 提高到 47.59%。净利润指标方面，CR10 指标也从去年同期的 46.27% 提高到 47.88%，贡献了近半的行业盈利（见表6）。

**表6　61家信托公司主要经营指标集中度变化**

| 主要经营指标集中度 | 2020年上半年/% | 2019年上半年/% | 变化趋势 |
| --- | --- | --- | --- |
| 营业收入 CR10 | 46.49 | 44.75 | 提高 |
| 手续费及佣金净收入 CR10 | 47.59 | 45.89 | 提高 |
| 净利润 CR10 | 47.88 | 46.27 | 提高 |

*数据来源：中国货币网，中诚信托战略研究部整理。*

三是行业竞争格局出现变动趋势。仅从半年数据的同比来看，一方面，行业排名处于前5区间的信托公司有所变化，重庆信托、光大信托、五矿信托、华能信托在营业净收入、手续费及佣金净收入、净利润等一个或多个指标上进入行业前5；另一方面，部分信托公司在主要指标的排名跃居行业前20，如陆家嘴信托、英大信托、昆仑信托等，表现出一定的上升趋势和发展潜力（见表7）。

**表7　2020年上半年主要业绩指标行业排名跃升情况**

| 经营指标 | 跃升至前5 | 跃升至前10 | 跃升至前20 |
| --- | --- | --- | --- |
| 营业收入 | 重庆信托（合并数）<br>光大信托<br>五矿信托 | 重庆信托（合并数）<br>华润信托 | 陆家嘴信托 |
| 手续费及佣金净收入 | 光大信托<br>华能信托 | 上海信托 | 陆家嘴信托<br>英大信托（合并数） |
| 净利润 | 重庆信托（合并数）<br>五矿信托<br>光大信托 | 上海信托 | 昆仑信托<br>兴业信托<br>长安信托<br>陆家嘴信托<br>英大信托（合并数） |

*数据来源：中国货币网，中诚信托战略研究部整理。*

（执笔人：崔继培）

# 行业风险提升下的信托公司增资分析*

近日，信托业协会发布的2019年第四季度末信托公司主要经营数据显示，信托业风险项目数量和规模持续上升，行业风险面临持续上升的压力。与此同时，2019年以来，有多家信托公司进行增资或对股权结构进行重大调整。以下我们将对行业风险提升背景下信托公司增资进行分析。

## 一、风险提升助推信托公司增资需求

### （一）行业风险提升对信托公司提出更高流动性要求

伴随国内经济进入减速换挡期，信托业经营增速持续放缓，风险暴露持续增加，信托业风险项目数量、规模及风险资产率持续上升。信托业协会发布数据显示：截至2019年年末，信托行业风险项目个数1547个，同比增加675个；风险资产规模5,770.47亿元，同比增长159.71%。其中，集合信托风险资产规模为3,451.8亿元，同比增加2,079.91亿元；单一信托的风险规模2,263.09亿元，较2018年年末大幅增加1,450.69亿元；财产权信托的风险资产规模为55.58亿元，较2018年年末增加17.99亿元。信托资产风险率从2018年年底的0.98%大幅上升至2019年年底的2.67%。面临复杂多变的外部环境，信托公司需要补充流动性来增强风险抵御能力（见图1）。

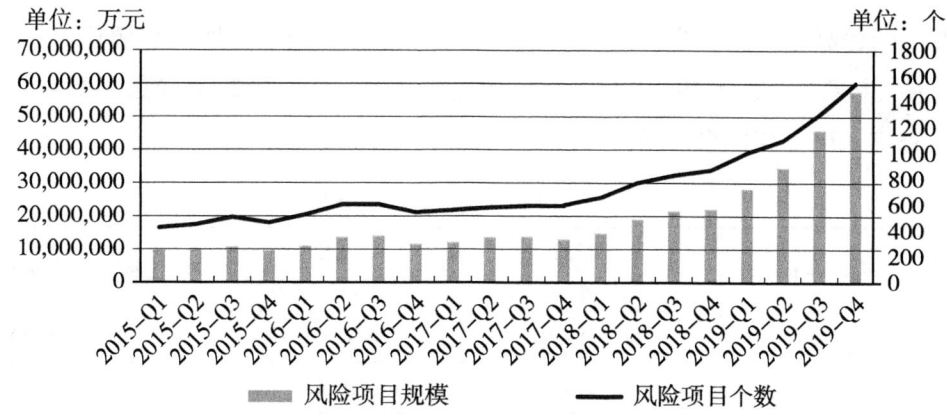

数据来源：中国信托业协会，中诚信托战略研究部整理。

**图1 2015—2019年信托业风险项目数量及规模季度趋势**

---

\* 本文写于2020年3月25日。

## （二）固有资产质量下降进一步加强流动性应对难度

固有资产是信托公司化解信托业务风险的重要途径，固有业务通过为信托业务提供流动性支持等方式，有助于信托业务风险防范和化解。但是，一方面，信托公司固有资产规模增速显著放缓。信托业协会发布数据显示，截至2019年年底，68家信托公司固有资产规模达到7677.12亿元，比2018年同期低2.61个百分点。另一方面，固有资产质量也呈现下降趋势，根据信托公司已披露的年度报告，2018年信托业固有资产不良率为2.85%，较前一年度提升0.51个百分点。由于固有资产质量下降，资金存在固化，限制了固有资金的风险缓释作用，因此信托公司亟须引入资金来缓释日益增长的流动性压力。

## （三）增资将成为信托公司提升流动性的重要方式

面对风险压力提升、固有资金质量下降等不利局面，信托公司负债渠道却比较有限，不利于为项目风险化解及公司发展经营提供足够的资金支持。信托业协会数据显示，截至2019年年底，信托业固有资产负债率仅17.7%。信托公司负债主要依赖从信托保障基金公司拆入和银行同业拆入等方式获得资金。其中，信托保障基金是信托公司补充流动性的最重要渠道之一，对信托公司的授信规模上限为不高于信托公司净资产30%。由于信托公司负债渠道有限，未来增资将继续成为信托公司补充流动性、缓释风险并推动转型发展的重要方式。

## 二、2019年以来信托公司增资情况

### （一）增资机构有所减少但平均增资金额提升

根据银保监会批复，2019年共有9家公司增加注册资本，增资总额达193.05亿元，其中，6家公司在2019年完成工商变更登记，3家公司在2020年第一季度完成工商变更登记。2019年以来信托公司的增资情况详见表1。

**表1 2019年信托公司增资情况**

| 序号 | 公司名称 | 增资前注册资本/万元 | 增资后注册资本/万元 | 工商登记变更时间 |
|---|---|---|---|---|
| 1 | 光大信托 | 341,819.05 | 641,819.05 | 2019.05.20 |
| 2 | 兴业信托 | 500,000 | 1,000,000 | 2019.08.27 |
| 3 | 中原信托 | 365,000 | 400,000 | 2019.09.02 |
| 4 | 西藏信托 | 100,000 | 300,000 | 2019.10.12 |
| 5 | 外贸信托 | 274,062.11 | 800,000 | 2019.11.13 |

续表

| 序号 | 公司名称 | 增资前 注册资本/万元 | 增资后 注册资本/万元 | 工商登记变更时间 |
|---|---|---|---|---|
| 6 | 建信信托 | 152,727 | 246,686.606,9 | 2019.12.12 |
| 7 | 华宝信托 | 374,400 | 474,400 | 2020.01.10 |
| 8 | 中信信托 | 1,000,000 | 1,127,600 | 2020.03.03 |
| 9 | 国投信托 | 219,054.545,4 | 267,054.545,4 | 2020.03.13 |
| | 平均值 | 358,588.77 | 572,344.52 | |

数据来源：银保监会官网、国家企业信用信息公示系统，中诚信托战略研究部整理。

与之前年度信托公司增资情况相比，2019年度信托公司增资数量及规模均有所下降，2016年、2017年、2018年全行业增资信托公司数量分别是22家、21家、13家，增加注册资本规模分别为385.65亿元、403.12亿元、192.16亿元。虽然增资企业数量和规模较前几年而言较少，但是增资企业增资幅度较大，9家企业平均增资21.45亿元，其中，外贸信托增资52.6亿元，兴业信托增资50亿元，光大信托增资30亿元，山东信托增资20.7亿元，西藏信托增资20亿元。截至2019年年末，信托公司平均注册资本41.87亿元，注册资本中位数为35.37亿元，平均注册资本及中位数较2018年分别增长了8.13%和8.33%，注册资本超过百亿元的信托公司增至7家，注册资本超过50亿元的信托公司增至19家（见图2）。

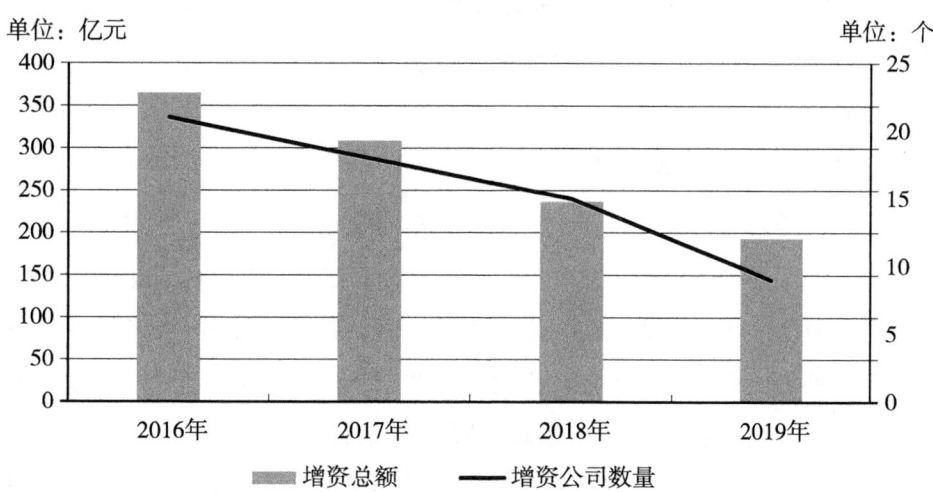

数据来源：银保监会官网、国家企业信用信息公示系统，中诚信托战略研究部整理。

**图2　2016—2019年信托公司增资统计**

## （二）信托公司股权结构变化与增资有密切关系

2019年英大信托通过股权变更实现曲线上市，拓展了资金补充渠道。英大信托原股东国网英大国际控股集团有限公司、中国电力财务有限公司、济南市能源投资有限责任公司和国网上海市电力公司合计73.49%股权转让给上海置信电气股份有限公司（600517），上海置信电气股份有限公司成为英大信托大股东。通过曲线上市，英大信托不仅打通了资本市场这一有效的资金补充渠道，也提升了品牌形象，提振了投资者信心。

2020年，天津信托混改取得重大进展，控股股东将进行变更。2月，上海实业（集团）有限公司（上实集团）以底价19.91亿元摘得泰达国际控股出让的26%股权；3月，上实集团再以74.18亿元价格取得天津信托51.58%股权。由此，上实集团分两次共耗资94.09亿元，接盘了天津信托77.58%股权。完成混改为天津信托后续补充资本奠定了良好的基础。

### 三、对未来信托公司增资趋势的展望

#### （一）增资趋势仍将持续

近年来信托公司不断增资，补充资本金，满足了信托业务做大做强的需求。展望未来，中国将面临的国内外经济环境更加复杂，经济下行压力持续增加的形势，信托行业风险不确定性也将加大。同时，监管机构对信托公司净资本管理要求也将进一步细化和提升。资本金充足是信托机构抵御风险，保持长期稳健发展的基础。因此信托公司通过增资，增强资本实力，提高抵御风险能力，并为公司转型发展提供全面支持将成为长期趋势。

#### （二）增资将由大股东主导

近年来，信托公司在增资过程中，控股股东通过增资进行了股权增持，特别是央企背景信托公司，如中信信托、外贸信托、国投泰康信托的大股东均进一步增持股权，巩固了大股东地位。通过增资，信托公司股权将更加集中于有实力的股东，部分实力较弱不满足条件的股东对股权的控制力将进一步被稀释。由此，大股东对信托公司的战略定位、发展导向将拥有更多话语权。随着《信托公司股权管理暂行办法》的实施，对信托公司"主要股东"持续补充资本金的能力提出了更高标准。因此，未来增资事宜也将依赖于大股东主导。

#### （三）增资价格预计有所降低

"十三五"期间，大部分公司已完成了一轮增资，其中，68家信托公司中40家公

司完成一轮增资，10家公司完成二轮增资，此轮增资为满足监管评级要求、扩展业务规模、提升创新能力及品牌影响力发挥了积极作用。未来，随着信托业发展进入调整期，信托公司经营业绩增速放缓，行业净资产收益率持续走低，加上信托行业总体风险持续提升，预期未来信托公司增资价格将有所降低。

（执笔人：张炜）

# 信托的融资功能与融资类信托[*]

近日来,关于监管部门要求压降融资类信托规模的报道受到行业内外广泛关注。客观来看,无论是从信托制度本身特点的角度,还是从信托业服务实体经济成效的角度,融资都是信托的重要功能。在当前信托行业管理资产规模持续下降、业务结构面临转型的情况下,信托业应该在发挥融资功能、服务实体经济与压降融资类信托规模之间找到更好的发展路径。

## 一、融资是信托的重要功能

### (一) 融资是信托制度功能的重要体现

作为一种在社会经济中广泛应用的制度安排,信托制度可以发挥资产转移和资产管理两大基本功能,而且两者可以有机结合,即财产从委托人转移至受托人名下,受托人以自己的名义对财产进行管理。信托的财产转移和财产管理功能在应用过程中,还具体体现出金融功能,是指受托人管理货币资金形态的信托财产的方式主要包括投资、融资等金融方式,以实现信托财产的保值增值。随着社会经济和金融市场的逐步发展,货币资金成为越来越重要的信托财产,投资和融资成为信托制度的重要功能,委托人越来越信任投融资能力强的专业受托人。

### (二) 融资是我国信托业服务实体经济的重要方式之一

服务实体经济是我国信托业发展的重要使命。数据显示,截至2019年年末我国信托业管理信托资产规模为21.60万亿元,其中投入实体经济领域的信托资产规模达到13.12万亿元,占比为60.74%。在信托资产的运用方式中,融资类信托业务规模达到5.83万亿元,占比为26.99%。此外,中国信托业服务实体经济的专题研究报告显示,信托业为城市群发展、制造业升级、基础设施建设、城市更新、中小微企业发展、绿色产业发展等实体经济的多个领域提供了多种形式的融资服务。

### (三) 信托发挥融资功能的方式灵活多样

信托发挥融资功能的方式是灵活多样的,而"融资类信托"是信托发挥融资功能的方式之一。

---

[*] 本文写于2020年4月2日。

信托的融资功能首先体现在信托财产的管理运用阶段。从目前我国信托公司的业务实践来看，主要有两种方式：一是信托公司发行信托计划，将募集的信托资金通过贷款等方式提供给融资方，本金和融资收益在扣除向受益人支付的信托利益以及信托财产承担的各类税费之后的部分，作为信托公司的信托报酬。在这种模式下，信托公司的角色通常被认为是"影子银行"，提供了信用中介服务。这类业务也被统计为"融资类信托"业务。二是信托公司将募集的信托资金购买企业发行的债券或其他债务融资工具，并持有至到期；或者信托公司为发行债券或其他债务融资工具的企业提供承销服务。在这种模式下，信托公司提供的是债券销售或私募投行服务，收取的是以规模为基础的管理费或承销服务费。在这类业务模式中，虽然信托公司发挥了融资功能，但债券是标准化投资标的，因此会被统计为"投资类信托"或"债券承销"服务。

其次，资产证券化等财产权信托也体现了信托的融资功能。在资产证券化业务的架构中，委托人（企业或者金融机构）将未来能产生现金流的基础资产收益权设立信托，并通过发行资产支持证券获得资金。在这种业务模式中，受托人（信托公司）获得的是以信托财产规模为基础的管理费。由于信托财产不是货币资金，因此以信托公司作为受托人的资产证券化业务被归为"财产权信托"的范畴，信托公司主要承担事务管理职能，因此也属于"事务管理类信托"。

### 二、近年来融资类信托的快速发展及其问题

#### （一）融资类信托增长较快的主要原因

从 2010 年以来，融资类信托的发展经历了一个占比持续下降又缓慢上升的过程。根据信托业协会发布的统计数据，2010 年第二季度，融资类信托业务占比最高，达到了 63.77%；此后持续下滑至 2017 年第四季度的 16.87%。从 2018 年开始，融资类信托业务规模和占比均开始提升，2019 年年末融资类信托业务比上年增长显著，规模增长 0.56 万亿元，增幅 9.58%；占比为 26.99%，比上年增长 3.02 个百分点（见图1）。

融资类信托近两年来规模和占比上升是有一定原因的：一是宏观经济因素，由于近两年来宏观经济增速出现一定回落，投资在经济增长中的拉动作用更加重要，信托在基建等投资拉动效果较为明显的领域的融资业务规模增长较快；二是政策调控因素，特别是"去杠杆"政策客观上对部分行业和领域的流动性产生一定影响，导致部分企业银行贷款受限，对信托融资的需求不断增加，近年来信托资金在工商企业领域配置

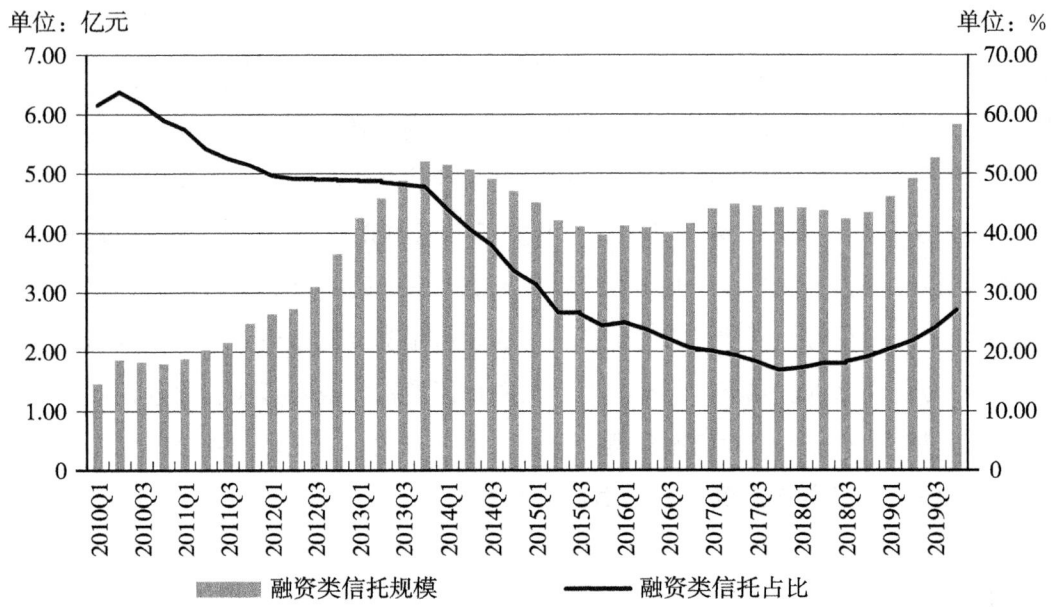

数据来源：中国信托业协会，中诚信托战略研究部整理。

**图1  2010—2019年融资类信托业务规模及占比变化情况**

比重持续居首，也能体现出这一点；三是行业监管因素，2018年以来行业整治乱象力度不断加大，通道业务规模持续压缩并取得了明显成效，以往的通道业务部分地转变为信托公司主动管理的融资类业务，同时客观上造成了融资类信托业务占比的提升；四是信托公司对短期业绩追求的惯性，尽管宏观经济处于增速回落阶段，但多数信托公司的股东对业绩指标增长的要求并未改变，在通道业务被压降、转型创新业务难以带来足够的短期收入的情况下，信托公司普遍加大了融资类业务开展的力度，以满足业绩要求。

（二）当前融资类信托较快增长带来的问题

一是当前融资类信托增长的结构与部分行业发展导向不一致。从信托资金运用领域的情况来看，截至2019年年末，投向房地产领域的信托资金总额为2.7万亿元，占比15.07%，同比增长0.89个百分点。尤其是2017年以来，房地产信托的规模和占比持续增长，这与"房住不炒"的政策要求和导向不尽一致。因此，2019年第三季度以来，监管部门对房地产信托的发展加大了管控力度，房地产信托的增长速度得到控制。此外，截至2019年年末投向基础产业领域的信托资金总额为2.82万亿元，占比15.72%，同比增长1.14个百分点；但部分基础产业信托融资变相加大了地方隐性债务规模，导致个别地区债务风险较为突出，得到了监管部门的关注。

二是当前融资类信托增长的速度与信托公司风险管理水平不匹配。从信托业协会公布数据来看，2019年年末风险资产规模为5,770.47亿元，同比增加3,548.6亿元，增长159.71%；尤其是集合信托风险资产规模为3,451.8亿元，同比增加2,079.91亿元，增长较为显著。通常来看，信托行业的风险主要是融资类信托项目的融资方无法按时付息还本从而导致无法按约定向受益人分配信托利益的风险，因此，信托风险资产的明显增长与融资类信托的发展速度有一定内在联系，尤其是在经济增速放缓的逆周期阶段，金融市场中的融资风险将会普遍提升，而信托公司的风险管理水平和风险承受能力与融资类信托的发展速度仍不匹配。

（三）压降融资类信托短期内可能产生的影响

针对融资类信托发展的现状以及带来的问题，如果监管部门对融资类信托规模进行压降，在短期内可能会产生一定的影响：一是可能直接导致社会融资总规模中信托贷款的减少。2020年2月，社会融资总规模中信托贷款存量规模为7.43万亿元，占比为2.89%；如果持续压降融资类信托规模，则会导致信托贷款规模的进一步降低，对社会融资总规模也将产生一定不利影响（见图2）。二是可能导致部分领域和企业的次生风险增加。压降融资类信托规模可能导致部分领域和企业融资难度进一步加大，对企业现金流产生不利影响，严重情况下可能引发次生风险。三是可能导致部分信托公司收入下滑。融资类信托是信托公司信托业务收入的主要来源，由于其存续期一般在1—2年，如果压降融资类信托规模，其对信托公司收入的影响将会在1—2年内持续体现。

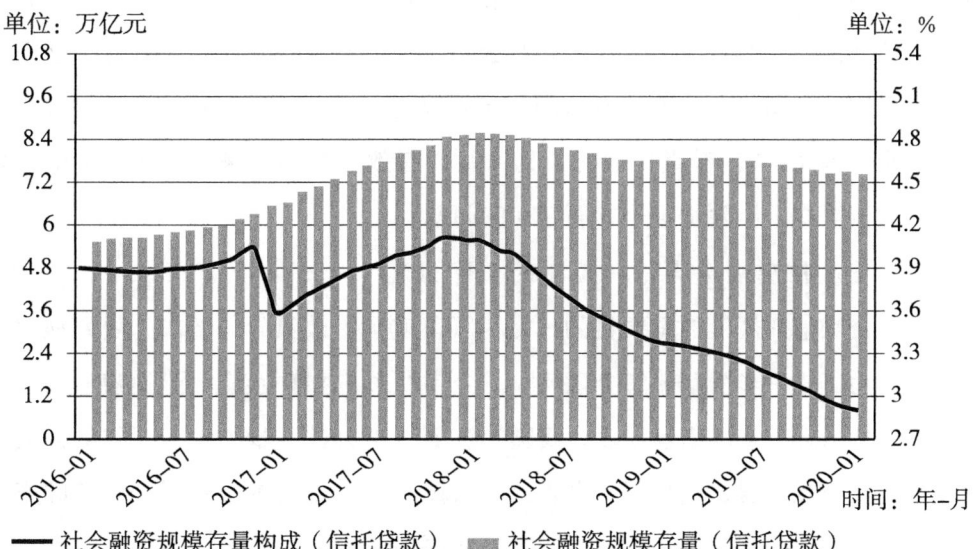

数据来源：通联数据。

**图2　信托贷款在社会融资总规模中的存量及占比**

### 三、探索发挥信托融资功能的更多途径

**（一）鼓励信托公司开展多种具有融资功能的业务**

如前文所述，融资是信托制度功能的重要体现，也是我国信托业服务实体经济的重要方式。由于信托可以通过多种方式发挥融资功能，即使监管部门对具有"影子银行"业务特征的融资类信托进行压缩，那么信托公司还可以开展多种具有融资功能的其他业务。一方面可以将传统的融资类业务进行改造，改变信托资金直接向企业发放贷款的融资方式，采取购买企业发行债券等方式，变"融资类业务"为"投资类业务"，既满足监管要求，又发挥了信托融资功能。但是在这种模式下，信托公司的交易对手结构将会发生变化，同时也要防范债券违约的风险。另一方面，可以加大资产证券化业务的发展力度，通过发行资产支持证券，满足企业低成本融资需求。

**（二）研究探索信托直接融资业务的可能性**

传统融资类信托业务中，信托公司承担了"信用中介"的角色，且信托公司收取的信托报酬主要来源于利息差，因此通常被认为具有"影子银行"特征。长期以来，信托业内一直在研究探索通过信托开展直接融资业务的可能性，2014年原中国银监会办公厅发布的《关于信托公司风险监管的指导意见》（银监办发〔2014〕99号）中明确提出"改造信贷类集合资金信托业务模式，研究推出债权型信托直接融资工具"。在"信托直接融资工具"的框架下，信托公司承担的是发行人角色，其业务性质属于投行中介性质，产品将在公开市场发行并建立登记制度，投资者对风险独立进行判断并自行承担。因此，"信托直接融资工具"可以有效解决传统融资类业务中信托公司在定位、收费模式、风险承担等方面存在的问题。

**（三）适度控制融资类信托规模的压降力度**

压降融资类信托规模的重要目的，是为了落实国家政策导向要求、更好地服务实体经济，是为了进一步防范化解金融风险。今年以来，由于受到新冠肺炎疫情的影响，全球经济预期低迷、金融市场动荡，我国经济下行压力进一步加大，面临的挑战前所未有。从信托市场来看，信托资金主要运用领域的融资需求进一步增加：基础产业投融资力度加大，对今年宏观经济增长的重要性进一步体现；部分房地产企业资金困难，如果融资持续恶化可能产生更大风险；工商企业尤其是中小微企业融资需求十分迫切。如果融资类信托规模的压降力度过大，不利于发挥信托行业服务实体经济融资需求的

积极作用，不利于防范并化解各类金融风险，也不利于信托行业的持续稳定和转型发展。因此，建议充分考虑当前及未来一段时期的宏观经济和金融市场环境，适度控制融资类信托规模的压降力度。

（执笔人：和晋予）

# 信托公司如何搭建高效的战略管理体系*

2020年新冠肺炎疫情暴发对宏观经济产生了巨大的冲击和影响，信托公司的经营发展也受到了严峻挑战。此外，资金信托新规等监管政策正式颁布实施后，预计将对信托公司的长远发展产生重要影响。在转型发展的关键时期，构建高效战略管理体系，对信托公司而言，更加重要。结合战略管理理论与实践，从经营管理实际出发，信托公司应从以下四个方面搭建信托公司高效的战略管理体系。

## 一、构建清晰量化的战略目标体系

战略规划实施的前提是可以将战略意图覆盖至企业经营管理的各个节点，形成可监测、可衡量的目标体系，并分解细化为部门及个人责任，实现战略"自上而下"的一致性。在当前外部形势复杂的情况下，信托公司制定战略目标体系时应把握好以下四个关系。

一是规模与效益的关系。信托资产规模与信托公司业绩存在一定正向关联，近年来随着宏观环境及政策变化，信托行业资产规模呈现下降趋势，信托公司在制定战略目标体系中更加关注收入、利润、人均效能等财务类指标。但是，就信托业务的商业逻辑而言，不论是融资类业务抑或是受托服务类业务，其定价及收费的基础依然是信托公司所管理的资产规模。此外，管理资产规模大小也是信托公司市场实力和专业能力的有效体现，因此在业务转型发展阶段，战略目标体系中不仅要关注财务效益类指标，在一定程度上还需要重视规模类指标。

二是短期与长期的关系。从信托公司的收入构成来看，短期主要依靠融资类业务，但融资类业务受宏观经济及监管政策影响和约束较大。长期而言，信托公司应重视布局期限长、规模可累积、可产生长期稳定收入的受托服务类业务，以及可获取长期竞争优势和高盈利业绩的主动投资类业务，从而形成公司可持续发展的合理业务及收入结构。因此，在战略目标体系中应关注业务结构指标；此外，考虑到不同业务在不同阶段对公司经营的价值贡献不同，还可考虑分类设置业务发展核心指标。

---

\* 本文写于2020年6月11日。

三是业绩与风险的关系。复杂经济环境下，信托公司风险防控体系的重要性更加突出。2020年第一季度在新冠肺炎疫情以及监管部门加大风险排查力度的影响下，信托资产风险率持续提升，第一季度末信托业资产风险率为3.02%，较2019年末提升0.35%，行业风险压力依然存在。信托公司在追求经营业绩的同时，应及时有效衡量和预警各类风险，并在战略目标体系中纳入风险相关指标。

四是存量与增量的关系。信托行业的轻资产运营特征必然导致公司更加侧重业务增量，因为公司效益主要源于在市场中不断拓展新项目。从战略目标设置角度，新增业务规模及新增收入才是反映公司市场拓展能力的有效指标。

## 二、做好战略资源的有效配置

没有资源配置规划的战略是"中看不中用的"，资源配置是战略能否落地的关键。战略目标一旦确定，剩下的就是将有限的资源，合理配置至战略业务及关键任务中，简单来说就是保证"人、财、物"与战略的协调一致性。

一是做好组织和人才的资源配置。公司战略转型需要一支具有竞争力的高素质人才队伍。找到合适的人，并将合适的人放在合适的位置，是人才资源配置的要义，它要求构建发现、储备、培训、激励等多维度人才体系，采用动态灵活的组织形式，并进一步强化组织机构变革，形成权责明晰的组织边界。在信托公司转型发展期，组织问题也会显得较为突出，特别是难度大、复杂度高、资源协调范围广的创新业务，更需要强有力的组织推动。

二是做好资金投入和考核激励的资源配置。资金配置主要是通过设置专项资金、预算倾斜等方式，优先将资金用于支持战略实施的关键环节、业务拓展的重点区域、业务转型的核心方向。考核激励机制更要与业务发展的要求相匹配，体现业务类型的差异化，分类建立以创新、质量、贡献为导向的激励机制，并形成与经营业绩紧密挂钩的差异化薪酬决定机制和奖惩制度。

三是做好金融科技等硬件支持。金融科技能力能够转化为促进转型的战略资源，甚至引领行业发展和推动商业模式的变革。对于信托行业而言，应当加强金融科技顶层设计，优化成本核算机制，根据自身资源禀赋和业务属性来选择合适的突破口，在渠道建设、产品服务、运营管理方面加大金融科技投入力度，从而为业务开展提供有效支撑。

## 三、形成强有力的战略协同体系

安索夫在1976年出版的《从战略规划到战略管理》一书中提出，"企业战略管理是将企业日常业务决策同长期计划决策相结合而形成的一系列经营管理任务"。这一过程中，战略管理与业务管理、职能管理的协同程度是影响执行效果好坏的关键。

一是将战略管理嵌入公司整体管理流程。本质而言，战略管理体系就是通过管理行为确保战略规划有效执行，支持战略规划目标实现。有效协同战略管理、预算管理、绩效考核、人才规划、领导力建设等系列管理活动，关键在于要形成"战略驱动业务计划，业务计划驱动预算，预算纳入业绩考核"的管理路径，以战略规划为起点，科学制定经营计划和预算安排，构建起包括年度工作计划、预算管理报告、绩效考核责任书、干部培养与选拔的执行闭环，并配套建立相关管理制度、流程及工作标准。

二是强调职能管理的战略导向。战略执行一方面是业务领域拓展，另一方面是强有力的职能保障。战略转型对部门间协同工作提出了较高要求，职能部门工作应贯彻"服务战略落地、服务业务转型"的工作原则，以战略导向明确职能工作开展的思路和方案，在专业领域内长远谋划实现战略目标的关键任务。

### 四、建立闭环的战略管理工作机制

信托公司在多年管理实践的基础上，不断强化战略管理职能。调研显示，多数信托公司在董事会层面设置了战略委员会，系统开展战略规划编制工作，设置专职战略规划管理机构承担战略任务分解与实施跟踪评估等工作，不断完善战略管理工作机制。新规划期内，信托公司的战略管理应在目标管理、资源配置、战略协同基础上，进一步做好闭环工作机制。

一是做好战略沟通。强有力的战略实施能力，首先建立在对战略的了解和认同基础之上，特别是战略分解过程务必要做好战略沟通。各业务单元制订年度工作计划，需与公司战略相匹配，确保年度工作任务与战略绩效目标之间、资源保障需求与目标责任之间形成有效的因果关系。战略组织实施者开展年度任务分解，需加强与业务单元和职能部门沟通，确保战略意图可转化为全体员工可理解、可执行的行为。在管理实践中，可通过战略研讨会、运营管理会等座谈、研讨、培训的方式实现良好沟通。

二是做好战略动态调整。遵循动态调整原则，保持战略规划体系的科学性、前瞻性、适用性和有效性。近年来，信托行业所处的宏观环境及监管环境都面临着不确定性，行业竞争格局和业务转型的多样化也加大了战略制定与执行的难度。因此，战略管理机构应密切跟踪市场动态变化,及时提出规划补充及调整建议,运用战略指引、双向沟通等方式,做好相关战略目标与任务的动态调整工作。

三是强化战略执行的效果评估。相关部门要做好战略各项指标的分析监测工作,组织开展经营形势分析例会,完善业务运营指标监测体系,研判行业发展形势,强化业绩对标,对战略执行的效果进行及时、全面的评估。

(执笔人:张炜)

# 第三部分
# 信托业务重点领域研究

# （一）房地产领域

## 信托公司如何应对新冠肺炎疫情对房地产的影响[*]

受 2020 年新冠肺炎疫情影响，房地产行业面临开复工延期、线下销售停摆、现金流高度紧张和短期融资困难等问题，市场下行压力巨大，对信托公司在房地产领域的投融资业务产生了重要影响。

### 一、疫情对房地产市场和房地产企业的冲击较大

*（一）房地产市场供求均受到较大影响*

从房地产市场供应来看，受疫情影响，全国范围普遍暂停房屋线下销售，一手房市场供应出现断崖式下跌。克而瑞地产研究数据显示，今年春节假期一周时间内，由于市场惯性，84 个重点监测城市住宅一手房的市场新增供应面积近 25 万平方米，与 2019 年春节相比基本持平；但春节过后的一周，疫情造成的影响开始显现，新房市场的新增供应面积锐减至 4 万平方米，与 2019 年同时期相比降幅达 97%。

从需求来看，因疫情形势恶化和防控措施不断升级，居民的购房意愿受到抑制和递延，进而导致市场上新房和二手房成交量大幅下跌。克而瑞地产研究数据显示，一手房市场成交方面，在 2020 年春节期间，88 个重点城市的新房成交量仅为 37 万平方米，与 2019 年春节相比大幅下滑 30%；春节过后一周，新房成交量降至 19 万平方米，与 2019 年同时期相比降幅达 95%。二手房市场同样惨淡，春节期间，全国 7 个重点城市二手房成交量直降为 0；春节过后一周虽有所回调，成交 4 万平方米，但与 2019 年同期相比跌幅仍达 91%。

从市场发展趋势来看，房地产市场复苏具有一定不确定性。一是疫情持续时间尚不能确定。由于本次新冠肺炎疫情传播扩散性更甚于 SARS 疫情，其持续时间尚无法明确判定，因此市场复苏的具体时间点存在不确定性，需视未来疫情结束时间而定。二是区域疫情差异较大。湖北省是本次疫情的重灾区，其他省份的疫情程度存在一定差异，这将导致不同区域疫情的持续时间将不尽相同，各地市场复苏时间也将出现分

---

[*] 本文写于 2020 年 2 月 19 日。

化。三是各地对房地产行业的支持政策力度不同，不同区域市场的复苏也存在不确定性。

（二）房地产企业面临重大挑战

一是房企面对的融资环境依然不容乐观。尽管春节后，中国人民银行为保障流动性开展1.7万亿元逆回购操作，累计净投放5500亿元，但是在目前房地产融资趋紧的政策背景下，资金进入房地产领域仍面临较大困难。此外，各地政府也相继推出相关帮扶政策，但对于每年投资额高达十几万亿元的房地产市场十分有限。

二是房企自身偿债压力巨大。我国房地产企业高周转、高负债带来的债务问题在疫情特殊时期更为突出。本次疫情在全国范围内的突然暴发，客观上阻断了高速运转的行业流水线，使资金难以通过快速施工建设和销售实现迅速回流，同时高额的融资成本压力也未能缓解。从证券市场披露的数据来看，截至2019年6月末，150家在港上市的房企中，45家资产负债率超过80%，其中8家更是超过90%；在120家A股上市房企中，同期资产负债率超过80%的有36家，其中6家超过90%。以房企到期债券为例，据华泰证券统计，2020—2022年，房地产境内债到期量分别为4316亿元、6212亿元和3764亿元，预计2020年下半年开始进入偿债高峰期，连续6个季度到期量将超过1200亿元。房企在未来两年依旧面临严峻的偿债压力，而本次突发的疫情无疑是雪上加霜。

三是中小房企生存压力较大。在疫情严重区域的项目资金回流受阻，对地方性房地产企业影响更严重。对全国布局的大型优质房企来说，可以通过大范围调整战略布局、加大融资力度等手段渡过短期的难关。但是对于区域性的中小型房企来说，可采取的应对手段并不多。预计本次疫情将加快行业的优胜劣汰、加速行业资源的并购整合。

## 二、当前的房地产支持政策以防范短期风险为主

（一）当前出台的与房地产相关的支持政策

从国家层面来看，各部委出台的支持政策并未特别针对房地产行业。截至目前，包括中国人民银行、财政部、银保监会、证监会、外管局等多个部委出台了若干专项通知，概括起来主要包括两方面内容：一是提供金融资金支持以确保社会资金流动性，二是在财政税收方面对受疫情影响的个人和企业提供优惠政策。这些政策客观上减缓了房地产企业的压力，但力度有限。

从各地方政府来看，据统计，目前多数省市地区均出台了针对房地产市场的抗击

疫情专项扶持政策，但不同地域的政策差别也较大。总体来看，地方政府的扶持政策相对全面：从延期缴纳土地款到开竣工期限合理延长，从放宽预售审批到下调资金监管要求，从增加信用贷款额度到延长还款期限，从帮助组织线上销售到相关税费减免，从降低首付比例到发放购房补贴，等等。各地政府充分根据本地区房地产市场受疫情的影响，"因城施策"推出相关扶持政策，扶持力度各不相同。

（二）房地产行业支持政策以防范短期风险为主

如上所述，中央政策的出台是为了对冲整个社会经济下行的压力，并非针对房地产行业。但是结合地方针对房地产行业发布的专项扶持政策，新释放的社会流动资金和具体的财税优惠政策一定程度上会惠及各地房企和购房者，短期内使地方市场下行压力得到一定缓解。并且，部分地区还全面放宽了房地产行业开发、销售的各个审核环节，从投资端到需求端都采取了鼓励措施，显示出极大的救市决心。值得注意的是，楼市扶持政策是针对疫情防控期间的临时政策，其重点是防范风险，短期的救市政策并不可持续。长期来看，行业整体发展基调仍然是"房住不炒"和以"稳"为主，疫情结束后，随着市场的复苏，行业政策大概率将逐渐回归到疫情之前的常态。

## 三、信托公司的风险防范与业务机会

（一）从风险防范的角度，关注五个方面

一是关注疫情地区的项目风险情况。当下信托公司在开展房地产领域投融资业务或存续项目风险研判时，应重点考虑项目所在地区的疫情程度，调研疫区市场情况和当地救市的政策，根据疫情程度和当地市场情况划分风险等级。

二是关注即将到期项目是否存在流动性风险。因疫情影响，即将到期的项目可能会存在延期风险，并且延期期限与所处区域疫情程度呈高度正相关。信托公司应理性评估疫情对项目的影响，重新测算项目现金流，并与交易对手及时有效沟通，采取必要措施（如通过协商对项目开展延期、追加担保措施等），防止项目出现实际兑付风险。

三是关注交易对手或担保方的综合实力与现金流水平。重新评估交易对手或担保方的实力，从负债情况、短期偿债压力、短期融资情况、业务布局、销售情况等多个角度出发，判断企业短期现金流情况。若交易对手或担保方存在现金流断裂的风险，应积极采取应对措施，如追加担保措施、积极谈判寻求并购或股权合作等。

四是关注项目融资规模带来的风险压力。一般来说，项目融资规模越大，交易（担保）对手为兑付本息需要调配的资源越多，相应的兑付风险也就越大，对金融机构造成的影响也越大。因此，信托公司应重点排查融资规模大的项目，有效控制项目风险。

五是关注信托公司自身的流动性压力。由于短期内房地产信托项目风险的集中提高，信托公司自身的流动性对缓释并化解风险十分重要。信托公司除了要根据自身风险压力合理控制固有资金流动性之外，还应积极寻找其他渠道，提高流动性风险的应对能力。

（二）从业务发展的角度，把握三方面机遇

一是疫情结束后的行业反弹机遇。疫情对房地产行业的影响大概率为短期效应，疫情结束之后，房地产市场将迎来一定反弹。从政府而言，疫情后需要通过发展基础设施建设和出让土地，刺激经济复苏，增加财政收入；从房企而言，疫情后急需抓紧项目的开复工和销售，以实现资金快速回流，缓解现金流压力；从市场需求而言，前期被压制的需求在疫情后必然得到释放。预计除传统房地产市场有一定反弹外，与基建相关的旧城改造、城市更新力度将加大。

二是市场调整中的投资并购机遇。如前所述，疫情将加速房地产行业的优胜劣汰和资源整合，无论是大型优质房企对中小型房企的并购（也有可能通过股权合作方式），还是大型优质房企对潜在优质项目的并购（或股权合作），都将产生新的业务机会，并引起信托公司的高度关注。

三是结构优化中的资产证券化机遇。受疫情影响，为改善企业现金流状况，房企通过资产证券化方式调整融资结构、盘活存量资产的意愿增强，基于应收账款、商业地产等的证券化融资需求攀升，信托公司应把握此类业务机会，抢占市场并积极提高业务主导性。

（执笔人：韩鸣飞）

# 信托公司如何应对当前的房企债务问题[*]

2020年以来,受新冠肺炎疫情、宏观经济、房地产市场监管等多重影响,房地产企业债务压力有所提升。就房地产信托而言,也出现了部分项目无法按时兑付的情况。当前及未来一段时间,如何应对房地产企业的债务问题,成为信托行业乃至金融市场关注的重要问题。

## 一、当前房地产企业债务压力有所提升

### (一)我国房地产企业负债率仍将保持高位

中国指数研究院统计数据显示,截至2019年年末,50家上市代表房地产企业净负债率均值为93.8%,尽管较2018年下降10.7个百分点,但依然处于较高水平。与发达经济体的房地产企业相比,我国房地产企业在很长时间里保持高负债率状态,这是由我国现阶段房地产行业发展特点决定的。2018年,日本、美国、英国上市房地产企业整体资产负债率分别为68%、57%、38%,中国香港四大龙头房地产企业平均资产负债率仅32%,均明显低于我国上市房地产企业。在过去持续二十多年的经济高速增长和快速城镇化的背景下,国内房地产行业处于大建设发展阶段,房地产企业也处于高速发展的扩张周期,需要通过不断融资进行拿地和开发建设,体现出重资产和高负债的特性。并且,发达经济体的房地产企业业务模式更加多元化,轻资产业务占比高,股权融资占比高,而国内房地产企业仍以开发建设为主要业务,其债权类融资占比较高。未来较长时间内,我国城镇化发展依然有较大空间,房地产开发建设体量及其融资需求依旧巨大,预计房地产企业在一定时期内无法完全摆脱高负债率状态。

### (二)房地产企业偿债能力有所降低

中国指数研究院统计数据显示,2019年年末50家上市代表房地产企业现金到期债务比均值为1.50,较2018年下降0.24;华泰证券报告显示,77家上市房地产企业2019年年末货币资金/短期负债的比重为109%,较2018年年末下降了17个百分点。

---

[*] 本文写于2020年8月6日。

房地产企业整体偿债能力有所下降，主要原因有以下几点：

一是 2019 年房地产企业销售规模增速放缓，导致销售回流现金增速下滑。克而瑞地产研究报告显示，2019 年全年百强房地产企业累计权益销售金额同比增速仅为 6.5%，远不及 2017 年的 40.5% 和 2018 年的 35.1%。中国指数研究院报告显示，2019 年 50 家上市房地产企业货币资金同比增长率为 16.3%，较 2018 年大幅下降 24 个百分点。

二是房地产企业短期负债增长态势持续。为缓解资金压力，房地产企业通常会大力发行短期融资券。中国指数研究院报告显示，2019 年年末 50 家上市房地产企业短期债务同比增长 18.1%，较 2018 年仅下降 2.3 个百分点。

三是房地产企业融资成本有所提升。克而瑞地产研究报告显示，2019 年 95 家典型房地产企业新增融资成本为 7.07%，较 2018 年显著上升了 0.54 个百分点。事实上，自 2019 年 5 月银保监会发布《关于开展"巩固治乱象成果 促进合规建设"工作的通知》（银保监发〔2019〕23 号）限制信托贷款后，监管开启了房地产融资的新一轮调控，房地产企业借贷成本整体走高成为必然趋势。

（三）房地产企业面临偿债高峰期

贝壳研究院分析称，下半年房地产企业境内外融资债券到期规模约为 5588 亿元人民币，同比增长 58%，并且偿债高峰将持续到 2021 年年中，其中至少有 4 个单月债券到期规模超过千亿元。房地产企业发行债券"借新还旧"的积极性将维持在高位，贝壳研究院最新发布的《全国房企半年报》显示，2020 年上半年，房地产企业境内外融资总额约为 6506 亿元，占 2019 年全年融资规模的 53%，预计下半年房地产企业发债热情将持续走高。

## 二、房地产集合信托市场面临调整

（一）房地产集合信托发行规模有所下降

用益信托网数据显示，2020 年 1—7 月，房地产投向集合信托产品成立规模 4,353.66 亿元，同比下降 16.92%，在 1—7 月集合信托产品成立总规模中的占比为 28.35%，较 2019 年同期 40.54% 的占比大幅下滑 12.19 个百分点。在强监管态势下，信托公司通过发行集合信托产品为房企提供融资的规模和占比双双下行（见图 1）。

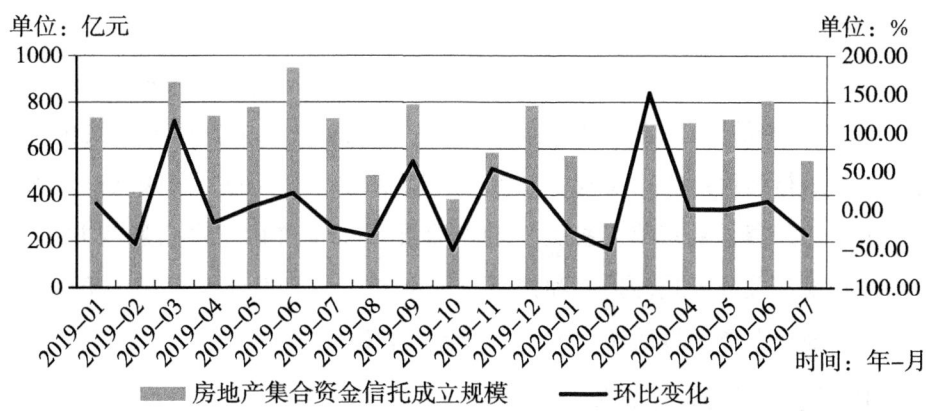

数据来源：用益信托网。

**图1　2019年1月—2020年7月房地产集合资金信托成立规模及环比变化**

## （二）房地产集合信托收益率有所回落

房地产集合信托市场规模下行的同时，其收益率也有所回落。用益信托网数据显示，2020年1—7月，房地产投向集合信托产品平均收益率7.95%，同比下降了0.35个百分点（见图2）。房地产信托收益率的回落是受多方面因素影响的结果：一是集合信托产品整体收益率自2019年下半年开始持续走低；二是上半年经济下行和新冠肺炎疫情影响下，优质项目变得稀缺，加之房地产信托融资规模的严格管控，导致市场出现资金多于资产的现象，资金方之间激烈的竞争也导致收益率下行；三是房企面临融资、销售压力，又遭遇偿债高峰期，其寻求低成本融资的诉求加强。鉴于上述影响因素在短时间内没有改善的可能，预计下半年房地产信托收益率仍将继续走低。

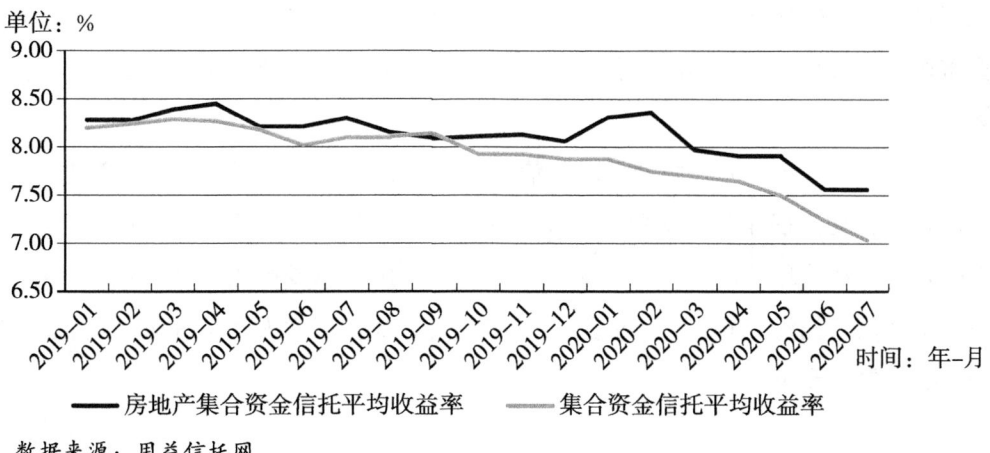

数据来源：用益信托网。

**图2　2019年1月—2020年7月房地产集合资金信托和集合资金信托平均收益率**

### (三）房地产集合信托项目类型趋于多样化

为迎合市场需求和监管导向，越来越多的信托公司在积极探索通过股权投资、资产证券化等业务形式开展与房地产企业的合作。中航信托、光大信托、民生信托通过有限合伙形式进行房地产股权投资，光大信托对房地产项目的应收账款进行保理融资或者资产证券化融资，陆家嘴信托为房地产企业提供融资用于项目股权并购，等等。信托公司在房地产业务模式的拓展和探索，丰富了房地产集合信托产品类型，推动了信托行业在房地产业务领域的转型创新，符合监管的要求和社会发展的需要。

## 三、信托公司的应对策略

经济增速下行、行业融资收紧、疫情形势不定、偿债高峰来临等众多不利因素都在考验着房地产企业的资金流管控能力。严峻的行业形势下，信托公司应从多个方面入手，控制房地产业务风险。

一是更加严格地选择交易对手。要研究交易对手的经营情况和财务状况，分析项目存续期内交易对手的偿债能力，对其到期偿债能力进行深入研判。对于新开展的业务，交易对手要优中选优；对于存续管理的业务，也要做到对交易对手的充分评估，拟订相应的处置预案。

二是更加关注项目第一还款来源。对投融资项目本身的开发销售情况做更深入的了解，特别应该关注项目的第一还款来源。这主要是因为项目本身在未来产生的现金流情况，不能完全寄希望于房地产企业提供的抵质押担保和保证担保。

三是加强项目的过程管理。一方面要加强项目本身的运营管理，严格把控开发进度和开发成本，确保项目资金的合理使用，保障项目顺利实现销售回款。另一方面，也要密切关注项目所处市场的变化，如疫情形势、调控政策等因素的变动给市场带来的影响。

四是可采用基金化方式降低风险。信托公司可积极探索通过房地产投资基金（有限合伙）的架构开展业务。这种模式既可以有多个投资标的，来分散风险；也可以引入基金管理人和战略投资者，提升基金管理能力和风险承受能力；还可以采用结构化的设计来降低信托资金的风险。但是，这种模式对基金管理人和信托公司的投后管理能力均提出更高要求。

（执笔人：韩鸣飞）

# "三道红线"对房地产信托的影响*

2020年8月20日,住房城乡建设部、中国人民银行在北京召开重点房地产企业座谈会,正式出台了"三道红线"政策,对房地产企业三项财务指标提出明确要求,并与有息负债规模增速挂钩。在融资类信托规模管控趋严、房地产融资政策收紧的背景下,"三道红线"的出台对房地产信托将产生重要影响。

## 一、当前房地产信托规模及占比持续下滑

近年来,房地产融资政策收紧,房地产信托业务规模及占比持续下滑。根据中国信托业协会数据,2020年第二季度末,房地产资金信托余额2.5万亿元,同环比分别下降14.68%和3.10%。房地产信托占比也连续下滑至2020年第二季度末的14.16%。

特别是8月下旬"三道红线"政策发布后,引起房地产行业的巨大反响,市场迅速作出反应。从集合信托市场情况来看,根据用益信托网数据,2020年9月投向房地产领域的集合信托产品成立规模514.65亿元,同环比分别大幅减少34.97%和23.98%,在当月新成立的集合信托产品总规模中的占比为27.27%,同环比分别降低12.01个百分点和10.75个百分点。

## 二、"三道红线"影响房地产信托交易对手选择

"三道红线"出台之前,信托公司在开展房地产信托业务时的主要风控点在于交易对手整体情况、项目情况和抵质押担保措施。"三道红线"出台之后,信托公司则应更多地关注交易对手的负债情况、融资能力和销售回款状况。据统计,在TOP60上市房地产企业中,完全没有触碰到"三道红线"的有保利、中海、华润、龙湖、招商蛇口、金地、滨江集团、路劲集团这8家公司;触碰到一条红线的有包括碧桂园、世茂在内的23家;触碰到两条红线的有包括阳光城、金辉、奥园在内的12家;触碰到三条红线的有恒大、融创、绿地等16家。信托公司在开展房地产信托业务时,首先应优先选择较为符合"三道红线"监管要求的房地产企业作为交易对手,其次关注房地产企业的近期融资和销售回款情况,这样可最大限度控制房地产项目风险。

---

\* 本文写于2020年10月22日。

## 三、"三道红线"影响房企未来融资需求

### （一）权益融资方式为最优选

房地产企业通过增发股票、股权融资、发行永续债等方式进行权益融资，相当于在报表中引入了少数类股东权益，这不仅增加了货币资金，还可以同时改善"资产负债率""净负债率"和"现金短债比"这三项指标，无疑是其最佳选择。

### （二）资产证券化融资

房地产企业将持有的可产生稳定现金流的资产进行证券化融资，可以实现资产长期收益的短期变现，从而改善现金流状况，往往可以起到降低"净负债率"、提升"现金短债比"的作用，部分项目也可优化"资产负债率"指标。房地产企业可用于发行ABS（资产支持证券）产品的优质基础资产包括：物业资产、购房尾款、商业资产等。

### （三）供应链金融

发行供应链金融产品并没有增加房地产企业的金融负债，而是通过提高对产业上游的占款能力做大了经营负债，并体现为应付账款科目的增长。通过发行供应链金融产品，房地产企业可以达到提升经营性现金流、降低有息负债的目的，这虽然会导致"资产负债率"的提升，但可降低"净负债率"和提升"现金短债比"，适用于"资产负债率"达标而寻求改善另外两项指标的情况。

## 四、"三道红线"对房地产信托业务模式的影响

### （一）开展股权投资业务

当前政策背景下，信托公司开展房地产股权投资业务已成为趋势。其最大的挑战在于，与以往"股加债""明股实债"的债权融资模式不同，当前信托公司开展的股权投资业务是要符合监管标准和房地产企业需求的真实股权投资模式，业务操作更为复杂。多数信托公司都采用基金化方式来降低房地产股权投资业务风险：一是引入基金管理人（GP）和战略投资者（LP），提升基金管理能力和风险承受能力；二是可以采用结构化的设计降低信托资金的风险；三是基金可以选投多个项目标的，分散投资风险。

### （二）开展永续债业务

首先，信托公司开展房地产企业永续债业务，可以利用牌照优势直接向企业发放贷款，不仅避免了借助银行发放委托贷款的问题，交易结构更加明晰，还节约了融资成本。其次，相对于其他债券品种，永续债票面利率较高，且票息率随期限的拉长而

"递升"，满足了部分信托客户的投资需求，特别是与家族信托等长期资金需求匹配度高。最后，信托公司参与房地产企业永续债业务的模式非常灵活，既可以独立承做永续债的发行，也可以通过有限合伙模式引入合作者参与永续债发行，还可以与银行、券商、基金子公司等金融机构合作参与永续债的发行。

（三）开展资产证券化业务

在目前的境内金融市场上，商业不动产的资产证券化产品以CMBS（商业房地产抵押贷款支持证券）和类REITs为主。据统计，2019年共发行CMBS共33单，发行规模812.75亿元；发行类REITs共22单，发行规模387.21亿元。其中，CMBS为商业地产抵押贷款的证券化，可以改善现金流状况；类REITs为资产的股权转让，可极大地优化房企财务指标，未来市场潜力巨大。这两类业务均值得信托公司更多地关注。另外，在房地产企业的其他资产证券化业务中，信托公司也多有涉猎，如供应链金融ABS、购房尾款ABS等。

（四）开展供应链金融业务

此类业务模式一般为信托公司直接参与房地产企业上游企业应收账款的债权融资，引入产业链中核心房地产企业的信用后可有效提升风险防控等级，也可改善核心房地产企业的财务指标（如前文所述）。此类业务目前已有部分信托公司开始涉猎，但业务生态仍处于初级阶段，全产业链条信用体系尚未建立，仅仅利用核心企业提供数据、信息和信用支持难以有效控制业务风险。

（执笔人：韩鸣飞）

# （二）基础设施领域

## 新基建为信托公司带来的新机遇和新要求[*]

近期，中央和地方密集部署新型基础设施，重视程度空前，新基建成为市场焦点。对于信托公司来说，新基建是信托公司服务实体经济的重要领域，也是基础产业业务转型升级的重要方向。因此，新基建不仅为信托公司转型发展带来新机遇，也提出了新要求。

### 一、新基建内涵及市场空间

（一）新基建包括三大领域

2020年4月20日，国家发展改革委首次明确了新型基础设施的概念和范围，指出"新型基础设施是以新发展理念为引领，以技术创新为驱动，以信息网络为基础，面向高质量发展需要，提供数字转型、智能升级、融合创新等服务的基础设施体系"。从领域来看，新型基础设施主要包括信息基础设施、融合基础设施、创新基础设施等三个方面（见表1）。

表1 新基建三大领域及特点

| 新基建三大领域 | 细分类型 | 代表/特点 |
| --- | --- | --- |
| 信息基础设施 | 通信网络基础设施 | 5G、物联网、工业互联网、卫星互联网 |
| | 新技术基础设施 | 人工智能、云计算、区块链 |
| | 算力基础设施 | 数据中心、智能计算中心 |
| 融合基础设施 | 智能交通基础设施 | 深度应用互联网、大数据、人工智能等技术 |
| | 智慧能源基础设施 | |
| 创新基础设施 | 重大科技基础设施 | 具有公益属性，支撑科学研究、技术开发、产品研制 |
| | 科教基础设施 | |
| | 产业技术创新基础设施 | |

---

[*] 本文写于2020年4月22日。

## (二）新基建每年具有万亿元市场空间

新型基础设施建设内容广泛，投资空间巨大。各券商研究估计2020年新基建投资规模将超过1万亿元，其中5G和数据中心投资规模较大。在5G方面，工业和信息化部提出我国在2025年将建成600万个5G基站，2020年起将迎来建设高潮；国金证券预计2020年5G投资规模将近3000亿元。在数据中心方面，国金证券预计2020年投资规模约1000亿元，规模以上的数据中心保有量将超过8万个；此外，人工智能投资、工业互联网投资年度规模也均可达百亿元级别。

## 二、新基建相比传统基建的主要特点

### （一）投资产出更加多样

传统基础设施建设主要包括交通设施、水利建设、城市公共基础设施建设等，主要依赖钢铁、水泥以及体力劳动投入，建设形成有形资产。新基础设施建设具有"信息化、科技化和数字化"特征，关注5G、人工智能、工业互联网、物联网等信息技术的应用，依赖智力投入和技术创新，并带动相关设备的生产和应用。在投资产出方面，新基建不仅包括形成的固定资产，而且包括技术投入形成的专利等无形资产。

### （二）参与主体更加多元

传统基础设施建设主要由地方政府主导，对财政资金的依赖性较强，实施机构主要为各类地方政府融资平台和国有企业，市场化程度相对较低。新基础设施建设则侧重信息化和创新引领，项目的科技化程度、市场化程度更高，市场参与主体将更加多样化，除运营商和大型企业以外，各类高新技术企业也将积极参与其中，因此可通过更加丰富的金融手段吸引更多民间资本参与投资运营。

### （三）应用场景更加丰富

传统基建的功能是承载公共服务，其应用场景相对单一，不同业态缺乏交互。新基建的应用场景更加丰富，通过对数据的收集、计算、模拟、反馈等创造出更多的新市场、新需求。如5G通信基础设施建设可实现近实时、高可靠需求的关键任务型业务，给大量垂直行业提供新的机会，如自动驾驶、工业机器人和远程医疗等。新基建也改变了现有的商业业态，带动远程办公、在线教育等新业态不断发展。

### （四）与传统基建互相促进

新基建与传统基建发展并不完全对立，而是互为补充、互相促进。一方面，从发展规模来看,目前新基建投资在经济增长、带动就业等方面的贡献相对较小,传统基建还将发挥重要作用。另一方面,新基建可以为传统基建转型升级赋能,促进双方融合共生。随着5G、大数据、云计算、区块链和人工智能的发展,城市排水、路网、管网、综合管廊等传统基础设施将与5G、互联网进行深度联接,实现智能交通基础设施、智慧能源基础设施等新发展。

### 三、新基建为信托公司带来新机遇

(一)新型增信融资业务

传统基建项目主要由地方政府主导,因此,信托公司开展传统产业基础融资业务的风控逻辑,主要是看重地方经济发展水平和地方政府履约能力,在具体项目中常常获得土地等实物资产作为抵押或应收账款质押。而新基建项目参与主体为高新企业等市场主体,普遍轻资产经营,融资缺少土地等传统抵押品。因此,信托公司为新基建企业提供融资,应转变业务风险控制理念,探索知识产权质押等新型风险控制措施。

(二)新基建产业投资与并购

传统基建单个项目融资规模较大,回报相对固定和稳定,信托参与以融资类业务为主,较少涉及资本市场运作。而新基建项目带有科技创新特征,具有较高的成长性,可衍生广泛的新兴业态,因而可积极对接资本市场。信托公司可与新基础设施建设中的龙头企业和产业资本合作,共同设立聚焦特定领域的新基建产业投资基金,通过股债结合、投贷联动等形式,优化产业企业资本结构;通过投资和并购等方式,实现产业的横向扩展和纵向延伸,助力有关领域的龙头企业完善产业布局,提高市场竞争力。

(三)智能供应链金融业务

供应链金融是信托公司服务实体经济、服务中小企业的重要方式,围绕核心企业,管理上下游中小企业的资金流和物流,把单个企业的不可控风险转变为供应链企业整体的可控风险,实现对供应链上中小企业的支持。随着物联网、区块链、5G商用等新基建的推进,产业的场景数字化、交易数字化和经营管理数字化,将在很大程度上解决传统供应链金融业务中对交易真实性进行确认、对应收账款确权等难题,从而为供应链金融业务赋能。未来,信托公司可基于电商、物流、大宗商品消费等特定场景,依托物联网技术推进智能供应链金融业务,更好地为产业链上的中小企业提供综合金融服务。

### （四）新基建政府引导基金

新型基础设施发展离不开各地政府的支持。国家发展改革委提出，要推进政企协同，激发各类主体的投资积极性，推动技术创新、部署建设和融合应用的互促互进。未来，信托公司可以与地方政府合作，用共同成立产业引导基金、担保基金等方式，发挥信托的资金募集优势，吸引更多市场资本参与到新基建的项目建设中来，尽快形成有效的投资，加快产业成熟和设施完善。

## 四、新基建对信托公司的新要求

### （一）加强新基建战略布局

新基建是信托公司转型发展的重要方向。信托公司要高度重视对新基建领域的战略布局。一是加强新基建领域研究，通过对细分领域发展形势进行分析、对产业链发展规律进行研究，从而对特定产业及相关企业建立科学严谨的研判体系。二是聚焦特定领域发展，当前新基建已成为市场焦点，信托公司参与新基建业务将面临激烈竞争；同时新基建内涵广泛，因而不能面面俱到，要以自身资源为基础，聚焦细分领域，做深做透，培育核心竞争力。三是优化决策机制，对相关新基建业务设立单独的审批通道，有助于风控理念创新和业务的快速决策和推进。

### （二）提升资本市场资源整合能力

新基础设施建设发展及其衍生的新业态的价值实现，都离不开资本市场的大力支持。因此，信托公司要积极对接资本市场，通过与各类机构合作，提高资源整合能力，分享成长收益。一是积极挖掘新基建领域比较成熟的企业上市机遇；二是积极与上市公司、产业资本合作，共同探索新基建领域投资、并购业务机会；三是应充分发挥科创板对科创企业的支持作用，打通新基建投资的资本市场退出渠道。

### （三）提高长期耐心资金的支持

与传统基础设施建设相似，新型基础设施建设也存在建设周期长、投资回报期长的特点。信托公司要加强对新基建业务的资金支持。一是加强与保险资金、年金为代表的长期资金合作，通过设立信托计划或者投资基金，为新基建提供长期资金支持，为资金方提供稳定投资回报。二是充分依托资本市场的各类投资者，特别是机构投资者的股权投资资金，在为新基建产业发展提供资金的同时，分享产业成长收益。此外，信托公司越来越重视固有资金对业务转型创新的助推作用，可以通过固有资金跟投等方式，为吸引更多社会资金参与新基建投资提供增信。

### （四）加强自身金融科技能力建设

新基建将激活金融机构的信息技术改革需求，也为各行业的信息技术创新带来新机遇。信托公司应充分重视自身金融科技能力建设，尤其要加强对大数据、区块链等技术直接运用的研究和开发，提升金融科技对业务的支持能力，为信托公司参与新基建的风控模式创新、业务流程优化、管理效率提升打下良好基础，并为提升客户金融服务体验、吸引更多客户资源、树立品牌形象提供保障。

（执笔人：沈苗妙）

# 信托公司参与基础设施 REITs 的可能途径分析*

2020年4月30日，证监会和国家发展改革委联合发布《关于推进基础设施领域不动产投资信托基金（REITs）试点相关工作的通知》（以下简称《通知》），证监会同时发布了《公开募集基础设施证券投资基金指引（试行）（征求意见稿）》（以下简称《指引》），引起了金融市场的重点关注。信托作为特定目的天然载体，如何发挥优势参与基础设施 REITs，成为信托公司关心的问题。

## 一、基础设施 REITs 的政策要点

本次发布的基础设施 REITs 政策对试点范围、产品模式、发行审批流程、运营管理模式等进行了明确，要点包括以下几个方面。

（一）试点范围

《通知》对基础设施 REITs 试点项目提出明确要求：一是聚焦重点区域，优先支持京津冀、长江经济带、雄安新区、粤港澳大湾区、海南、长江三角洲等重点区域，支持国家级新区、有条件的国家级经济技术开发区开展试点；二是聚焦重点行业，优先支持基础设施补短板行业，鼓励信息网络等新型基础设施，以及国家战略性新兴产业集群、高科技产业园区、特色产业园区等开展项目；三是聚焦优质项目，要求试点项目权属清晰、已通过竣工验收、未出现重大问题和合同纠纷等，要求试点项目经营模式成熟可持续、产生持续可观稳定的收益及现金流、较好的增长潜力，要求试点项目发起人（原始权益人）及基础设施运营企业信用稳健、内部控制制度健全，具有可持续经营能力，最近3年无重大违法违规行为，基础设施运营企业还应当具有丰富的运营管理能力。

（二）产品模式

《通知》规定："试点初期，由符合条件的取得公募基金管理资格的证券公司或基金管理公司，依法依规设立公开募集基础设施证券投资基金，经中国证监会注册后，公开发售基金份额募集资金，通过购买同一实际控制人所属的管理人设立发行的基础设施资产支持证券，完成对标的基础设施的收购，开展基础设施 REITs 业务。"这就明

---

* 本文写于2020年5月20日。

确了基础设施REITs产品采用"公募基金+资产支持专项计划"模式，同时也明确了基金管理人是取得公募基金管理资格的证券公司和基金管理公司。

（三）发行审批流程

《通知》明确了基础设施REITs产品发行的基本流程：首先，各省级发展改革委对项目出具专项意见；其次，国家发展改革委将符合条件的项目推荐至中国证监会；最后，中国证监会、沪深证券交易所履行注册、审查程序。

（四）运行管理要求

一是明确收益分配比例不低于基金年度可供分配利润的90%，有利于吸引投资者，也符合国际惯例。二是确定了基础设施项目原始权益人的战略配售比例，要求不得低于本次基金份额发售数量的20%，且持有基础设施基金份额期限自上市之日起不少于5年。三是确定了基金份额认购价格应当通过向网下投资者询价的方式确定，网下投资者为证券公司、基金公司、信托公司、保险公司等专业机构投资者。四是确定了基金资产的投向，除了80%以上基金资产投资于单一基础设施资产支持证券全部份额外，其余基金应当投资于利率债、AAA级信用债或货币市场工具，也可以直接或间接对外借款（但不得超过基金资产的20%），借款用途限于基础设施项目维修、改造等。

## 二、基础设施REITs当前面临的问题

（一）税收优惠问题

结合境外成熟的市场经验来看，REITs的最大优势在于其拥有税收优惠。美国的REITs作为商业实体可享受"穿透性税收待遇"（Pass-through Tax Treatment），仅在投资者获得收益分配和资本利得时进行征税。中国香港对REITs组织层面征税，但在投资者层面不收税。

税收政策的扶持可以提高投资者长期收益率，使REITs产品更得到市场青睐。但是我国REITs的相关税收优惠政策尚未出台，基础设施REITs项目参与方在各环节被重复收税，税种包括但不限于土地增值税、契税、增值税、房产税、城镇土地使用税、所得税等，将影响产品收益率。

（二）产品退出渠道问题

基础设施REITs通过特殊目的载体获得项目全部所有权或特许经营权，拥有项目完全的控制权和处置权，产品一般情况下处于长期的、封闭式的运营状态，投资者往往只能通过交易退出。如果缺乏活跃的二级市场，投资者将面临退出困难从而影响其

投资积极性。

(三) 产品估值问题

很多基础设施项目本身规模庞大，缺乏流动性，且在某区域内往往处于独一无二的地位，缺少可进行横向比较的相同业态，很难找到公允的定价方法。且基础设施项目的会计政策与普通工商企业的会计政策有所不同，在一些方面不适合市场评判标准，这也给基础设施资产的估值带来问题。

(四) 项目公司股权转让问题

运营基础设施的项目公司往往都是国有及国有控股企业，基础设施资产支持专项计划收购项目公司股权，应由国有资产监督管理机构报本级人民政府批准，并履行项目公司审计、拟转让股权评估程序，且原则上要通过产权市场公开进行，需要进一步明确操作细则。

## 三、信托公司参与基础设施 REITs 的可能途径分析

从目前来看，在试点阶段信托公司尚无法担任基础设施 REITs 的基金管理人，难以主导 REITs 产品的发行上市。但作为天然的特定目的载体和资产证券化市场上的重要参与者，信托公司在目前的政策框架下，仍有途径参与基础设施 REITs 业务。

(一) 参与双 SPV 架构

基础设施 REITs 交易结构为"公募基金+资产支持专项计划"，可以借鉴类 REITs 产品架构设计为"公募基金+资产支持专项计划+信托计划+项目公司"的双 SPV 模式。在此模式下，信托公司对项目公司发放贷款实现"股+债"，从而获得利息税前抵扣、办理抵押等优势。由于 REITs 属于股权投资，类 REITs 中偏向债性的差额补足、流动性支持、原始权益人回购等条款将不会涉及。

(二) 作为网下投资者

《指引》规定，"基础设施基金份额认购价格应当通过向网下投资者询价的方式确定"，并且明确规定网下投资者为包括信托公司在内的专业机构投资者。另外，《指引》还规定，"扣除向战略投资者配售部分后，基础设施基金份额网下发售比例不得低于本次公开发售数量的 80%"。由以上规定可以得出，投资者通过信托计划投资基础设施 REITs 产品具有以下优势：一是获取一定的议价能力；二是可以认购更多的发售份额。

(三) 作为战略投资者

《指引》规定，"基础设施项目原始权益人以外的专业机构投资者可以参与基础设

施基金份额战略配售,战略配售比例由基金管理人与财务顾问协商确定,持有基础设施基金份额期限自上市之日起不少于1年",战略投资者引入在公开发行之前,且战略售配比例和份额都没有限制。所以,信托公司可积极与客户和各方机构斡旋,积极推动优质基础设施项目发行REITs产品,以战略投资者的身份参与其中,谋求更大利益。

(执笔人:韩鸣飞)

# （三）资本市场领域

## 新冠肺炎疫情对信托公司资本市场配置的影响[*]

2020年2月3日，A股市场开市以来，虽然受到疫情的冲击短线下挫，但在中国人民银行流动性充裕的呵护下，市场逐步修复。疫情对经济造成显著的短期冲击，第一季度国内生产总值（GDP）增速下行已成定局，但如果能够较快改善疫情防控局势，从中长期而言对中国经济走势影响有限。不过，疫情发生前影响资本市场不确定性因素将进一步强化。从资本市场配置的角度来看，可重点关注港股投资机会、A股结构性机会、黄金的配置价值和短期内债券市场交易性机会。

### 一、疫情对资本市场造成了短期冲击

受疫情的冲击，A股市场和港股市场均出现不同程度下挫，港股表现相对更加稳健。随着疫情逐步被控制，市场也逐步获得修复，疫情对资本市场长期影响不大。受避险情绪和货币宽松的影响，黄金价格保持相对高位，债券市场存在短期交易性机会。

（一）A股市场逐步修复

受疫情影响，A股2月3日当天收盘超3000只个股跌停，沪指下跌7.72%，深指下跌8.45%，创业板下跌6.85%。不过，随着中国人民银行流动性的"呵护"，北上资金大幅流入，市场情绪出现反转，在再融资新规的催化下，2月17日，上证指数收盘上涨2.28%，报2,983.62点，回补2月3日大跌的跳空缺口；截至2月21日收盘，两市成交额1.17万亿元，为连续第三日破万亿元；创业板连创反弹新高，年初至今上涨23.83%，其中2月3日至21日上涨达15.51%。从2月3日至21日行业情况来看，计算机、电子和通信行业上涨位列前三，分别上涨18.50%、15.54%和11.92%（见表1）。短期疫情对A股的冲击已基本消化，修复速度超出市场预期。

---

[*] 本文写于2020年2月26日。

表1 2月3日至21日行业修复情况

| 行业 | 期间涨跌幅/% | 排名 | 年初至今涨跌幅/% |
|---|---|---|---|
| 计算机 | 18.50 | 1 | 27.66 |
| 电子 | 15.54 | 2 | 31.19 |
| 通信 | 11.92 | 3 | 13.56 |
| 农林牧渔 | 11.33 | 4 | 6.87 |
| 电气设备 | 10.95 | 5 | 16.90 |
| 传媒 | 9.85 | 6 | 12.68 |
| 国防军工 | 9.57 | 7 | 13.03 |
| 综合 | 8.54 | 8 | 10.69 |
| 有色金属 | 8.09 | 9 | 7.18 |
| 汽车 | 7.90 | 10 | 10.04 |

数据来源：Wind，中诚信托战略研究部整理。

（二）港股市场表现相对稳健

疫情期间，港股先行开始做出反应。虽然恒生指数由年初的28,554点，一度下行至1月31日的26,313点，下跌幅度为7.8%。不过从市场整体表现情况来看，并未出现大幅的震荡，相对较为稳健。从市场反应情况来看，港股领先于内地股，市场表现更为成熟。2月3日当天，港股未受到A股情绪影响，小幅收涨。截至2月21日，恒生指数报收27,308.81点，恢复到2019年年底的水平（见图1）。

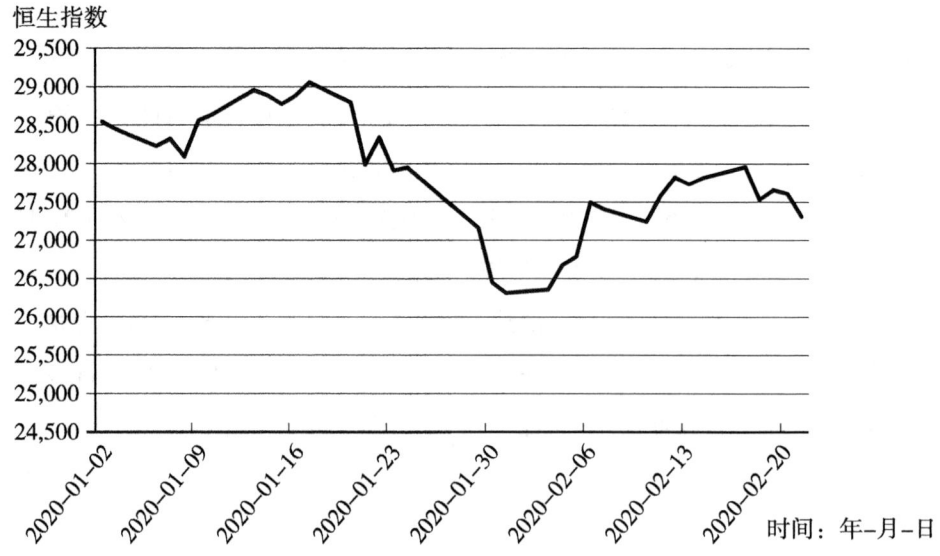

数据来源：Wind，中诚信托战略研究部整理。

图1 2020年1月2日至2020年2月20日恒生指数变化情况

## （三）黄金保持相对高位

受疫情冲击，春节后大宗商品呈现"黑天鹅"行情，多品种跌停。同时，受避险情绪推助，金银价格表现亮眼，黄金价格已创7年以来的新高。尤其是美国、韩国、日本等在疫情不确定性因素笼罩下，黄金的避险需求进一步爆发。2月24日，COMEX黄金（纽约金）开盘后暴涨近40美元，并一度突破1680美元／盎司。随着近期宽松货币政策的支撑，市场信心逐渐增强，叠加近期美国经济数据较好，避险情绪缓和后，黄金价格可能会出现一定的震荡调整（见图2）。

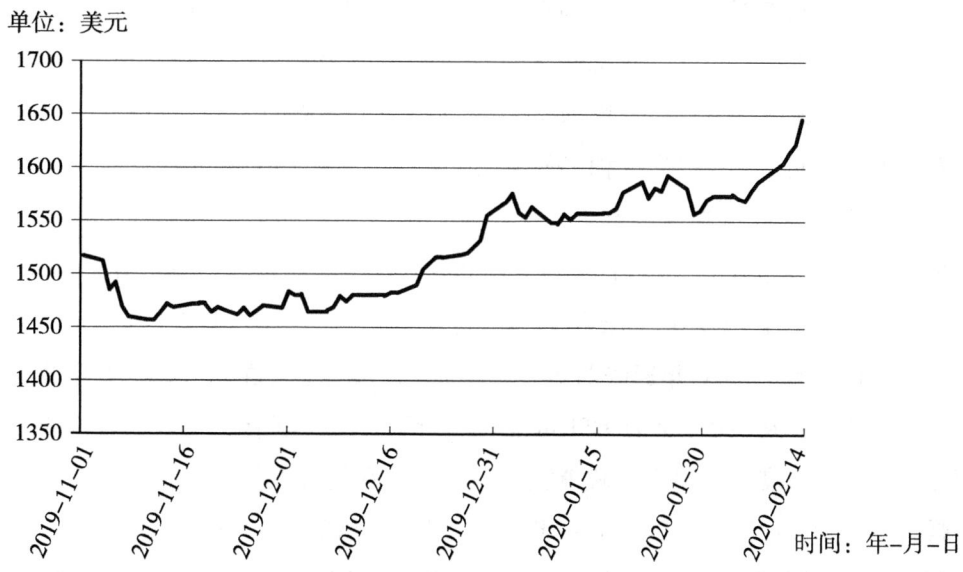

数据来源：Wind，中诚信托战略研究部整理。

**图2　2019年11月至2020年2月黄金价格变化情况**

## （四）债券市场存在短期机会

2月3日以来，为保持市场流动性充裕，中国人民银行进行了大规模的资金投放。其中，2月3日至9日净投放规模达13,200亿元。目前，10年期国债收益率已低于3%的水平，仍在2.80%附近徘徊。虽然近期中国人民银行开展了资金回笼操作，不过，利率下行将有助于降低企业融资成本，有助于企业复工复产，渡过难关。2月17日，MLF中标利率下调10个基点，2月20日LPR报价也双双下调。短期内，利率债和高等级信用债在资金价格下行中将会获益。不过，随着疫情逐步被控制，市场情绪恢复，企业逐步恢复开工，经济数据出现好转后，债券市场可能会出现利率波动的风险，市场将出现调整。

## 二、影响资本市场的不确定性因素进一步强化

受疫情的影响，国内经济下行压力、通胀压力等不确定性因素进一步强化。疫情

对全球经济的影响也有所体现,部分国家可能重回降息轨道。

## (一) 国内经济下行压力进一步提升

中国 2019 年 GDP 比上年增长 6.1%,符合 6%—6.5% 的既定目标。四个季度分别为 6.4%、6.2%、6.0% 和 6.0%。地产投资 2019 年全年保持韧性,对稳增长起到了积极的贡献。2020 年是全面建成小康社会和"十三五"规划收官之年,为实现圆满收官,必须确保经济、社会等各领域都平稳运行。不过,受疫情的冲击,整体开工延迟,消费等行业受到较大的冲击,部分中小企业生产经营面临较大的困难,第一季度 GDP 必然下行。近期对冲经济下行的重点在于重大项目开工建设和刺激居民消费,扩大财政支出仍有难度。我国财政部领导在《求是》杂志发文也表示,今后一段时间,财政整体上面临减收增支压力,财政运行仍将处于"紧平衡"状态。在这种情况下,单纯靠扩大财政支出规模来实施积极的财政政策行不通。

## (二) 通货膨胀预期有所增加

2019 年下半年以来,受猪肉价格上行的影响,CPI(消费者物价指数)不断攀升。2019 年 11 月、12 月全国 CPI 同比增长均已达 4.5%,2020 年 1 月则达 5.4%。疫情发生前,市场普遍预期 2020 年通胀前高后低,货币政策可能会在第二季度有所收紧。疫情发生后,消费受到冲击,2 月 CPI 可能会有所下行,但既有影响 CPI 上行的因素并未消除。同时,受疫情期间货币政策宽松的影响,在经济恢复后,通胀压力可能会进一步强化。近期,中国人民银行范一飞副行长表示,该行会延续稳健的货币政策总基调,并对通胀预期等压力及时采取措施进行调整,中国绝对不会出现大规模通胀。这表明若经济恢复后,通胀压力上行,货币政策有收紧的可能。

## (三) 疫情对国际经济的影响存在联动和叠加

疫情对国际经济影响的联动主要是指在疫情发生后,受中国所在供应链环节和需求的影响,部分企业或国家受到短期扰动。例如,由于几家关键线束供应商在中国生产的零部件短缺,韩国现代集团不得不暂停其韩国工厂的生产,成为第一个在中国以外工厂停产的大型车企;因新冠肺炎疫情影响其在中国的生产和需求,苹果公司无法达成今年第一季度营收目标等。同时,韩国、日本、伊朗、意大利等国外疫情的控制情况可能对全球经济产生扰动,进而影响国内的进出口,造成疫情影响的叠加。目前,美联储、新西兰、韩国、日本、欧洲央行官员纷纷表示,将密切关注新冠肺炎疫情对经济的影响。日本央行副行长若田部昌澄表示,如果日本经济复苏受新冠肺炎疫情影响而中断,日本央行准备加大刺激力度。此外,2020 年是美国的大选年,美国经济增速放缓,美股不断创出新高。若美国经济和股市出现波动,权益市场资金可能会出现回流,并增加日元、黄金等避险资产配置,新兴市场国家资本市场可能会首当其冲。

### 三、疫情下信托公司的资本市场配置策略

从信托公司资金配置策略来看,可重点关注港股投资机会、A股结构性机会、黄金的配置价值和短期内债券市场交易性机会;从配置结构来看,股票配置保持弹性空间,建议具体资产配置债券比重在60%以下,股票配置在20%—30%,黄金配置比重在10%—20%。

(一) 股票市场关注港股投资机会和A股市场结构性机会

从2003年"非典"时期港股与A股的对比情况来看,A股和港股表现出了巨大的差异。A股从2003年6月到11月进入下行通道,而港股则在5月开启上行通道,恒生指数2003年涨幅达35%。2003年6月,中国人民银行货币政策收紧是两市存在差异的主要原因。在经济下行压力和通胀预期的强化下,需关注港股的配置机会。此外,疫情结束后的重大工程建设有利于A股周期行业细分的龙头;扩大居民消费是应对疫情影响的着力点之一,5G、新能源汽车、公共卫生体系建设等存在结构性机会。

(二) 债券市场关注短期交易性机会

2月17日,1年期MLF中标利率从3.25%下降至3.15%,这将进一步引导贷款利率下行,减轻企业融资成本。为迅速恢复经济,短期内市场流动性保持充裕,债券市场存在短期的交易性机会。不过,若经济恢复后,通胀快速上行,不排除短期内货币政策收紧以遏制通胀攀升的可能。若货币政策短期收紧,资金利率水平提高,将造成债券市场价格下挫。由于不能使用加杠杆方式,信托公司债券投资主要以拉长久期和信用下沉两种方式提升收益水平,虽然冲击相对较小,但不排除损失的可能。信托公司在开展债券投资和现金管理类业务时,需密切关注相关指标,必要时控制业务规模,缩短久期。

(三) 另类投资关注黄金的配置价值

2019年,受美联储降息、中美贸易摩擦、英国脱欧等事件影响,黄金价格上涨15%左右,是2015年以来的最好年份。2020年,部分不确定性因素仍可能造成金融市场的震荡,基于对冲通胀和不确定性风险因素考虑,黄金具备一定的配置价值。从国际市场来看,美国经济和资本市场真实数据可能会因大选出现延后,市场震荡的可能性增强,全球货币持续宽松等均提升了黄金的配置价值。

(四) 组合配置中股票配置保持弹性空间

参照中诚信托战略研究部自主设计、长期跟踪的资产配置组合近期表现情况来看,

建议资产配置比例中,坚持稳中求进的原则,股票资产可保持弹性空间,根据市场风险变化情况与黄金资产动态调整。具体来看,债券比重可在60%以下,股票配置可在20%—30%,黄金配置比重可在10%—20%。通过我们的测算,在不同条件下组合的收益率年初以来可分别达到6.14%、5.57%和4.27%,最大回撤率分别为1.21%、3.70%和2.78%;同期上证综指、深证成指和创业板指收益率分别为-2.33%、11.44%和24.80%,最大回撤率分别为11.84%、12.02%和9.94%。

(执笔人:杨晓东)

# 美元流动性问题对信托公司组合投资策略选择的影响*

2020年3月中旬以来，受国际上新冠肺炎疫情及美元流动性的影响，国际金融资产价格暴跌。随着各国疫情的发酵，美元指数仍有冲高的可能。受美元流动性冲击，人民币出现先升值后贬值的震荡调整，国内资本市场股、债和黄金价格也出现V字形的走势，资本市场价格未来走势也将出现分化。从信托公司组合投资策略来看，可以防守为主，加大债券资产投资配置比重。

## 一、当前美元流动性紧张问题并未从根本上缓解

一般情况下，一国出现经济、金融危机后，本国货币将发生贬值。不过，当全球性危机发生后，美元作为世界货币将进一步引发避险的需求，美元不贬反升。从次贷危机期间的表现来看，美元在雷曼兄弟破产后进一步冲高。目前，由疫情冲击造成的美元流动性紧张并未从根本上缓解。

（一）美联储扩张政策短期内缓解美元流动性压力问题

3月15日以来，美联储通过密集措施缓解流动性紧张局面。从总量方面，3月15日下调联邦基金目标利率至0—0.25%，增加隔夜正回购向银行和非银行机构投放短期流动性，以及QE等措施增加美元投放，并放松对银行的监管；从创新工具方面，通过商业票据融资便利机制等进一步加强市场传导，缓解流动性紧张局面；从国际合作上，美联储联合加拿大央行、英国央行、日本央行、欧洲央行和瑞士央行采取协调行动，并进一步增加9家央行建立临时美元流动性互换安排。通过美联储的一系列努力，美元流动性压力有一定缓解，短期内稳定了金融市场资产价格。

（二）美元流动性仍可能遭受冲击

目前来看，美元流动性仍会遭受三个因素的冲击。一是美国高收益企业债违约风险。根据莫尼塔研究的测算，4月和8月高收益债的到期规模均在60亿美元以上，非必需消费、能源、金融等受疫情影响较大行业占比达到63%。二是欧洲主权债务危机风险。截至4月7日，累计确诊人数超过70万，成为疫情震中。2020年是欧洲主权债

---

\* 本文写于2020年4月9日。

务偿还高峰，4月和7月到期量最高。这其中，法国和意大利规模最高。三是新兴市场国家债务危机风险。在美元流动性压力下，部分外汇储备薄弱、经常账户赤字的国家，资本大规模流出。南非、墨西哥、印度尼西亚、土耳其等国3月货币贬值超过20%，新兴市场国家将面临双重挑战。4月6日，阿根廷推迟偿还100亿美元债务本息，构成技术违约（见图1）。

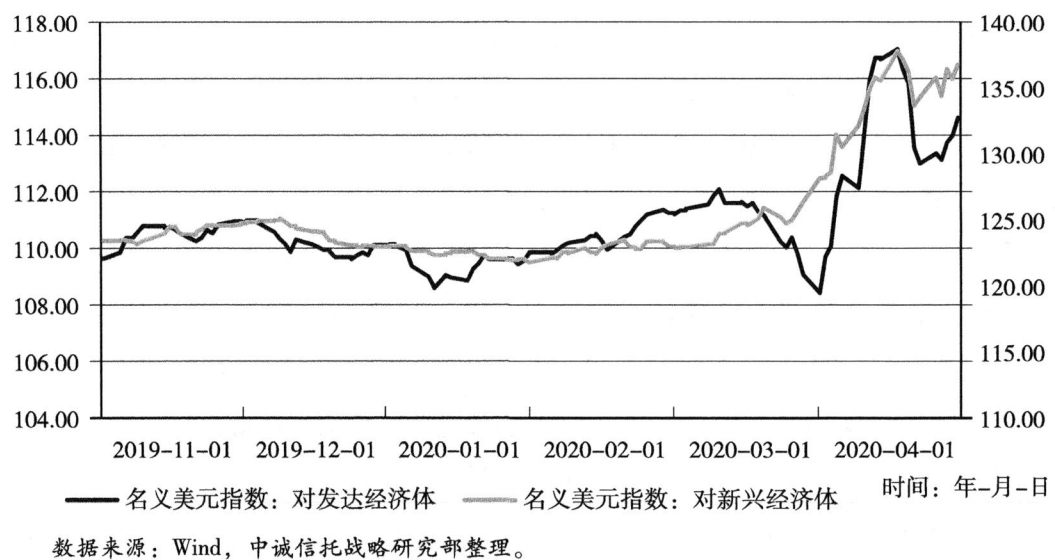

数据来源：Wind，中诚信托战略研究部整理。

图1 2019年11月至2020年4月名义美元指数对发达经济体与新兴经济体变化情况

（三）美元流动性紧张并未从根本上缓解

从市场情况来看，美元指数仍处于高位徘徊，这表明受不确定性因素的影响，市场风险偏好下行，美元仍处于强势地位；美联储虽然加强了多国的协调与合作，但部分债务较高的国家仍被排除在外；从相关数据表现情况来看，反映全球银行间市场拆借美元的信用风险和流动性风险的LIBOR-OIS［指伦敦银行同业拆息与OIS（隔夜指数掉期利率）之间的息差］有所收窄但仍在高位徘徊，这表明美元流动性紧张并未从根本上缓解。

## 二、美元流动性问题将影响国内资产价格

3月中旬以来，受美元流动性影响，人民币汇率指数出现先上行后下行的震荡调整。同时，美元兑人民币也出现了一定的上行趋势。从国内资本市场价格变动来看，同期的股票、债券和黄金价格均出现了V字形调整。

（一）美元流动性冲击全球资产价格

3月以来，受疫情和油价的影响，市场恐慌不断上升，投资者纷纷抛售资产逃离

市场,并引发美元流动性持续紧张。美股在3月9日、12日、16日以及18日连续4次出现熔断,作为传统避险的贵金属资产也未能幸免一度遭到抛售。3月23日,美联储宣布无限购买美国国债和抵押贷款支持证券后,美元流动性紧张的局面有所缓解,美元指数开始下行。不过,疫情的进展仍然是悬在全球资本市场上方的达摩克利斯之剑,美元仍会在高位进行盘整(见图2)。

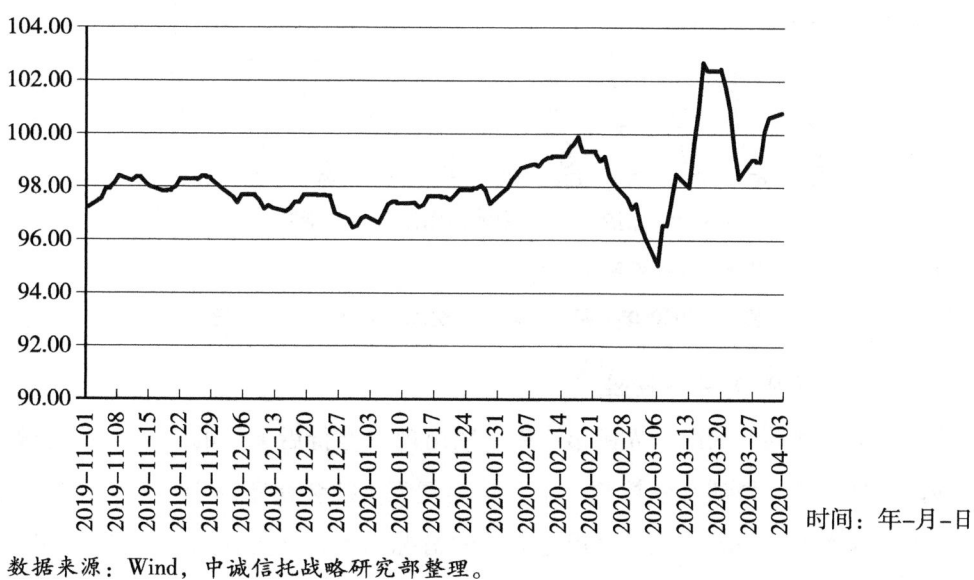

数据来源:Wind,中诚信托战略研究部整理。

**图2  2019年11月至2020年4月美元指数变化情况**

(二) 国内资本市场价格出现V字形调整

从国内资本市场情况来看,受美元流动性紧张情况影响,国内股票、债券和黄金价格出现同步V字形调整。3月5日,上证综指由3071点下行至3月23日的2660点,下跌幅度达13.38%。随着美元流动性缓和,股票、债券和黄金价格有所修复,债券和黄金已达到3月初的水平,但股票市场仍在低位徘徊。这表明市场对疫情造成经济衰退的担忧,风险偏好下行(见图3)。

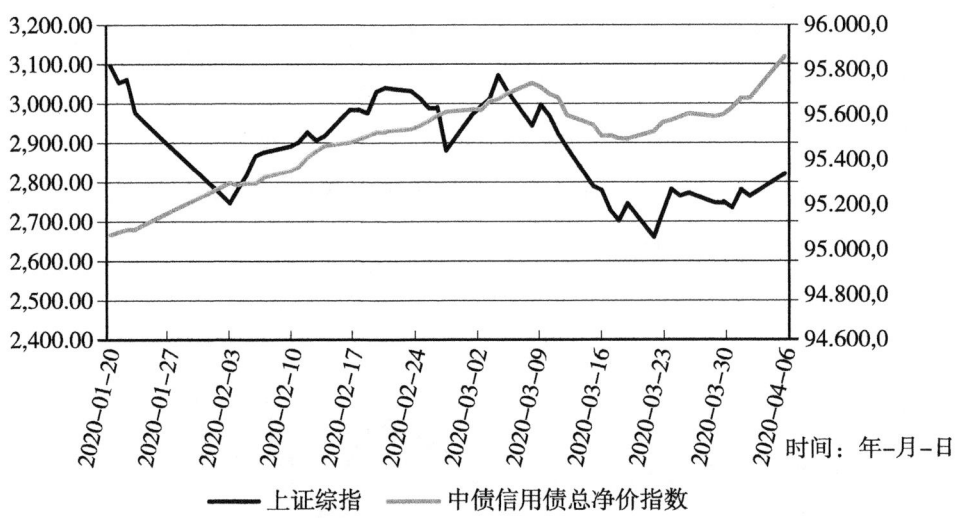

数据来源：Wind，中诚信托战略研究部整理。

**图3　2020年1月—4月国内资本市场价格变化情况**

### （三）人民币汇率保持韧性

伴随着美元流动性状况，人民币汇率指数出现先上行后下行的倒V字形走势。目前，国内的疫情已经得到有效控制，企业陆续复工，社会秩序逐步恢复，疫情的错位带来国内外基本面的差异。从人民币兑美元的情况来看，在美元流动性紧张期间，人民币兑美元即期汇率贬值2.4%，保持相对韧性。同期南非、巴西、俄罗斯等新兴市场国家则分别贬值10.1%、5.2%和15.6%。从近期的情况来看，在全球经济走势尚未明朗前，人民币将会保持对美元相对弱势和对其他货币小幅升值的趋势（见图4、图5）。

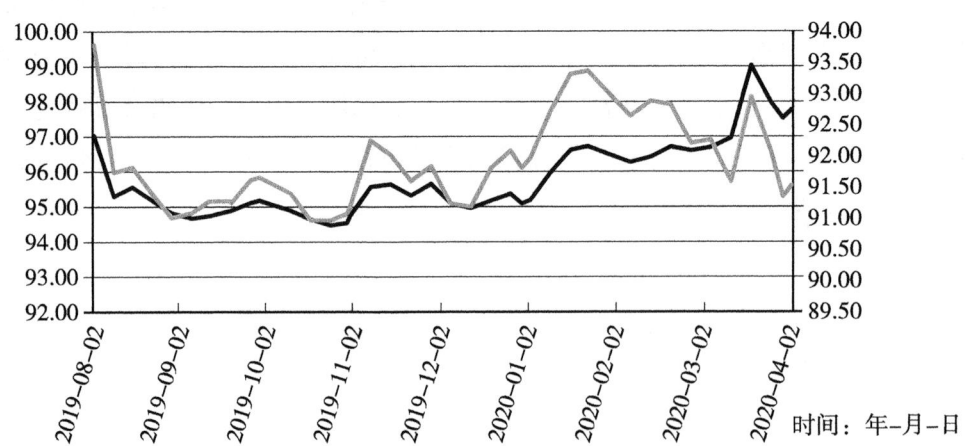

数据来源：Wind，中诚信托战略研究部整理。

**图4　2019年8月至2020年4月人民币汇率指数变化情况**

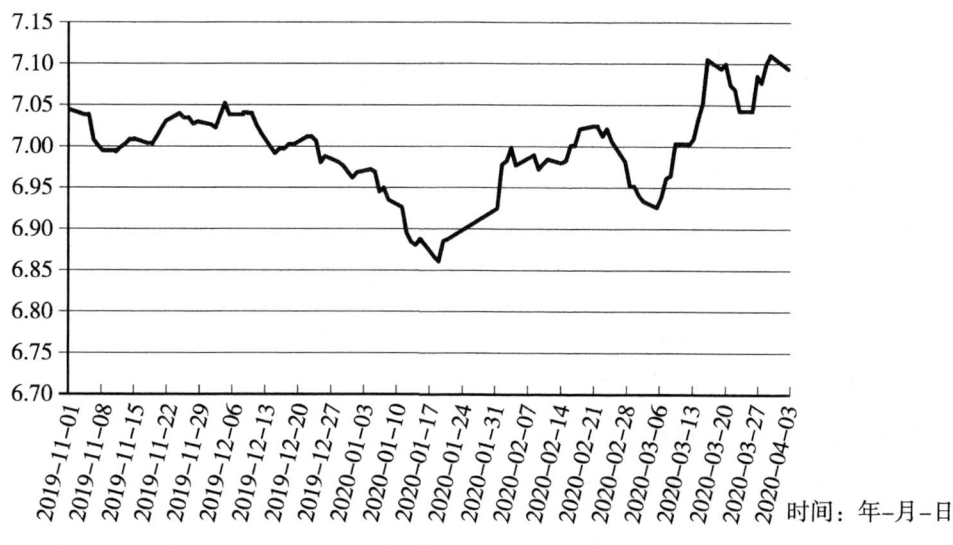

数据来源：Wind，中诚信托战略研究部整理。

**图5　2019年11月至2020年4月美元兑人民币变化情况**

### 三、美元流动性冲击下的信托公司组合投资策略选择

总的来看，随着市场不确定性因素的发酵，美元指数仍有冲高的可能。受美联储市场投放和国内逆周期政策调节的影响，国内资本市场价格走势可能会出现分化。从信托公司组合投资策略来看，可以防守为主，保持60%—80%的仓位比重；从具体标的上来看，可加大债券资产投资配置比重。

**（一）总体仓位上以稳健防守为主**

疫情在全球范围内发酵，对国内企业将造成供给和需求的双重压力。一方面，产业链上游国家由于疫情影响，产能下降，影响本国原材料和半成品产品进口和生产；另一方面，产业链下游国家由于需求萎缩，订单减少，削弱企业出口能力。不过，中国经济基本面保持良好，在疫情结束后有望率先复苏。目前，组合投资策略可以稳健防守为主，保持60%—80%的仓位比重，根据疫情发展态势，逐步提升权益资产配置比重。

**（二）从配置结构上加大债券资产配置比重**

尽管3月外资流出A股金额达678.7亿元，但外资稳步增持人民币债券。根据中国人民银行公布的数据，第一季度，银行间债券市场新增境外法人机构26家，境外机构净增持量为597亿元。境外资金投资人民币债券的趋势并未发生改变，这与外资大规模流出新兴市场国家形成鲜明的对比。截至4月7日，中美10年期国债利差达到约177个基点，较年初增加约50个基点，人民币债券资产具有明显的吸引力；在逆周期

政策调节下，中国人民银行发行特别国债增加长期债券供给，持续降低企业融资成本，短端利率下行，利率曲线走势陡峭，将进一步刺激投资机构对境内利率债、政策金融债的投资需求；此外，疫情期间，境内信用债违约率并未大幅攀升，这也将进一步提升债券市场吸引力。债券市场具备较高的配置价值，在组合投资占比可不低于60%；美元流动性恐慌后，黄金和美债齐跌，美元指数反弹。随着美联储降息至0和无限量购买，未来不排除购买投资级债券的可能。在资产价格回归正常波动后，黄金价格将会重启上行空间，在组合投资中占比可为10%—20%；随着疫情三个不确定性因素的发酵，预期外事件可能还将诱发美元冲高，降低投资机构风险偏好，并反复冲击股票市场，目前投资比重可控制在10%以下。

（三）从板块上关注重点配置机会

债券市场方面，4月7日起将金融机构在中国人民银行超额存款准备金利率从0.72%下调至0.35%后，短端利率下行更快，市场预期货币政策在较长时间内保持宽松，可重点关注中短期利率债和高信用等级债。另类投资方面，短期内，由于信用事件的冲击，黄金的流动性在金融市场中很难独善其身，保持震荡。不过，随着货币宽松和财政刺激的发力，在全球经济低增长的条件下，黄金价格中长期整体将保持向上。在组合投资配置中，可逢低买入。股票市场方面，A股市场整体估值水平较低，需重点关注优质白马股的底部配置机会；扩大居民消费是应对疫情影响的着力点之一，5G、新能源汽车、公共卫生体系建设等存在结构性机会。在组合投资配置中，可重点关注指数基金和消费等相关股票基金。

（执笔人：杨晓东）

# 国内外 FOF 业务发展对信托公司的经验借鉴<sup>*</sup>

从美国的经验来看，鉴于 FOF（基金中的基金）风险分散的功能，市场较为认可，发展迅速。国内各类机构积极尝试 FOF 业务，但仍处于起步阶段。在行业转型的背景下，信托公司对 FOF 业务兴趣浓厚。借鉴国内外 FOF 产品发展历程，信托公司需通过构建跨市场的研究体系、采取绝对收益策略、获取长期资金等方式，提高产品竞争能力。

## 一、美国 FOF 发展速度较快

FOF 于 20 世纪 70 年代产生于美国，最早是以投资一系列私募股权基金的基金形式存在。1985 年先锋基金（Vanguard）推出了第一只证券类的 FOF 基金。该基金推出后受到了广大投资者的欢迎，先锋基金也因为 FOF 产品，带动了公司其他基金产品的销售。2000 年以来，投资者对 FOF 分散风险的功能定位更加认可，公募 FOF 产品以年均 20% 多的增速呈爆发式增长。截至 2016 年年底，美国公募 FOF 基金规模就已经达到 1.87 万亿美元，在共同基金中占比为 10% 左右。

（一）金融危机刺激了 FOF 的需求

先锋基金推出 FOF 产品两年后，恰逢 1987 年 10 月 19 日纽约股票市场发生"黑色星期一"。在一周的时间内，整个股票市场疯狂跌入谷底，即使索罗斯的量子基金也从赢利 60% 到亏损 10%。大跌迫使投资者产生根据市场情况，配置不同种类基金规避大风险的需求。在这种情况下，FOF 产品因其能够有效满足投资者分散风险的需求，逐步被市场所认可。21 世纪以来，FOF 基金快速膨胀，除 2008 年受金融危机影响规模有所下降之外，其余年份规模均保持正增长，年均增长规模达到 23%。

（二）美国 401K 计划推动了 FOF 基金的发展

401K 计划始于 20 世纪 80 年代初，该计划为美国私人企业的养老金计划，是雇员与雇主共同缴纳养老金建立起来的完全基金式的养老保险模式。该种模式对风险暴露极为敏感，FOF 分散风险、追求稳健收益的属性与养老金的追求不谋而合。20 世纪 90 年代，目标日期基金出现，绝大多数目标日期基金以 FOF 的形式运作。2006 年美国通

---

<sup>*</sup> 本文写于 2020 年 6 月 24 日。

过了养老金保护法案，固定缴纳退休计划（Defined Contribution Pension Plan，以下简称 DC 计划）更多地采用目标日期基金作为默认投资方式，促使目标日期基金规模迅速增长。在 2006—2016 年的 10 年里，目标日期型共同基金增长了 0.77 万亿美元，规模接近 0.90 万亿美元。从投资者结构来看，DC 计划占 70% 的绝对比重，有力地推动了 FOF 基金的发展。

### （三）公募 FOF 以债券型和混合型为主

从美国公募 FOF 的分类情况来看，可分为股票型 FOF、债券型 FOF 和混合型 FOF。1995 年以来，债券型 FOF 和混合型 FOF 一直呈现资金净流入状态，而股票型 FOF 在 2012 年、2016 年等个别年份出现了净流出。从 2016 年年底的统计情况来看，债券型和混合型 FOF 在美国公募 FOF 中的资产规模占比和基金数量占比分别为 92% 和 88%。

### （四）公募 FOF 运作模式有所差异

从美国公募 FOF 运作模式来看，受投研能力约束，在管理模式上主要有内部管理人和外部管理人模式；在投资范围上，受公司产品线约束主要分为内部基金和全市场基金两种模式（见表1）。其中，全市场基金投资范围较广，在优中选优的同时，避免了投资内部基金造成的道德风险，但也存在双重收费的弊端。

表 1　公募 FOF 的运作模式

| 管理模式 | 适用情况 | 优/劣势 | 收费模式 | 代表公司 |
| --- | --- | --- | --- | --- |
| 内部管理人 + 内部基金 | 大型基金公司 | 费用低；对发行机构要求高 | 仅收子基金管理费 | 先锋基本 |
| 外部管理人 + 内部基金 | 大中型基金公司 | 内外互补 | 机构份额管理费 + 零售份额管理、销售服务费 + 子基金管理费 | 太平洋投资管理公司 |
| 内部管理人 + 全市场基金 | 具有成熟优质的客户基础 | 投资范围大；双重收费 | 担任投资顾问的管理费及服务费 + 子基金管理费 | 约翰·汉考克的生命同期基金产品 |
| 外部管理人 + 全市场基金 | 投研能力弱，渠道强 | 费用高 | 管理费 + 服务费 + 子基金管理费 | 富国优势绝对回报基金 |

数据来源：中诚信托战略研究部根据公开资料整理。

## 二、国内 FOF 仍处于起步阶段

早在 2005 年，招商证券就发起了第一只私募性质的 FOF 招商基金宝，募资规模 13.58 亿元。不过，在此后的发展过程中，无论是私募基金 FOF 还是券商资管 FOF 发展速度均较为缓慢。2016 年证监会发布《公开募集证券投资基金运作指引第 2 号——基金中基金指引》（以下简称《基金中基金指引》）后，公募基金也开始积极布局 FOF 业务。但目前来看，公募 FOF 规模也不大，整体投资策略较为保守。

（一）国内机构积极尝试 FOF 业务

自从 2005 年招商证券发起了第一只私募性质的 FOF 招商基金宝，券商 FOF 就开始逐渐发展起来。券商 FOF 属于集合资产管理计划的一个分支，但整体发展规模较小。从有历史数据的一些 FOF 产品收益情况来看，平均年化收益不足 5%。2014 年以后，监管部门对私募机构进行了一系列规范，私募 FOF 也有了一定的发展。但总的来看，由于缺乏配套机制的规范等原因，私募 FOF 绝对规模较小，收益分化较为明显，年化最高收益超过 50% 的产品与跌幅超过 20% 甚至 50% 的产品并存。2016 年证监会发布《基金中基金指引》后，各大基金公司都争相设计 FOF 产品。不过，各大基金公司策略上均较为保守，绝对收益水平不高。

（二）信托公司对 FOF 业务兴趣浓厚

2020 年 5 月 8 日，银保监会发布了《信托公司资金信托管理暂行办法（征求意见稿）》。其中，关于非标债权的比例要求和集中度要求将对信托公司业务发展产生重要影响。提高投资类集合资金信托业务的规模是信托公司必然选项，也将是信托公司业务转型创新的工作重点。部分信托公司将发展 FOF 业务作为重要的转型方向。实际上，信托公司在 FOF 业务方面早已展开积极的尝试。2009 年，华润信托便发行了首只以阳光私募为投资对象的 TOF（基金中的信托）系列产品；外贸信托则搭建了乾元、坤元和晋元三条 FOF 产品线，分别专注于对冲、固收和权益；中信信托在 2018 年设立的"中信信托·睿信稳健配置 TOF 金融投资集合资金信托计划"，则是其在 TOF 领域的首次尝试。

（三）国内 FOF 发展仍面临诸多难题

虽然国内 FOF 发展前景较为广阔，但 FOF 发展仍然面临一些制约的难题。首先就是管理经验的不足。FOF 产品对子基金的筛选需要定量与定性研究的结合，该产品由于较为小众，受市场和机构重视程度不够，各类机构无论是在研究积累还是在人员配置方面，均存在管理经验不足问题。其次是缺乏优质长线资金。由于 FOF 投资标的为基金，投资者在市场波动中的"非理性"行为和资金的短期性将对 FOF 产品收益产生较大的影响，从而降低其市场吸引力。最后是信息披露机制仍需完善。由于 FOF 产品需要对子基金进行定量和定性结合的研究，会受到部分机构信息披露不完善等因素影响，进而会波及子基金最终的评价结果和投资标的选择等。

### 三、信托公司开展 FOF 业务的经验借鉴

面对 FOF 业务发展的困难,信托公司需构建跨市场的研究体系,以绝对收益策略作为切入点,努力获取长期稳定资金,提升专业化水平。

#### (一)构建跨市场的研究体系是提升主动管理能力的关键

从整体投资策略上,FOF 产品需要自上而下地进行资产配置。对整体宏观经济形势的把握和研判是 FOF 投资的前提条件;从资产类别的甄选来看,信托公司开展 FOF 业务研究过程中,需要对各类资产在宏观经济波动中的表现有清晰的认识。此外,在对子基金进行定性和定量的分析过程中,需要对所投基金风格有明确的判断。因而,持续地增加研究投入,打造自上而下的跨市场研究体系,是信托公司持续提升主动管理能力的关键。

#### (二)绝对收益策略是较好的切入点

在现有的条件下,大部分信托公司的主要客户群体风险偏好相对较低,仍以投资信托公司发行的融资类产品为主,投资期限一般为 2 年左右,资金具有一定的短期性。与融资类产品相比,目标日期、目标风险等 FOF 投资策略在投资收益或市场波动等方面对客户吸引力不足。信托公司可采取绝对收益策略,合理设置标的资产比重,在控制风险的前提下为客户提供稳定的回报,这将有助于提升产品的吸引力。

#### (三)获取长期稳定资金将显著提升产品竞争能力

长期稳定的资金是保证 FOF 收益水平的关键。信托公司可通过以下几个方面,获取长期稳定的资金。首先以稳定的业绩,将既有的客户由投资融资类产品转化为投资 FOF 产品;其次,信托公司可发行具有一定期限的封闭运作产品,减少客户"非理性行为"对投资收益的影响;最后,随着我国逐步步入老龄化社会,养老金体系面临较强的保值增值需求。信托公司可加大保险等机构业务的拓展力度,获取稳定长期的资金来源。

#### (四)提升专业化水平是保障

FOF 产品运作与融资类信托项目运作具有本质的不同。在融资类项目运作模式下,业务的投前、投中和投后基本上由一个业务团队全权负责。投前类工作相对于投中和投后更为重要。不过,FOF 业务运作模式与传统融资业务具有本质的不同,在资产配置、运营管理和产品销售等方面均需要专业化的人员。信托公司在开展该类业务过程中,不能套用融资类业务运营模式,应当建立投资、运营和销售的专业团队,提升专业化水平。

(执笔人:杨晓东)

# 市场流动性变化对组合投资策略的影响展望*

国内外应对新冠肺炎疫情的数量型货币政策是近期影响国内资本市场波动的主要因素。随着疫情控制情况的不同,国内外流动性将呈现不同变化趋势。信托公司的组合投资业务可采取稳中求进策略,控制好权益资产配置比重。

## 一、流动性变化是近期国内资本市场波动的主要因素

为应对新冠肺炎疫情的冲击,国内外央行均采取了数量型的货币政策,增加流动性投放。受国内外流动性变化的影响,国内债券、股票市场也产生了一定的扰动。

### (一)数量型货币政策增加了流动性供给

为应对新冠肺炎疫情对实体经济的冲击,中国人民银行通过数量型货币政策,扩大总量供给,以解决企业融资难、融资贵的问题。通过三次降低存款准备金率、增加1.8万亿元再贷款再贴现额度、出台小微企业信用贷款支持计划、实施中小微企业贷款阶段性延期还本付息等政策,满足了银行间市场特殊时期的流动性需求。从中国人民银行公布的数据来看,2020年上半年社会融资规模的增量累计为20.83万亿元,比去年同期多6.22万亿元;上半年人民币贷款增加12.09万亿元,同比多增2.42万亿元。

### (二)国内流动性变化对资本市场产生扰动

由于3月、4月市场资金面较为充裕,10年期国债收益率突破了历史低点2.6%达到2.49%左右,债券市场表现较为优异,A股也开启了反弹的进程。5月以来,随着国内复工复产的稳步推进,中国人民银行货币政策更加谨慎,DR007利率(银行间存款类金融机构以利率债为质押的7天期回购利率)不断回升,DR007利率与7天逆回购利率倒挂的现象逐步缓解、消失(见图1)。短期资金利率上行和中国人民银行特殊货币政策适时退出导致进一步宽松预期落空,债券市场出现较大回调;7月股票市场表现优异,上证指数从7月1日起快速上行,并于7月13日达到3,458.79点的短期高点。不过,受流动性预期等因素影响,A股短期进入调整阶段。

---

* 本文写于2020年7月16日。

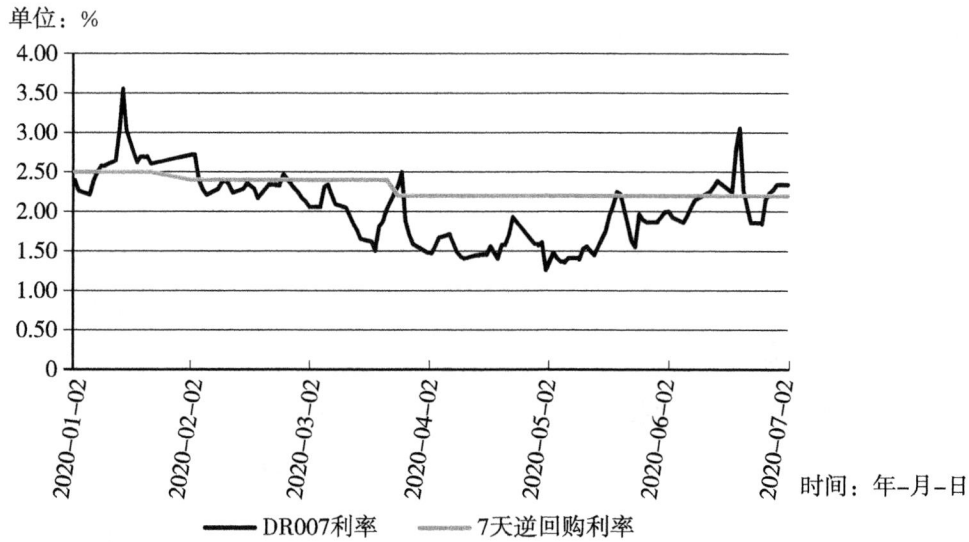

数据来源：Wind，中诚信托战略研究部整理。

**图1　2020年1—7月DR007变化情况**

## （三）美元走弱影响国内资本市场

在国际方面，美联储、欧洲央行等为应对疫情均开启了QE的闸门。参考2008年次贷危机后美国三轮量化宽松中美元的表现，在QE开始阶段，美元受国际流动性趋紧影响不断走高；在QE实施阶段，美元指数大部分时间偏弱；在QE结束前，美元提前走强。在美元指数走弱阶段，资金流入新兴市场，推高大宗商品价格和金融资产价格。从近期国内资本市场的数据来看，截至6月末，境外机构连续19个月净增持利率债。1—6月，境外机构分别是国债和政金债的第二、第三大增持机构，买入了国债和政金债增量的17%和15%。从股票市场来看，根据国盛证券的统计，7月以来北上资金结构中，"假外资"占比出现了明显提升。其中，与交易型资金挂钩的外投行托管市值占比从6月底的16.7%提升至18.1%。

## 二、经济复苏程度将决定境内外流动性差异

随着国内复工复产的稳步推进，货币政策更加谨慎，国内应对疫情的超常规货币政策逐步退出。但美联储受疫情和复苏的影响，中长期操作仍呈扩张趋势。国内外流动性将呈一紧、一松的态势，美元总体趋于走弱。

### （一）国内疫情期间的政策工具将适时退出

从国家统计局公布的数据来看，国内GDP第一季度同比下降6.8%，第二季度则实现由负转正，增长3.2%。复工复产稳步推进，疫情期间的政策工具将适时退出。

中国人民银行行长易纲在6月曾表示,货币政策还将保持流动性合理充裕,预计将带动全年人民币贷款新增近20万亿元,社会融资规模的增量将超过30万亿元。截至6月末,新增人民币贷款和社会融资规模增量分别为12.3万亿元和20.83万亿元,分别达到了目标规模的61.5%和69.43%。从时间节点上来看,考虑到1万亿元特别国债和19,431亿元新增地方政府债券发行的资金需求,第三季度资金面仍将保持合理充裕。不过,随着因疫情推出的特殊的、阶段性的货币政策工具的适时退出,国内货币政策将逐步回归常态化。

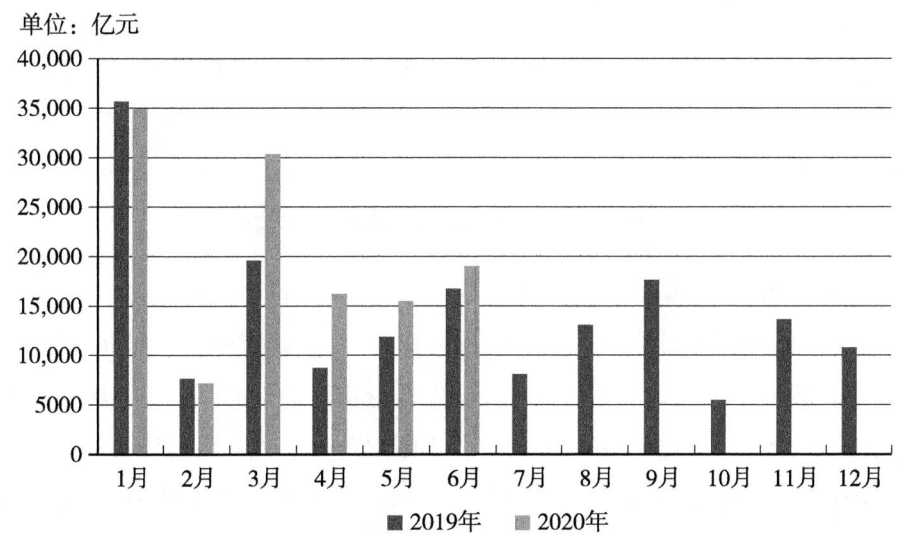

数据来源:Wind,中诚信托战略研究部整理。

**图2 新增人民币贷款情况①**

### (二) 美联储中长期操作仍呈扩张态势

美联储7月9日公布数据显示,截至7月8日美联储的资产负债表总规模减少约880亿美元,降至6.97万亿美元,而一周前为7.06万亿美元(见图3)。不过,从结构的角度来看,正回购、贷款和中国人民银行流动性互换三项收缩,但美联储所持有的美债和MBS仍在减速攀升、美联储通过SPV购买的企业债规模也还在扩张。这表明,美国金融市场条件好转,临时性需求显著减少,中长期操作仍处于扩张态势。

---

① 本文写于2020年7月16日,成文时图中2020年7—12月新增人民币贷款数据尚无统计。

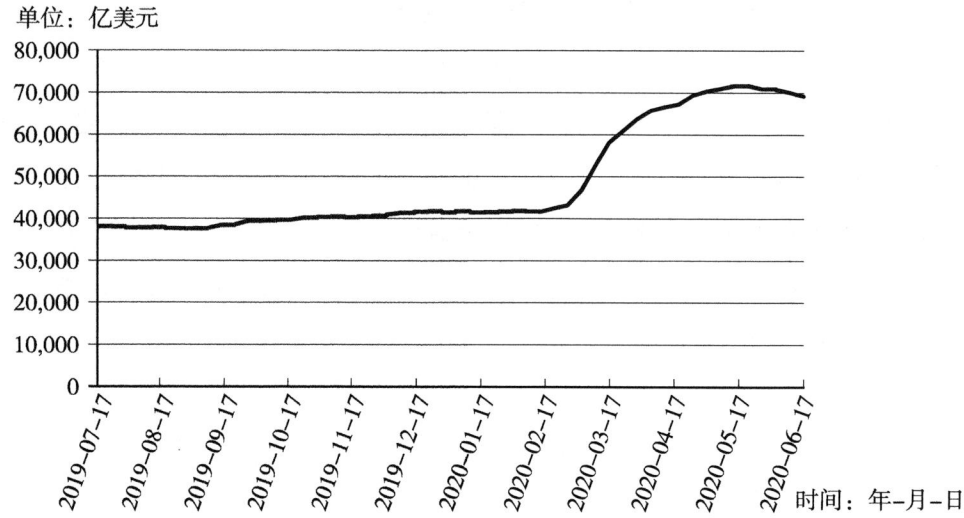

数据来源：Wind，中诚信托战略研究部整理。

图3 2019年至2020年6月美联储资产规模变化情况

### （三）美元需求放缓使美元指数走弱

3月底，受避险需求的影响，美元指数突破100，持续走强。美联储通过央行流动性互换操作，缓解离岸美元流动性压力。随着金融市场条件的好转、经济数据的改善，美元流动性紧张的压力不断缓解，美元指数不断回落（见图4）。目前，美国疫情有不断加重的趋势，部分疫情严重的州可能会重启封锁，近期的经济数据很难有超预期的表现。随着疫情的不断发酵，美国政府仍在酝酿新一轮的刺激措施，这将进一步加大美元贬值压力。

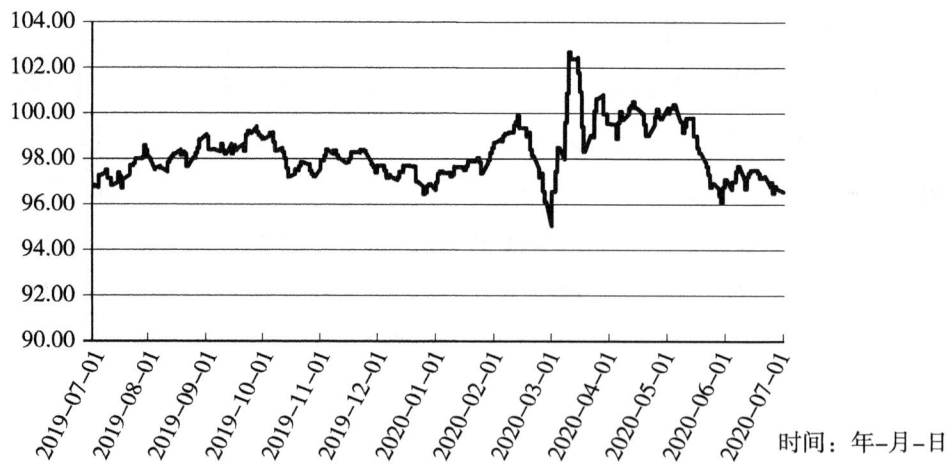

数据来源：Wind，中诚信托战略研究部整理。

图4 2019年7月—2020年7月美元指数变化情况

## 三、流动性变化下的组合投资策略展望

受国内超常规货币政策退出和美联储持续投放的影响,短期国内资本市场可能会出现盘整迹象。从信托公司组合投资策略来看,可以采取稳中求进策略,保持80%左右的仓位比重;从具体标的上来看,保持黄金配置比重,逐步增加权益资产配置比重。

### (一) 总体仓位上采取稳中求进策略

虽然疫情仍在全球范围内发酵,但由于疫情控制得当,我国国内复工复产稳步推进。从国家统计局公布的第二季度数据来看,第二季度经济增长由负转正,主要指标恢复性增长,经济运行稳步复苏,市场预期总体向好。目前,虽然市场进入盘整期,组合投资策略稳中求进,保持仓位比重在80%左右。

### (二) 从配置结构上加大权益资产配置比重

近期短端利率的上行,债券市场出现了较大的波动。从年内流动性的角度来看,债券市场第四季度仍有下行的压力,配置价值有所降低,配置比重需降至60%以下;在权益投资方面,近期股票市场快速上行,投资者预期出现分化,市场进入震荡调整阶段。从长期来看,中国经济基本面保持良好,A股市场整体估值水平较低,在调整期仍具有较好的配置价值,配置比重需提高至20%以上。2019年,受美联储降息、中美贸易摩擦、英国脱欧等事件影响,黄金价格上涨15%左右,是2015年以来的最好年份。随着美元的走弱,黄金价格仍将呈上行趋势,具备较好的配置价值,配置比重保持在15%—20%。

### (三) 从板块上关注重点配置机会

债券市场方面,近期各期限债券的到期收益率均有不同程度的上升,10年期国债收益率已经突破3.0%,回升至新冠肺炎疫情暴发之前的水平,对此,可重点关注中短期利率债和高信用等级债。股票市场方面,A股市场整体估值水平较低,但部分板块估值已经处于高位,可重点关注高息、低估值板块和家电板块。在组合投资配置中,可配置金融地产指数基金等。

(执笔人:杨晓东)

# 美元短期扰动对组合投资策略的影响分析*

美联储目标通胀策略由通胀目标制过渡到平均通胀目标制。这也就意味着短期外部冲击让通胀目标脱靶,不会再让美联储宽松货币政策加码。目前来看,美元对发达经济体快速下行,但对除中国以外的新兴经济体仍保持强势。若短期内美元反弹可能会对我国国内资本市场产生扰动。组合投资维持7月稳中求进的策略,保持仓位比重在80%左右,择机增加权益资产配置比重。

## 一、美元指数继续走弱的可能性变小

3月末以来,美元指数总体持续走弱。美元对发达经济体快速下行,但对除中国以外的新兴经济体仍旧强势,表现分化。近期美联储货币政策操作的"鸽派"程度有所下降,美元短期内继续走弱的可能性变小。

(一)美元指数总体持续走弱

3月,受新冠肺炎疫情在全球暴发的冲击,美元指数在3月9日触及95.06的低点后,快速上行。3月20日,美元指数持续冲高最高达102.39点。在全球经济面临极大的不确定性情况下,除美元外所有资产大幅下行,美元成为有效的避险资产。为了缓解全球美元流动性紧张的情况,美联储紧急增加9国央行,共计与14个国家央行达成货币互换协议,防止全球经济崩溃。随着美元流动性紧张局面的缓解,美元指数整体震荡下行。8月18日,美元指数下行至92.32点的年内短期低点;9月2日,美元指数曾一度跌破92点的关口,部分机构认为美元仍有进一步下跌的空间(见图1)。

---

\* 本文写于2020年9月2日。

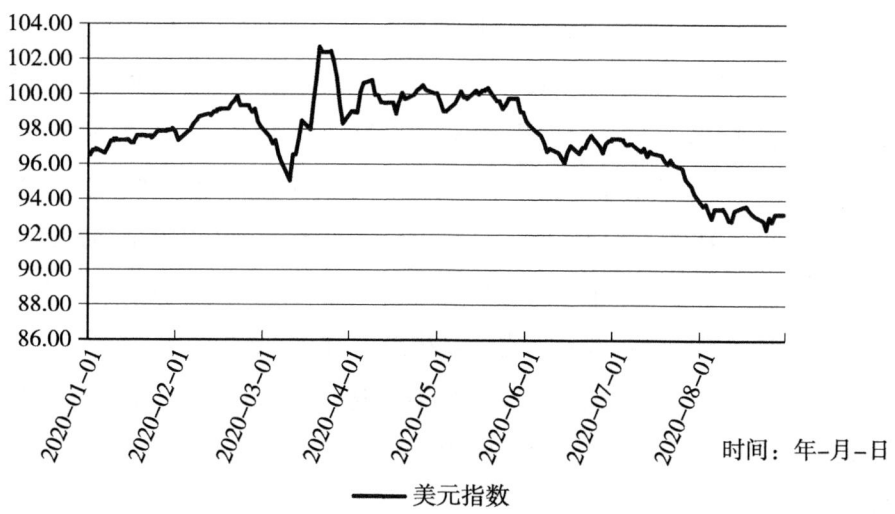

数据来源：Wind，中诚信托战略研究部整理。

**图1　2020年1—8月美元指数变化情况**

（二）美元对除中国外的新兴市场国家仍旧强势

从具体表现来看，美元指数对发达经济体快速下行，已低于3月以前的水平，但对新兴经济体仍保持相对强势，下行幅度不大（见图2）。从汇率的表现情况来看，欧元对美元近3个月汇率上涨8%，6个月已达10%；同时，过去6个月，美元兑人民币小幅贬值1.53%，兑土耳其里拉和巴西雷亚尔则大幅升值19.87%和27.64%，部分新兴市场国家货币大幅贬值仍在持续。

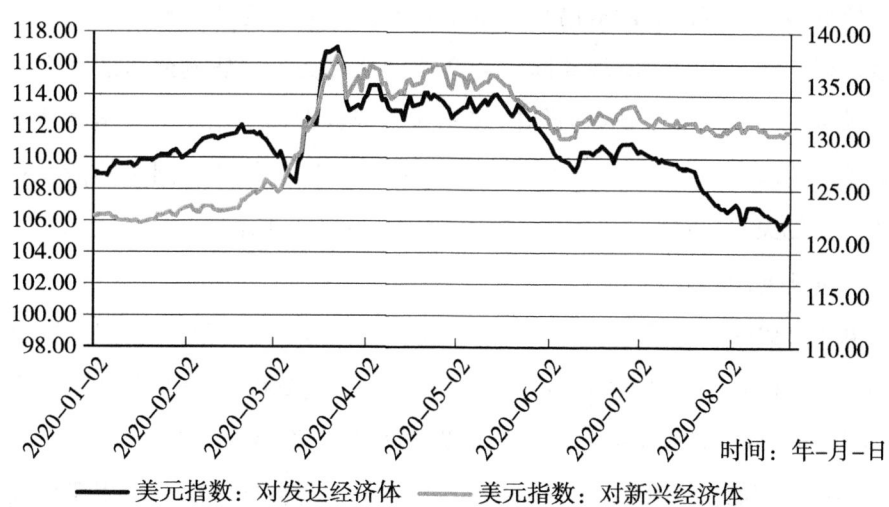

数据来源：Wind，中诚信托战略研究部整理。

**图2　2020年1—8月美元指数对发达经济体与新兴经济体走势变化情况**

## (三) 美元短期内继续走弱的可能性变小

8月20日，美联储公布的会议纪要显示，暂时没有进一步降息和收益率曲线控制的打算，市场对美联储进一步"鸽派"的预期都落空。随后，市场反应剧烈，美元指数大幅飙升40点至93.05点，美股尾盘集体跳水，现货黄金日内跌幅一度扩大到3.37%，高位回落。美联储更加谨慎主要源于7月通胀数据超出市场预期，经济数据有所好转。虽然美联储暂无通胀方面的担忧，但大规模宽松政策造成的货币供给增多存在诸多隐患，导致美联储在现阶段货币政策操作的"鸽派"程度有所下降。8月27日美联储主席鲍威尔在杰克逊霍尔全球央行年会表示，美联储目标通胀策略由通胀目标制过渡到平均通胀目标制。这也就意味着短期外部冲击让通胀目标脱靶，不会再让美联储宽松货币政策加码。

## 二、短期防范美元反弹对国内资本市场的扰动

疫情和经济前景是美元走势出现分化的主要原因。作为避险资产，美元低位仍旧强势，若出现短期风险事件，美元仍有反弹的可能，进而对国内的资本市场产生扰动。

### (一) 疫情和经济前景是美元走势分化的主要原因

疫情控制得当的国家和地区，复苏计划稳步推进，经济前景相对乐观，汇率表现较为稳健。例如，中国疫情控制表现优异，复工复产稳步进行；欧洲疫情控制也取得相对的成功，受惠于德国和欧盟庞大的经济复苏计划，欧元区分裂风险下降。与此同时，美国新冠肺炎疫情仍在蔓延，单日确诊人数仍在4万人以上的高位徘徊，虽然经济数据有所好转，但疫情的冲击仍对复苏造成较大的不确定性。新兴市场国家中，巴西、印度、俄罗斯、南非与美国共同成为全球新冠肺炎疫情病例最多的五个国家。经济停滞、债务压力、疫情控制不力等使部分国家资金大幅外流。国际金融协会（IIF）的数据显示，2020年3月，外国投资者从不包括中国在内的这些国家的债券和股票中撤出了约770亿美元。到6月为止，约有230亿美元已经回流。

### (二) 美元地位仍旧强势

美联储3月以来进行了大规模的货币投放，但作为全球货币，美元地位仍旧强势，是市场最佳的避险资产。从目前点位来看，美元指数比2007—2019年的平均点位高出约8%，而截至2020年7月底，美联储总资产较2019年年底扩张了68.30%。若出现短期风险事件，例如疫情第二次大规模暴发等，美元就会再一次成为规避风险的投资者的争抢对象。此外，美联储资产负债表的扩张不会必然引起美元走弱。以2007—2014年为例，美联储资产扩张高达3.6万亿美元，美元指数却上涨了3.4%，其中一

个主要原因是欧洲央行从2014年9月开始快速扩表。此次新冠肺炎疫情，加拿大、欧洲、日本和瑞典等央行总资产的扩张速度分别为231.32%、37.10%、16.20%和38.74%。

（三）短期防范美元反弹对国内资本市场的干扰

总的来看，由于美联储货币政策"鸽派"程度下降、经济数据有所好转，叠加避险需求短期消退，美元下行的阶段性调整已基本到位。若欧洲出现疫情反弹或美国大选触发的意外事件等因素冲击，美元短期会有反弹的可能。前期，随着美元走弱，人民币汇率小幅升值，人民币资产吸引力有所上升。若美元短期反弹，叠加美国大选前中美关系具有一定的不确定性，人民币汇率将形成压制，造成一定的资金流出，进而引发股、债同时下跌，对国内资本市场产生一定的干扰。

### 三、美元扰动下的组合投资策略

短期内，受国内货币政策回归正常和美元扰动等因素影响，国内资本市场盘整仍将持续，我们维持7月稳中求进的策略，保持仓位比重在80%左右；从具体标的上来看，保持黄金配置比重，择机增加权益资产配置比重。

（一）总体仓位上维持稳中求进策略

虽然短期内，资本市场扰动因素增多，但国内经济稳步复苏的趋势并未发生改变。从7月的数据来看，规模以上工业增加值同比实际增长4.8%，环比增长0.98%，表明工业生产平稳增长。固定资产投资增速上行至8.3%，可选消费中汽车零售增速创2019年7月以来新高。下半年财政投放仍待加码，信用扩张仍将持续。从中国人民银行方面来看，货币信贷数据保持平稳并非意味着货币政策彻底转向。中国人民银行货币政策司孙国峰司长近期表示，货币政策需要以更大的确定性应对各种不确定性，保持"三个不变"，即稳健货币政策的取向不变、保持灵活适度的操作要求不变、坚持正常货币政策的决心不变。因此，组合投资策略维持稳中求进，保持仓位比重在80%左右。

（二）权益资产定价由流动性驱动向业绩驱动过渡

从权益资产来看，8月以来市场利率全面回升，降息预期消失，股票市场快速上涨势头放缓。不过，从社会融资数据来看，7月社会融资从12.8%回升至12.9%，表明信用扩张仍在继续，流动性将由价格宽松转向数量宽松。随着经济复苏周期的持续，企业盈利回升将是大概率事件，权益资产定价将由流动性驱动向业绩驱动过渡。组合投资中，权益资产配置比重保持20%以上，重点关注金融、工业、材料和可选消费等偏周期类行业。

### （三）债券市场外资流入边际放缓

对于国内债市而言，8月资金偏紧，长短利率处于震荡行情，10年期国债收益率在3%左右位置获得支撑。若美元短期走强，10年期美债上行，中美10年期国债利差将收窄。虽然目前中美10年期国债仍保持220BP以上的利差，人民币资产仍旧具有吸引力，但随着美国国债收益率上升，债券市场边际流入将会减少。国内市场利率上行，利差收窄，随着违约边际放缓，可重点关注信用债市场，在组合投资占比不超过60%。

### （四）黄金持续上行短期内动力不足

黄金价格的走势主要由美国实际利率决定，二者呈现负相关的关系。而实际利率＝名义利率－通胀预期。疫情使美国经济遭到严重破坏，从而导致实际GDP和通胀下行。在名义利率（美国10年期国债收益率）处于低位的情况下，通胀下行会导致实际利率抬升，金价承压。目前，美国疫情仍未得到有效控制，美联储政策操作趋于谨慎，黄金持续上行短期内动力不足。在组合投资中，配置比重保持在15%以下。

（执笔人：杨晓东）

# 美国大选对资产配置组合的影响分析*

目前,美国大选仍在进行中,从美国多家媒体统计的数据来看,民主党候选人已获得当选美国总统所需的多数选票。若民主党实现执政,"宽财政"和"松货币"作为短期政策组合可能性较高,有助于全球金融市场风险偏好的修复。从资产配置角度来看,短期内权益资产具有优异表现,需长期密切关注大宗商品价格表现。

## 一、美国大选影响全球资本市场政策预期

虽然民主党获得美国总统选举胜利在望,但大选的结果仍需按照美国的法律和程序确定。目前,市场对民主党执政后所实施的政策总结得已较为全面,主要包括应对疫情、财政政策、清洁能源、金融监管税收等几个方面。总的来看,若拜登就任美国总统,在清洁能源、金融监管、货币政策和税收政策等方面将与特朗普政府截然不同,而在财政政策、对华政策等方面也有所差别(见表1)。

表1 民主党竞选政策总结

| 项目 | 政策措施 |
| --- | --- |
| 应对新冠肺炎疫情 | 首先宣布将组建抗疫专家组,积极应对疫情 |
| 财政政策 | 1.3万亿美元的新基建投资 |
| 清洁能源 | 重返《巴黎协定》,在2050年之前,美国将实现100%的清洁能源 |
| 金融监管 | 严格金融监管,修改沃克尔规则,下调"系统性重要金融机构"门槛,实施金融交易税等 |
| 货币政策 | 尊重美联储独立性,美联储将重回旧轨 |
| 税收政策 | 强化二次分配 |
| 对华政策 | 重回奥巴马政府时期拉拢盟友在国际体系和多边框架下对抗中国的路径 |

数据来源:中诚信托战略研究部根据网络报道整理。

除了美国总统选举,参众两院的选举也将是影响美国政府未来政策实施的重要变量。截至11月11日,美国参众两院选举仍然十分胶着,在众议院选举中,民主党首先获得了多数席位218票,但控制力有所减弱;而在参议院选举中,共和党暂时领先民主党,离控制参议院仅差1票。若共和党拿下参议院,民主党也将成为"跛脚政

---

* 本文写于2020年11月13日。

府"，相关重要政策实施势必大打折扣。

短期来看，民主党若实现执政，"宽财政"和"松货币"作为短期政策组合的可能性较高。近期，美国新冠肺炎疫情不容乐观，连续多天单日新增新冠肺炎确诊病例超过 10 万、累计确诊人数已超过 1020 万、住院和死亡人数不断攀升，各项数据均创历史新高。抗击疫情和恢复经济是拜登就任美国总统后的首要任务，在严峻的形势下，拜登已宣布将组建抗疫专家组，并在自己就职后开始实施这一抗疫计划。短期内，迅速控制疫情，继续推动财政刺激计划落地，维持货币政策宽松，有助于加速社会经济秩序的恢复。

## 二、美国大选后的政策预期将对全球金融市场产生影响

随着外部不确定性因素的消退，"宽财政"和"松货币"组合将有助于全球金融市场风险偏好的修复。中长期来看，美国经济恢复程度将是美联储货币政策切换的信号。随着外部冲击风险因素的消退，我国国内货币政策将"以我为主"，重点防范金融风险。

（一）短期内全球金融市场风险偏好有望修复

鉴于目前巨大的政府债务压力及经济恢复压力，美国短期内保持低利率水平仍将是最优选项。从美联储 11 月 5 日的利率决议来看，维持货币政策不变。基准利率保持在近零水平，资产购买规模也维持不变。宽松货币政策将支持美国经济重回正轨，这也将有助于全球风险偏好的修复。从中长期来看，拜登政府则希望通过"新基建"投资、新能源投资等拉动美国经济持续发展。拜登政府希望 10 年内在基础设施领域投资 1.3 万亿美元，4 年内在清洁能源领域投资 2 万亿美元。即使出现投资数额缩水的情况，这一计划也会尽快实施。随着拜登政府大规模财政支出计划的展开，美国长短国债利率将出现大幅上行趋势。

（二）美国经济恢复程度是美联储货币政策切换的信号

特朗普政府时期，美联储的独立性受到较大的挑战，并通过修改《多德—弗兰克法案》等放松金融行业监管。若拜登就任美国总统，美联储将重回旧轨，美联储的独立性得以延续。在美联储 11 月 5 日的利率决议中，美联储主席鲍威尔也表示，危机过后，时间一到就会把应急政策措施放回"工具箱"；复苏情况已经超过美联储基线预期，但离目标还有很远的距离。这也就意味着美国经济恢复程度是美联储货币政策切换的信号。摩根士丹利等机构也分析认为，若大规模刺激政策落地，美联储的首次加息时间可能会从 2024—2025 年提前至 2023—2024 年。此外，现任美联储主席鲍威尔

和另外两位副主席都将于 2022 年任期期满,这也使中期内的货币政策存在诸多的不确定性。

(三)美元走势持续分化将有助于对冲部分通胀压力

疫情以来,美元指数对发达经济体和除中国以外的新兴市场经济体总体呈分化的走势(见图 1)。从表现来看,在 3 月美元流动性紧张局面缓解后,美元指数对发达经济体快速下行,尽管 10 月欧洲二次疫情暴发,美元指数有所上行,但整体仍呈下行趋势;但对新兴经济体方面,美元指数仍保持相对强势。在疫情控制方面,欧洲已实施了更为严格的封锁措施,随着疫苗的陆续使用和拜登抗疫政策的落地,欧美经济复苏将使美元指数对发达经济体进入相对稳态的波动区间。但新兴市场在抗疫的能力和经济恢复方面将明显慢于发达国家,美元指数相对于除中国外的新兴市场经济体仍将保持强势。鉴于新兴经济体是全球重要的资源供给国,美元相对强势将在一定程度上对冲全球经济复苏引发大宗商品价格快速上涨的担忧。

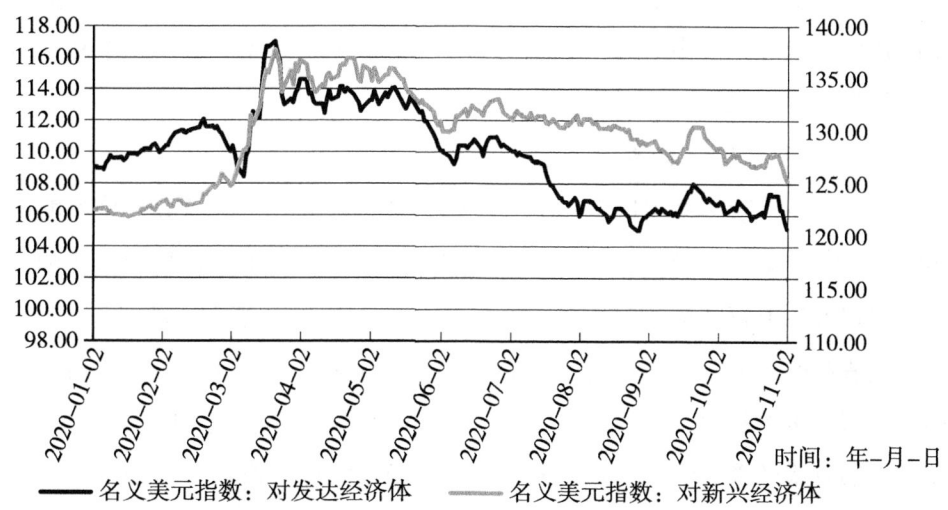

数据来源:Wind,中诚信托战略研究部整理。

图 1　2020 年 1 至 11 月名义美元指数对发达经济体与新兴经济体走势变化情况

(四)我国国内货币政策仍将以稳定为主

国内情况相对较为乐观,外部冲击因素逐步消退,未来货币政策将以防范风险为主。从数据来看,国内第一季度 GDP 负增长,但得益于应对疫情相关政策得力,国内复工复产有序推进,第二季度即实现转正达 3.20%。第三季度更是比上年同期增长 4.9%,增速比第二季度提高 1.7 个百分点,年内经济实现正增长问题不大。从通货膨胀数据来看,CPI 指数 1 月、2 月上涨较多,3 月开始回落,受高基数影响,10 月仅为 0.5%。虽然 2020 年经济前高后低已成为一致预期,但高增长、低通胀,经济复苏过程中的掣肘压力不大。从 11 月 6 日中国人民银行发布《中国金融稳定报告（2020）》的内容来看，金融稳定将是未来我国货币政策的核心考量因素。在 10 月，中国人民银行易纲行长两次提及"总闸门"措辞后，2021 年货币政策将可能出现"稳货币、紧信用"的组合。

### 三、未来一段时期资产配置组合的策略分析

鉴于上述分析，短期内，在全球经济复苏、通货膨胀未出现大幅上行的背景下，资产配置顺序为"权益＞商品＞黄金＞信用债＞利率债"；中长期内，若出现通胀大幅上行、货币政策收紧迹象，则商品表现强于权益资产表现。

（一）短期内权益资产将迎来一定提升空间

在对外政策方面，拜登将颠覆特朗普的孤立主义政策，重回奥巴马政府时期拉拢盟友在国际体系和多边框架下对抗中国的路径。虽然长远来看，拜登当选不会改变美国对华的遏制政策，可能给中国外交造成更为不利的国际处境，但金融市场受突发因素冲击的负面影响可能性将下降。伴随全球经济的复苏，即使通胀出现温和上行，权益资产也将有良好表现。

（二）密切关注大宗商品价格上行的信号

疫情发生以后，欧美多国均实施了大规模的货币投放，美国总共 4 轮的财政救助累计规模高达 3 万多亿美元。在全球经济复苏的情况下，资本市场最为担忧的就是通胀是否会出现大幅上行趋势。目前，美联储认为没有通胀大幅上升的风险。8 月，美联储目标通胀策略由通胀目标制过渡到平均通胀目标制，也进一步减少了通胀对短期美联储低利率政策的制约。不过，一旦出现大宗商品价格走强、美国经济复苏超预期的迹象，叠加货币政策收紧和美元走强，新兴市场国家金融市场将出现动荡，因而大宗商品价格仍值得密切关注。

（三）黄金价格走势取决于美国实际利率

从黄金资产表现来看，近期震荡趋势仍在持续。COMEX 黄金在 8 月触及 2,069.40 美元/盎司的高位后，受欧洲疫情和美联储货币政策"鸽派"程度下降、美国经济数据有所好转等因素影响，一路震荡下行，跌破 1900 美元/盎司点位。拜登获取领先优势后，COMEX 黄金曾一度回调至 1,951.50 点，但随后受辉瑞制药新冠疫苗研发成功影响，11 月 9 日日内跌幅超过 4%。此次黄金价格下跌是由于市场避险需求下行引发的过度反应。未来，黄金价格走势仍取决于美国实际利率。在经济复苏的条件下，黄金仍有一定的上行空间。

## （四）债券市场预计仍难有出色表现

从国内来看，短期利率 DR007 回升至 2% 左右区间（见图 2），10 年期国债收益率保持在 3% 以上水平，长短期利率已回归正常。随着国内经济逐步恢复，货币政策大幅宽松的可能性较低，债券市场整体处于底部区间。从美国情况来看，随着经济复苏，避险需求的下降，中美国债利差也呈收窄趋势。在经济复苏的条件下，债券市场预计难有出色的表现。

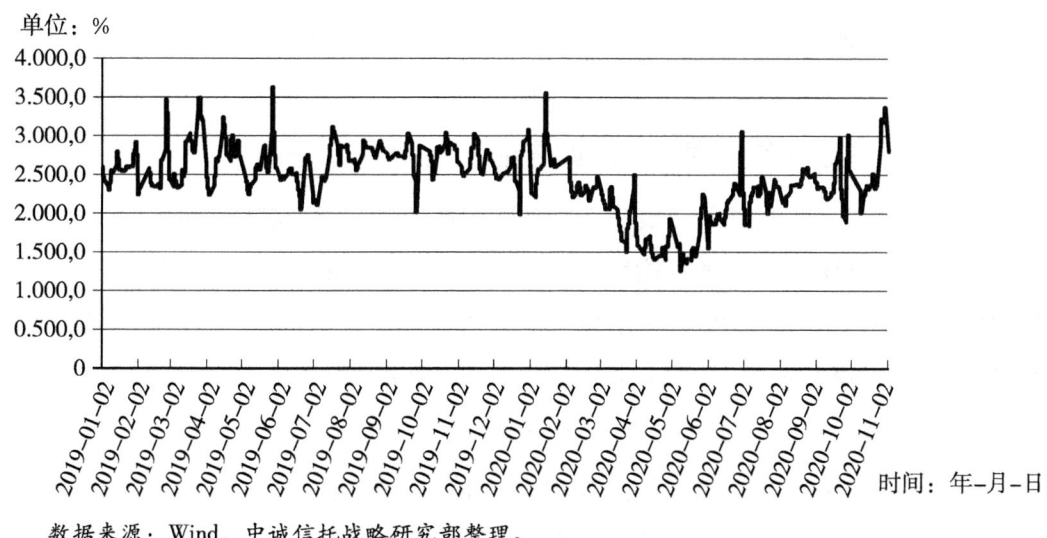

数据来源：Wind，中诚信托战略研究部整理。

**图 2　2019 年 1 月至 2020 年 DR007 变化情况**

## （五）组合投资可加大权益资产配置

目前，组合投资策略可采取积极的策略，保持仓位比重在 90% 以上，加大权益资产配置比重，择机减持部分黄金资产。从配置行业来看，短期内，金融、顺周期、受出口影响的可选消费类和交通运输等受疫情影响较为严重的行业将随着疫情有效控制而逐步恢复；中长期来看，5G 建设、清洁能源、新能源汽车等中美可能出现联动机会的领域也值得关注。

（执笔人：杨晓东）

# 第四季度资产配置关注的三条主线*

我国国内经济正增长、货币政策回归常态化和美国大选落定及欧洲疫情复发将是影响第四季度资产配置的三条主线。随着部分不确定性因素的消退，第四季度资产配置方向将趋于明朗。在国内经济向好的情况下，组合投资坚持稳中求进策略，保持80%左右的仓位比重，择机增加权益资产配置比重。

## 一、三条主线是第四季度资产配置的基础

从数据表现来看，国内经济实现正增长可能性较大。货币政策已回归常态化，第四季度过于宽松和过于收紧的可能性均不大。从国际情况来看，随着美国总统大选投票日的临近，围绕总统选举的相关不确定性问题也终将尘埃落定；但主要国家秋冬季来临后疫情的复发为全球经济蒙上了阴影，并持续冲击资本市场。

（一）主线一：国内经济实现正增长

虽然受疫情影响，国内第一季度GDP负增长，但得益于应对疫情相关政策得力，国内复工复产有序推进，第二季度即实现转正达3.20%。第二季度以来，固定资产投资降幅不断收窄。1—8月，同比下降0.3%，降幅比1—7月收窄1.3个百分点。三大类投资中，房地产开发投资完成额和基础设施投资完成额实现转正；受国外疫情和需求复苏的影响，出口数据持续强劲，7月、8月和9月同比增长分别达到7.20%、9.50%和9.90%（见图1）；社会消费品零售增速在8月由负转正至0.5%，这是年内首次实现正增长。从数据的表现情况来看，年内经济实现正增长的可能性较大。根据国际货币基金组织预测，2020年中国经济将增长1.9%，是全球唯一实现正增长的主要经济体。

---

\* 本文写于2020年10月15日。

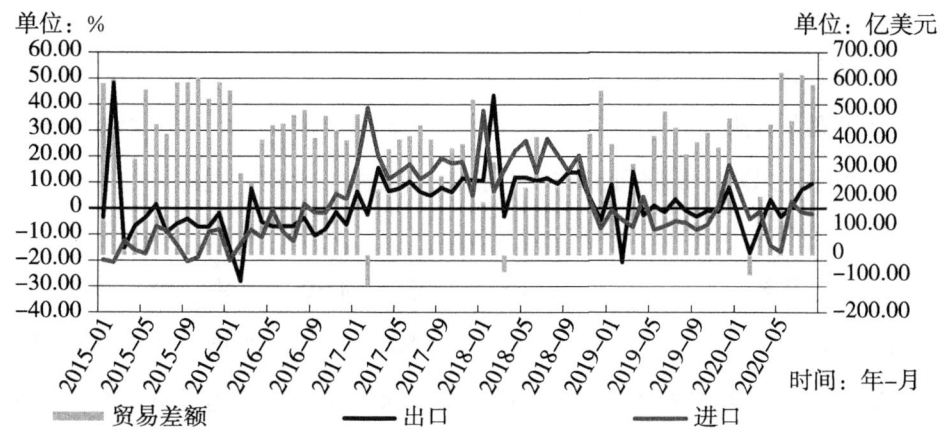

数据来源:Wind,中诚信托战略研究部整理。

**图1　2015年1月—2020年5月进出口贸易差额变化情况**

（二）主线二：货币政策回归常态化

近期，中国人民银行易纲行长再次强调，促进货币供应量和社会融资规模合理增长，坚决不搞"大水漫灌"，尽可能长时间实施正常货币政策，促进居民储蓄和收入合理增长。从市场利率来看，短期利率DR007目前回升至2%左右区间（见图2），10年期国债收益率保持在3%以上水平，长短期利率已回归正常。虽然9月M2和社会融资数据略超预期，但按照易纲行长在第十二届陆家嘴论坛全年20万亿元信贷的预期指引，第四季度空间新增信贷规模在3.7万亿元左右，平均每个月同比多增在1800亿—2000亿元，和9月情况基本类似。在国内经济回升和国际经济衰退的双重作用下，货币政策过于宽松和过于收紧的可能性均不大，保持目前的中性水平和阶段性、结构性调整的概率较高。

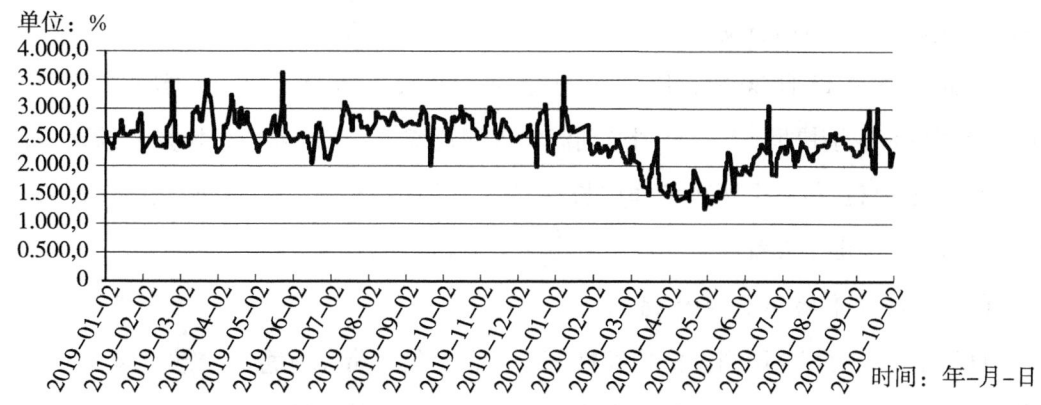

数据来源:Wind,中诚信托战略研究部整理。

**图2　2019年1月至2020年10月DR007变化情况**

## （三）主线三：美国大选落定及欧洲疫情复发

随着美国大选投票日的临近，围绕总统选举的相关不确定性因素也终将尘埃落定。一方面，从民意调查来看，民主党的胜率走高。若民主党实现执政，财政刺激规模增加，中美贸易摩擦风险降低将可能进一步推升市场通胀预期，提升风险偏好并带动美债收益率的走高。

另一方面，截至北京时间2020年10月12日6时30分左右，全球累计确诊新冠肺炎病例37,705,125例，累计死亡病例1,080,602例，106个国家确诊病例过万。随着秋冬季来临和多国复工复学的尝试，疫情的二次冲击，尤其是欧洲疫情再度暴发引发的经济封锁，引起了资本市场的担忧，再度触发避险模式。9月21日，标准普尔500指数一度大跌2.7%，在尾盘拉升后最终收跌1.16%；欧洲Stoxx 600指数收跌3.24%，创6月初以来最大跌幅；WTI原油期货跌幅5%，布伦特原油期货跌幅4%；COMEX黄金期货收跌2.27%报每盎司1917.5美元，创两个月以来新低；美国10年期基准国债收益率下跌2.79个基点，报0.665,8%。主要国家秋冬季来临后的疫情的复发为全球经济蒙上了阴影，并持续冲击资本市场。

## 二、三条主线对资产价格的影响分析

9月以来，受国内货币政策回归正常和美元扰动等因素影响，国内资本市场持续震荡，股票、债券和黄金等资产价格均出现一定程度的下行。第四季度，随着部分不确定性因素的消退，资产配置方向将趋于明朗。

### （一）股票市场可能出现震荡上行的趋势

受益于国内经济稳步恢复和货币政策正常化，顺周期企业盈利回升将是大概率事件，权益资产定价将由流动性驱动转向业绩驱动。从上市公司第三季度业绩快报情况来看，截至10月13日20时，12家公司发布三季报，8家公司净利润实现同比增长。10家公司发布业绩快报，8家公司净利润实现同比增长。805家公司披露业绩预告，5成以上业绩预喜。前三季度净利润增长较好的上市公司中，生物医药、食品饮料、计算机通信和其他电子设备制造公司数量占比居前。

### （二）债券市场仍需等待拐点

对债券市场而言，国内经济持续恢复，货币政策正常化则意味着政策宽松和收紧引发的利率下行和上行的趋势性机会均不大。受年初低基数的影响，2021年第一季度GDP大幅增长已无悬念，债券市场的底部徘徊时间可能较长。外部美国大选和欧洲疫情的短期影响将逐步消退，债券市场走势最终仍取决于经济形势和货币政策是否出现显著调整。在经济恢复增长的情况下，以及"房住不炒"的政策约束下，债券市场处于阶段性的底部，市场仍需等待拐点。

（三）黄金仍有上行的机会

短期内，受欧洲疫情反弹，以及美联储货币政策"鸽派"程度下降、美国经济数据有所好转等因素影响，美元指数持续反弹，黄金持续震荡。COMEX黄金在8月触及2,069.40美元/盎司的高位后，震荡下行，一度跌破1900美元/盎司点位。目前，美国两党对新的财政刺激政策存在较大分歧，美联储货币政策短期内并未出现偏鸽操作，黄金持续震荡。随着后期美国大选尘埃落定，两党恢复经济的刺激政策也将在激烈的博弈后艰难达成，黄金仍有上行的机会。

## 三、三条主线下的四季度资产配置策略

从资产配置策略来看，我们坚持稳中求进的策略，保持80%左右的仓位比重；从具体标的上来看，择机增加权益资产配置比重，暂时保持黄金配置比重。

（一）总体仓位上维持稳中求进策略

9月以来，资本市场持续震荡，主要资产价格下行或低位震荡。这一期间内国内主要股指下跌幅度超过5%，债券保持低位震荡，黄金冲高回落，预计10月这一趋势仍将延续。不过，随着短期冲击因素的消退及不确定性因素的最终消化，国内经济恢复和货币政策中性将决定最终资产配置格局。在国内经济向好的情况下，组合投资坚持稳中求进策略，保持80%左右的仓位比重。

（二）择机增加权益资产配置比重

根据中信证券的研究，三季报可能超预期的高弹性板块品种包括：受益于消费回补的免税、酒店、白酒、速冻、种植；受益于经济复苏和终端需求回暖的白电、重卡、新能源汽车产业链，政策支持打开产业空间的光伏；受益于涨价和需求旺季的锂行业。此外，科技产业尽管短期承压，但确定性较强的龙头个股集中在信息安全、苹果产业链、半导体、光模块、军工电子等细分领域。组合投资中，权益资产配置比重保持20%以上，择机增加权益资产配置比重，回避前期股价上涨过快、估值过高的标的，重点关注金融、工业、材料和可选消费等偏周期类行业。

（三）暂时维持黄金资产配置比重

黄金价格的走势主要由美国实际利率决定，且二者呈现负相关的关系。而实际

利率=名义利率-通胀预期。疫情使美国经济遭到严重破坏,从而导致实际GDP和通胀下行。在名义利率（美国10年期国债收益率）处于低位的情况下,通胀下行会导致实际利率抬升,金价承压。若两党对财政刺激计划达成一致,通胀预期抬升,则实际利率出现下行,黄金仍有进一步上行的空间,可暂时维持黄金资产配置比重。

（执笔人：杨晓东）

# 信托公司开展城投债业务的思路设想[*]

在非标融资类业务遭遇严监管的行业背景下，信托公司的政信业务也面临转型压力。随着城投债市场的不断扩大，以及市场对城投债资产的认可度的不断提高，信托公司可通过开展城投债业务，实现政信业务的转型升级。

## 一、当前政信业务面临转型压力

### （一）政信业务在资金信托中的占比不断提高

政信业务一直是信托公司信托业务的重要业务领域，近十年来业务规模整体呈现稳步上升态势。随着行业信托资产规模自2017年末后逐步下降，政信业务规模也有所下降，但在资金信托中的占比逐季提高，2019年以来政信领域新增信托项目金额占比也已逐步回升。截至2020年6月底，基础产业信托规模余额达到2.89万亿元，在资金信托中的规模占比达到16.37%（见图1、图2）。

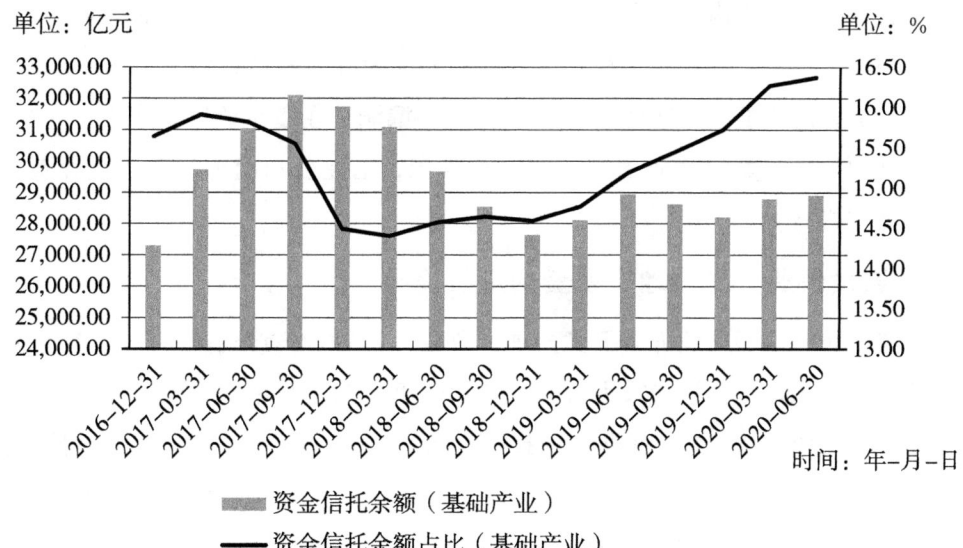

数据来源：中国信托业协会。

**图1　2017年以来资金信托基础产业投向余额及占比**

---

[*] 本文写于2020年9月24日。

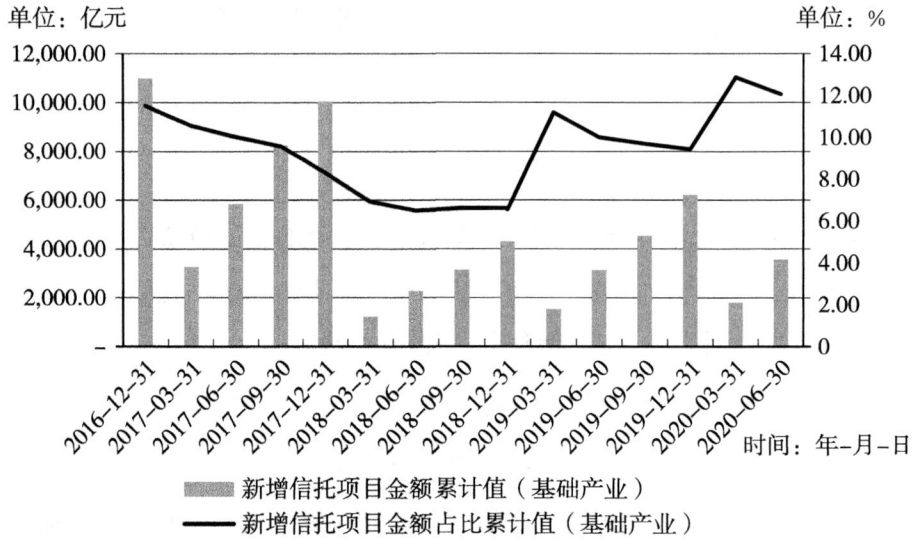

**图 2　2017 年以来新增信托项目基础产业投向金额及占比**

数据来源：中国信托业协会。

## （二）现有政信业务模式面临较大挑战

一是 2020 年以来行业监管持续要求信托公司压缩融资类业务，传统的非标政信融资业务也在压缩范围之内。5 月下发的资金信托新规征求意见稿，对非标业务规定了多项比例限制。7 月，中国人民银行等四部委下发的标债资产认定规则，进一步明确了标债资产的认定标准，并堵住了"非非标"的漏洞。在多重监管要求下，包括传统政信业务在内的融资类信托业务将受到较大限制，信托公司亟须尽快优化业务模式，业务转型势在必行。

## 二、城投债业务成为地方融资的重要途径

近年来，国务院、财政部等下发多项文件强调严控地方政府债务，规范地方政府举债行为，并要求加快推进城投平台的市场化转型。为了化解地方债务压力，城投平台逐渐从非标融资转向项目贷款、城投债、PPP、盘活存量等多元化、显性化融资方式。

### （一）城投债是地方政府降低融资成本的重要方式

多地城投严控高成本融资，城投债面临发展机遇。4 月以来，作为防范化解地方政府隐性债务风险的重要举措，盐城、泰州等江苏多地提出要求严控城投企业融资成本的政策，盐城明确提出原则上今年年底完成成本 8% 以上融资清退，6 月云南亦要求省属国企严控新增债务，同时要求所有高于 6.5% 的利率，特别是大于 7% 的必须换掉，并严禁再有类似新增融资。为平稳推进地方债务置换，且近期城投债到期规模仍

然较大，预计城投债仍将保持较大发行规模，资金用途仍以借新还旧为主，因此城投债投资的信用风险仍然较低。

（二）城投债已得到市场资金的认可

现阶段市场资金对城投债较为认可，城投债是当前市场主流的配置资产之一。在当前的市场条件下，城投债的信用资质整体较高，信托公司也亟须抓住机遇，分享市场业务机会。

第一，近年来随着市场利率下行，优质城投公司的融资状况也逐渐好转，城投债发行规模大增，目前城投债存量规模可观，且净融资额回升。2020年上半年，城投债发行规模已达2.13万亿元，净融资规模约1万亿元，均创历史新高。根据Wind数据，存量数据方面，截至9月15日，城投债总存量12,331只，余额10.28万亿元，较年初分别增加1926只、存量规模增长1.30万亿元，存续债城投公司2305家，较年初增长19家。从城投债各月净发行额来看，根据通联数据，2017—2018年间城投债经过一段时间的回落后，2019年以来净融资额呈现回升态势，且在2020年的3、4月均超过了3000亿元（见图3）。

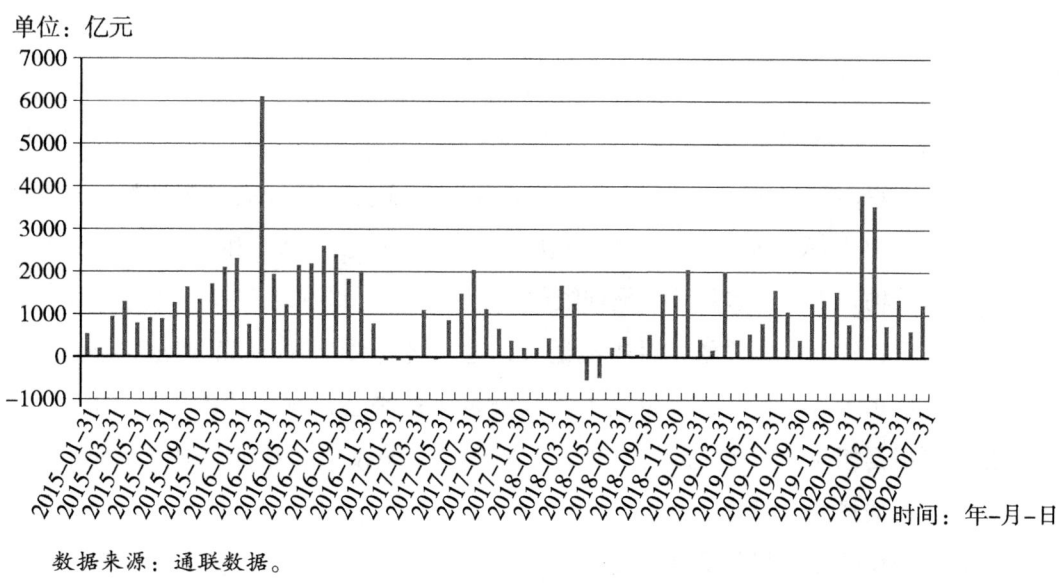

数据来源：通联数据。

图3　2015年以来城投债各月净融资额

第二，二级市场投资方面，市场对城投债的认可度也不断提高。根据中航证券分析，近三年高收益城投债成交规模较大的区域主要分布在江苏、湖南、贵州和四川，以上省份的城投债交易较为活跃，二级市场流动性较好，这与以上省份城投债发行规模较大有关。

### 三、信托公司开展城投债业务的主要思路

**(一) 城投债投资符合政信业务转型方向**

从未来的监管导向看,标品信托业务将是信托公司必须着力开展的业务,债券投资将是信托公司标品信托业务的重要内容。一方面,受资金信托新规的影响,非标债权融资业务将受到较大限制,信托公司非标债权融资业务的开展必须有一定的投资类业务规模。另一方面,相较于权益投资业务而言,标债投资风险较低,业务难度较小,也更容易被投资者所接受,因此,城投债业务符合信托公司政信业务的转型方向,城投债投资将成为信托公司标品投资业务乃至投资类业务的重要选择。

**(二) 信托公司城投债业务的主要参与方式**

一是参与城投债一级市场投资。信托公司参与城投债一级发行是政信业务的又一类私募投行模式,是对现有政信业务模式的扩展和补充,同时也是政信业务实现从非标融资模式向标准化固收类业务模式转型的重要方式。信托公司可使用固有资金及信托资金直接在城投债发行阶段进行投资,其中信托公司固有资金的参与有利于维护与城投债发行主体的合作关系,固有资金通过信托计划参与,同时有利于信托产品的发行。

二是参与城投债二级市场投资。根据Wind数据,城投债市场中,从品种结构来看,城投债共有10余个品种,其中公司债、中期票据、企业债和定向工具规模较大,且中期票据、定向工具和公司债呈现逐年快速增长的态势;从评级结构来看,有明确评级的城投债中AAA级规模最大,AA+次之,AA再次之,AA-和A-1评级规模较小;从期限结构来看,大多数城投债期限位于3—10年,其中以5—7年期为最多;从省份区域来看,江苏省城投债存量规模最大,占比接近城投债市场的两成,浙江、四川、湖南、山东等省份存量规模也较大;从资金用途来看,城投债以借新还旧为主。信托公司可根据相应信托产品的特点和资金的诉求在城投债的品种、评级、期限、区域等方面进行选择和投资。

三是参与城投债发行与承销。发行方面,信托公司主要通过作为以城投资产为基础资产的资产证券化业务的发行主体,参与形成资产证券化产品的底层资产,以及担任资产证券化业务中的SPV的方式参与其中。承销方面,信托公司可借助参与城投债一级市场发行和二级市场投资的资金优势,逐步介入城投债承销业务。

四是灵活设计基金化产品。信托公司可采取基金化投资模式直接投资新发行或存量城投债,根据业务策略和投资资金的偏好设计类现金管理类信托产品、固定收益类

信托产品、股债混合型产品等。

（三）信托公司城投债业务其他可探讨的业务模式

一是联动模式，包括投贷联动或融销投联动等。例如，信托公司在开展政信业务的过程中，可对融资客户提供投贷联动等综合金融服务，一方面为融资方持续提供非标融资服务，另一方面服务于融资方的发债融资。再如，信托公司可综合利用投资、资产证券化、承销资格等，对信托公司盘活存量城投资产开展的资产证券化业务中，在担任发行人的同时提供资金或以承销商身份参与销售环节。

二是服务信托模式。除传统的通过开展资产证券化业务以城投资产为底层资产形成标准化债券外，信托公司还可利用制度优势和服务能力，为委托人提供财产监督、保障等其他受托服务。例如，就委托人投资城投债的风险保障诉求，可通过信托合同形式、债权转让等方式构造主债权，同时以此增加抵押或保证等担保措施，在信托产品层面构造外部增信。

（执笔人：崔继培）

# 信托公司发展债券投资业务的主要路径分析*

目前,我国债券市场存量规模已超 100 万亿元,位列世界第二,并逐步成为国内外金融机构重要的资产配置领域。在"非标转标"的大趋势下,如何发展债券投资业务是信托公司共同面对的问题。信托公司可通过现金管理、"固收+"和组合投资、城投债联动投资等,结合自身特点,积极探索可行的路径,并补齐投研、信息和风控等方面的短板。

## 一、信托公司债券投资业务的发展现状

总的来看,信托公司债券投资业务虽然开展较早,但规模整体较小。部分信托公司虽积极开展相关业务,但主动管理能力仍然偏弱。

### (一)信托公司债券投资业务整体规模较小

信托公司开展债券投资业务较早,但受到主客观条件的限制,一直以来规模较小,并非信托公司的主要业务。从信托业协会公布的数据来看,2010 年以来,投向债券市场的资金信托整体占比平均为 7.4% 左右。2015 年 9 月—2017 年 3 月占比曾一度突破 10%,但最高也仅为 13.47%。截至 2020 年第二季度,投向债券市场的资金信托余额为 1.26 万亿元,在资金信托余额各类占比中仅为 7.11%(见图 1)。

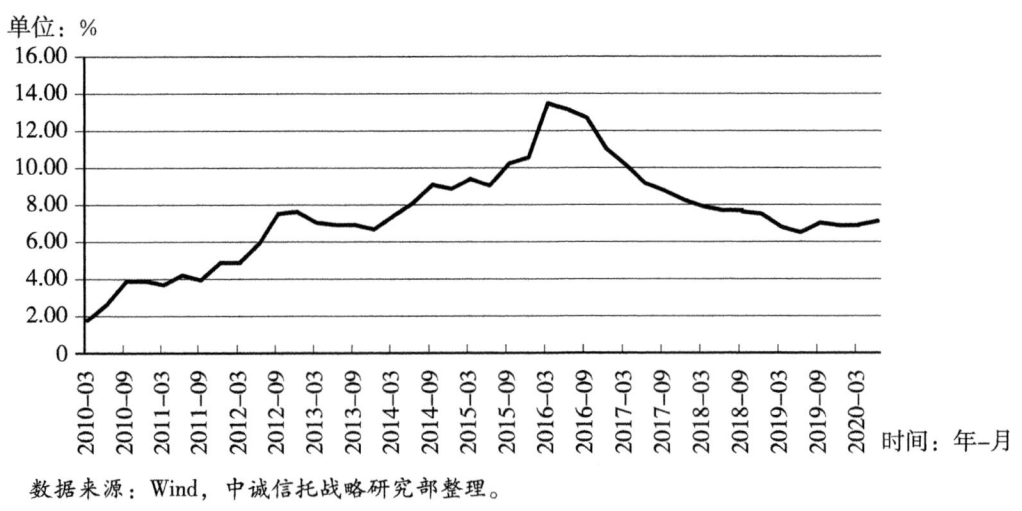

数据来源:Wind,中诚信托战略研究部整理。

**图 1　2010 年 3 月—2020 年 3 月信托公司债券投资业务占比**

---

\* 本文写于 2020 年 10 月 29 日。

## （二）信托公司债券投资业务仍以受托服务为主

面对巨大的市场，部分信托公司积极开展债券投资类业务。例如，从 2019 年披露的年报数据来看，华润信托投资于证券市场的信托资金为 3,764.94 亿元，在信托资金运用中占比达 39.43%；外贸信托这一数据为 2,307.62 亿元，占比为 51.77%。不过从产品信息来看，大部分产品主要仍以受托服务为主，整体主动管理能力偏弱。也有部分公司发行了主动管理类的债券投资类信托，但和公募基金相比，整体规模仍然偏小。

## （三）信托公司发展债券投资业务面临一定约束

信托公司债券投资业务发展缓慢，一方面是由于现有政策的约束。例如，债券投资信托不能通过逆回购提升杠杆水平，也难以获得和公募基金同等的税收优惠，大大降低了收益水平，严重影响了市场竞争能力；另一方面，信托行业虽经历了快速的发展，但在资本市场投资上，投入和建设仍然十分不足，在大资管行业大发展的背景下，难以确立绝对的竞争优势。对于政策方面的桎梏，可以通过政策变革、设立私募二级子公司等方式予以解决，但投研建设却需要持续的人力和资金的投入。

## 二、信托公司发展债券投资的几种路径分析

从目前来看，发展现金管理类业务、"固收+"和组合投资业务以及城投债联动投资业务是较为理想的发展路径，在投研能力达到一定水平后，发展主动管理的债券投资业务才能水到渠成。

（一）路径一：现金管理类业务

现金管理类业务主要面向信托公司既有的客户群体，并为其提供日常资金的流动性管理和购买信托产品空档期的流动性管理。投资的主要标的为剩余期限在 397 天以内（含 397 天）的债券等，主要对标货币基金和开放式银行理财产品，定位于高流动性和低风险，满足客户的日常流动性管理需求，将部分客户资金留在信托公司内闭环运转。

（二）路径二："固收+"和组合投资业务

"固收+"和组合投资业务是以债券投资为基础构建的资产组合中，通过调整不同资产的配置比重，打造不同风险水平的产品，最终构建不同风险和收益的多元化产品体系，满足客户不同收益水平的需求，克服信托公司单纯债券投资收益上的劣势。从 2020 年的情况来看，"固收+"产品获得了投资者的广泛认可，截至第三季度末，"固收+"新品发行数量已超过 150 只、募集规模逾 2400 亿元，远超去年同期。此外，

信托公司还可通过投资"债券基金+其他资产"或"债券+基金"等组合投资的方式，提升信托债券投资收益水平。

（三）路径三：城投债联动投资业务

城投债联动投资业务属于信托公司政信业务的转型和升级。在非标融资类业务遭遇严监管的行业背景下，信托公司的政信业务也面临转型压力。对于实力较强的城投公司，信托公司可使用固有资金及信托资金直接在一级市场或二级市场进行投资；对于实力一般的城投公司，信托公司可通过非金融企业债券承销资质帮助其发行资产抵押债券，并以信托计划在一级市场直接认购，改变已有以贷款为主的单一的业务模式。此外，还可利用资产证券化等功能盘活存量城投资产等。

（四）路径四：信用债投资业务

信用债投资业务是信托公司发展债券投资的必然路径，投研能力将决定信用债主动投资业务竞争能力。在投研能力不足的情况下，信托公司可通过在发行信托产品后，聘请专业投顾或将信托产品投资于市场中的一只或几只债券类产品中，发挥财富端的能力。随着业务水平的不断进步，构建主动管理能力，发展主动管理型信用债投资业务是信托公司做强该类业务的必然要求。

### 三、信托公司发展债券投资业务需补齐短板

债券投资业务对投研体系、风控体系和信息化体系要求较高，是决定投资收益、产品规模的重要基础，信托公司在这几个方面存在明显的短板。未来，三个体系的建设水平将决定信托公司债券投资业务竞争能力，是必须补齐的短板。

（一）补短板一：投研体系建设

从投资策略上，债券投资需要自上而下地进行资产配置。对整体宏观经济形势的把握和研判是投资的前提条件；同时，债券投资也需要自下而上地进行资产选择，对个券的研判将最终决定风险和收益的平衡。无论是自上而下还是自下而上，持续地增加研究投入，打造完整的研究体系，是信托公司持续提升主动管理能力的关键，也是发展债券投资业务的重中之重。

（二）补短板二：风控体系建设

融资类业务的风控重点主要是对交易对手、交易结构、抵质押物品等方面的审查，债券投资业务风控审查除了考虑发债主体、期限、增信等微观情况外，还需考察行业状况、宏观经济和利率走势等中观和宏观因素，需要构建一套有别于融资业务独立的、完整的风控体系。由于债券交易的时效性，审查效率要求也较高。而内部评级制度的

建立则耗时耗力，需要较为长期的投入。

（三）补短板三：信息化体系建设

债券投资信息化体系包括投资、运营和财富等几个方面。在投资和运营方面，虽然标准化投资对信息披露要求远高于非标资产，但既有的信息化工具已经较为成熟，是较为容易解决的问题。而在财富方面，提升客户申购、赎回的便利程度将有助于提升客户体验，提高客户黏性。目前，各家公司均加大手机 APP 等财富端软件建设的力度，信息化水平的提升难度相对较低，仅是时间和投入问题。

（执笔人：杨晓东）

# 当前信托公司应对信用债风险的初步设想*

近期,部分信用债发生"超预期"违约,对信用债市场造成了一定冲击。债券投资业务是信托公司由"非标"向"标"转型升级的重要方向,在当前债券市场面临一定风险的情况下,应重点应对,加强风险管理。

## 一、当前信用债市场的风险特征

一是近年来信用债违约趋于常态化。2014年信用债刚性兑付被打破,2018年后信用债违约较为频繁。根据Wind数据,截至2020年11月13日,共512只信用债合计规模4,166.31亿元违约,其中2018年以来已有366只信用债合计规模3,359.03亿元违约,数量占比为71.48%,规模占比达到80.62%。2020年以来,共87只信用债合计规模967.79亿元违约,绝对金额上尚未出现更大规模的风险暴露(见图1)。同时,由于近年来信用债发行市场持续高速增长,信用债边际违约率实际有所下降。

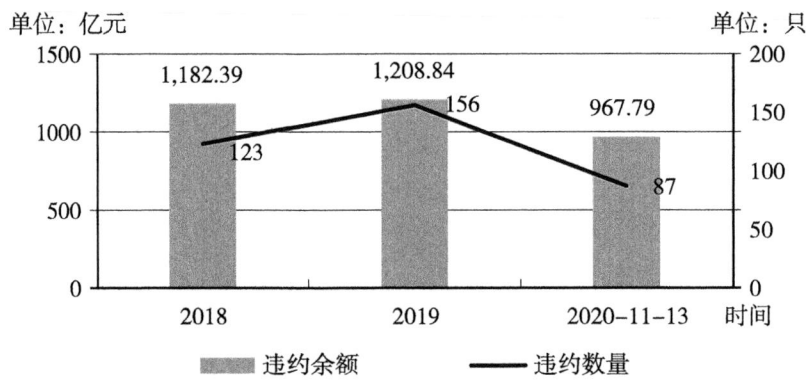

数据来源:Wind。

**图1　2018年至今各年度信用债违约数量和规模**

二是国有企业信用债违约快速增长。从发行主体的公司属性来看,近三年违约信用债涉及的公司属性以民营企业为主,但国有企业信用债违约的数量和规模快速增长。从2018年年初至2020年11月13日,市场信用债违约共366只,违约信用债余额3,359.03亿元。其中,从三年合计数据来看,涉及的民营企业信用债共282只规模2,419.88亿元,占比分别达到77.05%和72.04%;仅从2020年来看,涉及的民营企

---

\* 本文写于2020年11月20日。

业信用债共 50 只规模达 494.16 亿元，占比分别达到 57.47% 和 51.06%。但是，2020 年以来，中央国有企业信用债违约数量规模增幅较大，涉及信用债违约共 23 只规模 345.4 亿元，在 2020 年的占比分别达到 26.44% 和 35.69%，在 2018 年年初至 2020 年 11 月 13 日的合计中占到了 9.56% 和 13.58%（见表 1）。

表 1　2018—2020 - 11 - 13 信用债违约公司属性情况

| 公司属性 | 违约数量/只 | 违约余额/亿元 |
| --- | --- | --- |
| 中央国有企业 | 35 | 456.10 |
| 中外合资企业 | 2 | 8.20 |
| 外资企业 | 7 | 37.16 |
| 民营企业 | 282 | 2,419.88 |
| 地方国有企业 | 23 | 226.16 |
| 公众企业 | 16 | 207.53 |
| 其他 | 1 | 4.00 |
| 合计 | 366 | 3,359.03 |

数据来源：Wind。

三是高等级信用债违约明显增多。从发行时主体评级来看，近三年信用债违约中，发行时主体评级以 AA 级规模占比最高，但 2020 年以来较高信用等级发行主体，包括 AAA 和 AA + 级发行主体信用债违约规模高速增长，规模占比也大幅提高。从具体数据来看，三年合计信用债违约规模中，发行时主体评级 AA 级合计规模达到 1,401.48 亿元，规模占比为 41.72%，居于各评级首位。但 2020 年以来的信用债违约中，发行时主体评级 AAA 级合计规模达到 390.40 亿元，规模占比为 40.34%，升至各评级首位。发行时主体评级 AA + 级 2020 年合计规模达到 326.44 亿元，规模占比也较高，达到 33.73%（见表 2）。

表 2　2018—2020 - 11 - 13 信用债违约发行时主体评级情况

| 发行时主体评级 | 2018/亿元 | 2019/亿元 | 2020/亿元 | 合计/亿元 | 合计占比/% | 2020 占比/% |
| --- | --- | --- | --- | --- | --- | --- |
| AAA | 171.000,00 | 157.840,58 | 390.400,00 | 719.240,58 | 21.41 | 40.34 |
| AA + | 275.000,00 | 446.200,00 | 326.435,65 | 1,047.635,65 | 31.19 | 33.73 |
| AA | 672.811,55 | 560.282,80 | 168.384,62 | 1,401.478,96 | 41.72 | 17.40 |
| 其他 | 63.582,47 | 44.517,87 | 82.57 | 190.670,34 | 5.68 | 8.54 |
| 总计 | 1,182.394,02 | 1,208.841,24 | 967.790,27 | 3,359.025,53 | 100.00 | 100.00 |

数据来源：Wind。

四是违约债券单只规模较大。从近期信用债违约事件来看，由于违约主体信用等级较高，单只违约债券规模也较大，均超市场预期，市场影响较大。今年5月以来，随着新冠肺炎疫情基本得到控制，国内积极复工复产，经济逐渐恢复，货币政策也逐渐恢复正常状态。5月以来，国债收益率不断上升，并逐渐升至去年下半年水平，市场流动性有所收紧，这也是近期信用债违约的原因之一。但是，更为重要的是，违约信用债涉及的发行主体方正、华晨、永煤等，自身基本面也早已存在负债过高、经营恶化、财务指标虚构等问题，存在由于经营不善导致的流动性枯竭问题，同时部分主体还由于某些优质资产在违约前划出而引发了逃废债质疑。

## 二、当前信托公司信用债投资的主要特点

一是信托公司信用债投资整体规模较小。根据中国信托业协会数据，截至2020年第二季度末，全行业投向债券的资金信托规模为12,555.79亿元，较2019年年底增加211.46亿元，在资金信托规模中的占比为7.11%，较2019年年底提高了0.23个百分点。而在此之前，信托业投向债券的资金信托自2016年达到历史最高余额后已持续下降（见图2）。同时，在信托公司的债券投资业务中，信用债只占到了其中的一部分。且由于监管要求，出于"非标转标"的部分需要，信用债投资得到普遍关注的时间不长，总体投资规模有限。

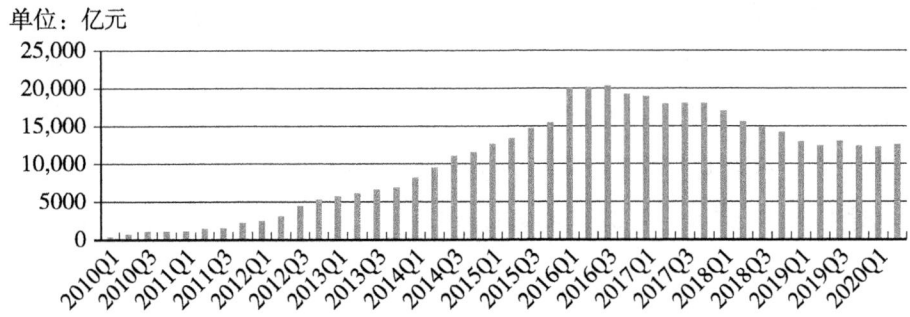

数据来源：通联数据。

**图2 投向债券的资金信托规模**

二是信托公司信用债投资一般以事务管理为主，主动管理占比不高。根据中国信托业协会数据，以银信合作和私募基金合作类证券投资信托为例，其在证券投资信托中的占比持续较高，尤其是银信合作类此前余额占比长期超过50%。截至2020年第二季度末，全行业证券投资信托余额中，银信合作类作为典型的通道类证券投资业务，规模余额达到11,252.66亿元，占比达到47.43%，同时私募基金合作类余额达到2,920.53亿元，占比达到12.31%（见图3）。

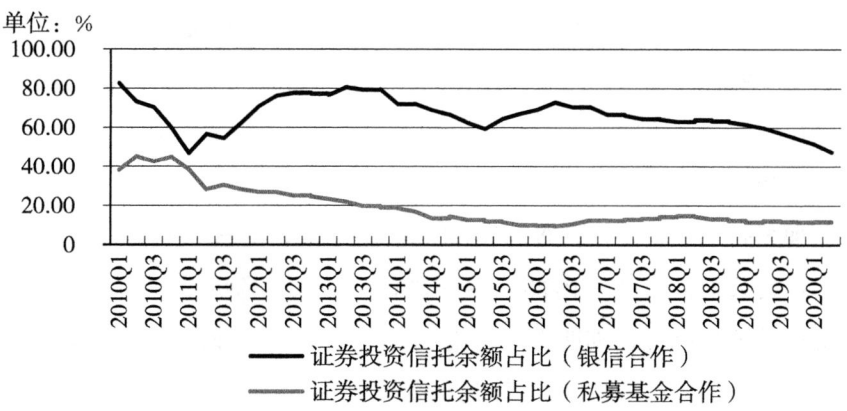

数据来源：通联数据。

**图3　证券投资信托中银信合作、私募基金合作余额占比**

三是信托公司主动管理类债券投资业务的业务策略以直接参与为主，并以获取较高票息为主要诉求。公募基金、券商等机构的主动管理类债券投资产品多通过"资质下沉＋拉长久期＋适度杠杆"操作，以获得超额收益。鉴于信托产品资金成本较高，且信托投资债券无法采取正回购加杠杆的方式提高收益，在2017年至2020年上半年本轮债市牛市中，债券票面收益率不断下滑，因此近两年信托公司开展的主动管理类信用债投资，主要采取"资质下沉＋拉长久期"的票息策略。一方面，信托公司主动管理类信用债主要投资AA+级、AA级，同时在债券品种上主要投资交易所债券，包括私募债、资产支持证券次级份额等，以获取较高票息。另一方面，今年以来，部分信托公司为控制融资类业务规模，将部分融资类业务改造为债券投资模式，同时有些项目还设置了抵押。信托公司往往会选择较为熟悉的债券发行主体，以便更深入地识别风险。

### 三、信托公司应对信用债风险的初步设想

一是排查已持有的信用债，分析潜在的风险情况。近期华晨、永煤违约后，已有多个主体相继违约，受此影响，整个信用债市场的收益率不断上行，也说明信用债市场的担忧情绪仍在蔓延。对此，各信托公司应尽快排查已持有信用债情况，以及涉及的具体项目和信托公司的受托人职责，梳理已持信用债已违约情况并分析潜在违约情况。

二是近期适当回避信用债投资或推迟信用债投资。受信用债风波影响，市场信用债发行有所萎缩，二级市场交易也频频暴跌，近期事件引发的市场风险传导尚未结束，信用债风险偏好整体下移。估计部分金融机构风控已经收紧信用债入库标准，甚至出

现风控对信用债公司属性、地域等"一刀切"的情况，近期部分发行主体通过借新还旧偿还存续债券的难度加大。出于稳妥考虑，近期可适当回避信用债投资。

三是尽快完善业务策略，做好信用债投资业务的风险管控。

第一，加强资金端管理，资金端稳定才可适当拉长久期。

第二，加强甄别，提高内部评级能力。信用债投研的核心是防风险。信用债业务规模较大的信托公司，可建立内部信用评级体系或打分模型，而非仅依赖外部评级，从而提高对信用债的风险识别能力。一方面，近年来，外部债券信用评级膨胀已被诟病许久。尤其是目前AAA级违约主体越来越多，也说明不应仅以外部评级作为债券入池标准，而应该同时对债券进行内部评级，就债券发行主体等交易对手自主开展信用研究，分析发行主体和担保主体的资产负债、现金流等基本面情况，尤其关注分析各交易主体的财务异常和业务异常情况，对其偿债能力作出更科学的判断。另一方面，近期违约事件打破了投资者对AAA国企的刚兑信仰，过去的信用评估体系也面临调整。未来一段时间，市场可能会对同类属性和评级主体的信用风险表示担忧，相应信用债的风险甄别也应得到加强。

第三，注意分散持债。按照资管新规和银保监会的监管要求，信托产品净值化管理已在加速推进。今年5月以来，债市调整引发固收类净值型产品净值波动，近期，某债基类产品接连踩雷，短期内净值甚至跌去一成，均已引发投资者热议。为做好资金端管理，应避免固收类净值型产品净值大幅波动，注意分散持债，严格控制持债集中度。

第四，加强投后跟踪，建立相应的预警系统，并不断完善信用债违约处置工作体系。信托公司可对所持信用债的发行主体、担保主体和债项建立定期和不定期的跟踪工作体系，对其开展财务预警、事件预警，以尽早管理风险，尽早开展债权人权益保护行动。同时，信托公司应就债券投资业务建立违约处置工作体系。如出现信用债违约，信托公司应尽快启动处置工作，并按照《中国人民银行　发展改革委　证监会关于公司信用类债券违约处置有关事宜的通知》的要求，充分发挥受托管理人和债券持有人会议制度在债券违约处置中的核心作用，代表投资者利益积极参与债券违约处置程序，依法行使求偿权。

（执笔人：崔继培）

# 信托公司标品信托业务发展趋势展望[*]

《信托公司资金信托管理暂行办法（征求意见稿）》发布后，信托公司反响强烈，大力发展标品信托业务已成为信托公司的共识。未来，信托公司与券商和基金的合作将不断深入，随着主动管理能力的不断增强，相关产品也将逐步被投资者所接受。

## 一、标品信托业务的市场竞争将日趋激烈

（一）标品信托是信托行业转型的普遍共识

随着资管新规及相关配套政策的逐步落地，资管产品净值化转型是资管机构未来的业务发展方向。作为资管机构重要的投资领域，银行理财子公司、券商资管、保险资管和私募基金等资管机构积极布局资本市场业务。在趋于统一的监管尺度下，资本市场逐步呈现百花齐放的全新格局，市场竞争日趋激烈，各家机构的主动管理能力逐步成为资管机构核心竞争能力。在监管部门不断压降融资信托额度的背景下，大力发展标品信托业务已成为信托公司的共识。

（二）标品信托规模与信托公司集合非标债权规模密切相关

《信托公司资金信托管理暂行办法（征求意见稿）》规定，信托公司管理的全部集合资金信托计划向他人提供贷款或者投资于其他非标准化债权类资产的合计金额，在任何时点均不得超过全部集合资金信托计划合计实收信托的50%。这也就意味着标品信托规模与信托公司集合非标债权规模密切相关，做大标品信托业务规模将愈发重要。

（三）部分信托公司在标品信托业务领域已取得领先优势

从2019年披露的年报数据来看，部分信托公司标品信托业务规模较大。例如，华润信托投资于证券市场的信托资金为3,764.94亿元，在信托资金运用中占比达39.43%；外贸信托这一数据为2,307.62亿元，占比为51.77%。截至2020年第三季度末，投向证券市场的信托资金总额为2.21万亿元，较上年末增加2,538.14亿元，增幅达12.95%，是唯一实现正增长的投向领域。部分信托公司加大标品信托业务布局，已具备一定的领先优势。

---

[*] 本文写于2020年12月25日。

## 二、信托公司与券商、基金的合作程度进一步加深

券商、基金等机构开展资本市场业务较早，经验较为丰富。信托公司可采取对接券商、基金现有产品或聘请其作为投顾等方式，加深合作。

### （一）信托公司可对接券商和基金的现有产品

券商、基金等机构在资本市场业务布局较早，投研体系较为完善，业务模式较为成熟，产品体系也较为丰富。短期内，信托公司可作为销售端提供销售服务，通过将信托资金投资于券商、基金等相关金融产品等方式开展标准化投资业务。不过，该种模式较为简单，信托公司所承担的主动管理职能较弱，且对财富销售能力要求较高。

### （二）券商、基金可作为信托产品投顾

选取实力较强的券商、基金作为投顾来共同管理标品信托产品是信托公司较为成熟的业务模式。受多种因素影响，近年来标品信托业务规模出现逐年萎缩的趋势。截至2020年第三季度，投向股票、债券市场的资金信托余额为0.61万亿元和1.35万亿元，在资金信托余额各类占比中仅为3.52%和7.86%。随着各家信托公司加大业务发展力度，借鉴券商、基金等优秀的投研资源，有助于短期内快速提升产品业绩，故该种模式仍具有市场空间。

## 三、标品信托的主动管理水平将持续提高

随着各家公司投入力度的不断增强，信托公司投研能力将进一步提升，信息系统建设不断加快，内部体系建设不断完善，标品信托主动管理水平也将持续提高。

### （一）投研能力将进一步提升

主动管理能力是信托公司标品信托业务的核心竞争能力。华润信托、外贸信托等头部信托公司在已有的业务基础上，已经具备一定的主动管理能力。五矿信托和光大信托等信托公司则加速追赶。以光大信托为例，光大信托设立标品投资委员会，落实公司债券库、股票库、外采库等标的库建设，丰富产品形式，搭建债券投资、FOF/MOM（管理人的管理人基金）等立体化产品线。截至6月末，公司证券信托业务存量规模为近千亿元。

### （二）信息系统建设不断加快

在信息系统建设方面，外贸信托2019年在金融科技方面投入就已超亿元，中航信托、中信信托等头部公司投入也超千万元。随着业务规模的扩大，信托公司根据标准化业务需求，将不断加大TA系统建设投入，以提升运营效率。在移动端，信托公司加强手机APP等财富端软件建设的力度，提升客户申购、赎回的便利程度，提升客户

体验，提高客户黏性。

（三）内部体系不断完善

融资类业务的风控重点主要是对交易对手、交易结构、抵质押物品等方面的审查，标品信托业务既要考虑行业状况、宏观经济和利率走势等中观和宏观因素，也要考虑微观主体情况，需要构建一套有别于融资业务独立的、完整的风控体系和授权体系。部分公司针对标品信托业务特点，不断完善风控和授权体系，适应业务发展需求。

## 四、标品信托产品将被更多个人投资者接受

FOF组合投资类产品、"固收+"产品和主动管理类产品发展迅速，不断获得客户认可。随着投研能力的提升，主动管理类产品也将不断涌现。

（一）FOF组合投资类产品发展迅速

根据普益标准整理，截至2020年9月中旬，共有24家信托公司开展FOF产品业务，处于存续期或待设立的FOF产品共有253款。其中，中信信托、中航信托分别以64款和62款产品的管理数量位于第一序列，华润信托、外贸信托分别以29款和27款产品的管理数量位于第二序列。不过，从收益情况来看，存续产品的平均预期收益率为4.75%，相较于同期信托产品的总体收益水平7.76%有一定差距。其主要原因是该类产品的风险水平与流动性水平与其他信托产品存在差异。

（二）"固收+"类产品不断获得认可

"固收+"类产品是以债券投资为基础构建资产组合，通过调整不同资产的配置比重，打造不同风险水平的产品，最终实现风险和收益的多元化产品体系，满足客户不同收益水平的需求。从2020年的情况来看，"固收+"产品获得了投资者的广泛认可，截至第三季度末，"固收+"新品发行数量已超过150只、募集规模逾2400亿元，远超去年同期。信托公司开展"固收+"类产品客户基础较好，在非标产品规模缩减的情况下，有助于填补业务空白。

（三）主动管理类产品将不断涌现

主动管理类业务是信托公司的核心竞争能力，构建以主动管理能力为核心的专业化投资体系是信托公司标品信托业务的发展目标。随着信托公司投研水平的提升，自主发行、主动管理，投资于股票、债券等标准化产品的业务将不断涌现。

（执笔人：杨晓东）

# 第四部分
# 信托业务转型创新研究

# 未来信托公司资产证券化业务的发展趋势展望[*]

2019年1月3日,中国银保监会发布《关于推动银行业和保险业高质量发展的指导意见》(银保监发〔2019〕52号),对信托公司提出"回归'受人之托、代人理财'的职能定位,积极发展服务信托、财富管理信托、慈善信托等本源业务"的高质量发展要求。资产证券化业务作为一类重要的服务信托业务,近年来也实现了快速增长。2019年信托公司资产证券化业务规模创历史新高,从2019年发展特点来看,未来信托资产证券化业务在规模增速、市场结构和盈利模式等方面均有较大发展空间。

## 一、信托公司参与资产证券化的市场潜力巨大

从2019年情况来看,信托公司参与新发行和存量的资产证券化业务规模均快速增长。信托公司参与新发行的资产证券化业务方面,2019年,CLO(信贷资产证券化)共182单,金额合计9,634.59亿元(见图1);ABN(资产支持票据)共249单,金额合计2,898.04亿元(见图2);新发行信托公司担任计划管理人的企业资产证券化(以下简称企业ABS)共10单,金额合计74.50亿元;以信托受益权作为基础资产的企业ABS共57单,金额合计808.56亿元(见表1)。

表1 2019年信托公司参与新发行资产证券化业务规模统计

| 分类 | 新发行数量/单 | 新发行数量同比增速/% | 新发行规模/亿元 | 新发行规模同比增幅/% |
| --- | --- | --- | --- | --- |
| 信贷CLO | 182 | 17.42 | 9,634.59 | 3.39 |
| ABN | 249 | 55.82 | 2,898.04 | 130.56 |
| 企业ABS(信托公司担任计划管理人) | 10 | 900.00 | 74.50 | 3,625.00 |
| 信托受益权作为企业ABS的基础资产 | 57 | 50.00 | 808.56 | 36.38 |

数据来源:Wind,中诚信托战略研究部整理。

信托公司参与的存量资产证券化业务方面,截至2019年年底,信贷CLO存量规模达到1.44万亿元,同比增长31%;ABN存量规模达到3,729.24亿元,同比增长120%;以信托受益权作为基础资产的企业ABS存量规模达到1,647.17亿元,同比增

---

[*] 本文写于2020年1月16日。

幅 18.99%。

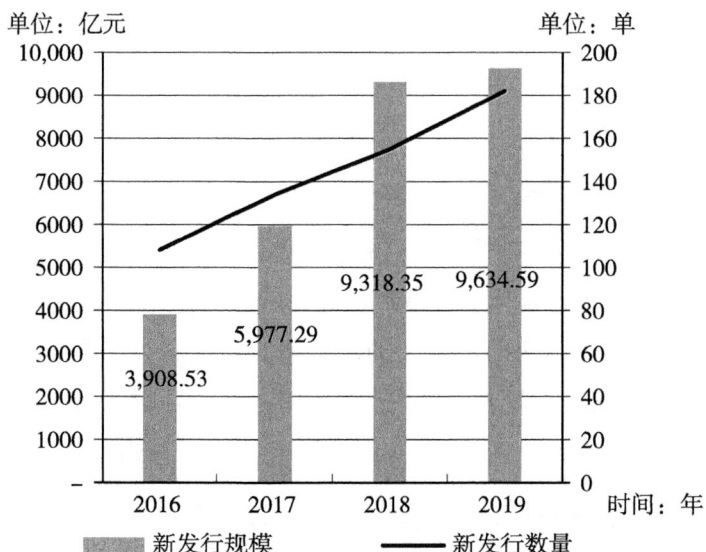

数据来源：Wind，中诚信托战略研究部整理。

**图1 2016—2019年信贷CLO新发行情况**

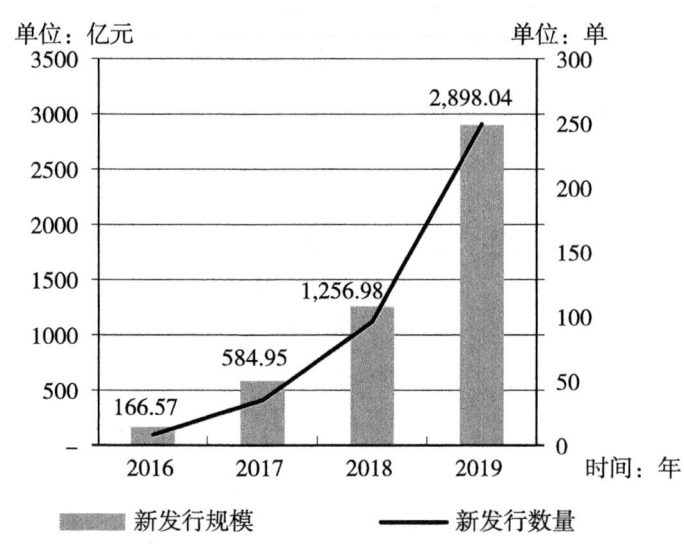

数据来源：Wind，中诚信托战略研究部整理。

**图2 2016—2019年ABN新发行情况**

未来，资产证券化业务市场规模仍将继续扩大，业务机会也将不断涌现。一方面是政策支持，监管机构陆续下发多项鼓励资产证券化业务发展的监管政策，同时严监管逐渐形成资产证券化业务的规范机制；另一方面是增量和存量机会众多，我国宏观经济的持续稳健增长，为各类金融业务包括信托资产证券化业务寻找增量资产提供了支撑，部分领域对存量资产提质增效的要求，例如国企改革涉及的央企资产证券化要求等，也为信托资产证券化业务挖掘存量优质基础资产提供了巨大的发展机遇。

## 二、信托公司企业资产证券化业务高速增长

从2019年情况来看，信托公司参与的资产证券化业务中企业资产证券化业务增速更快。具体来看，新发行ABN和企业ABS增速较新发行信贷CLO更快。新发行信托资产证券化业务中，信贷CLO规模最大，ABN次之，信托公司担任计划管理人的企业ABS则刚刚起步。新发行信贷CLO规模在经历2017年、2018年超过50%的增速后，2019年增速放缓至个位数。ABN自2016年得到监管鼓励以来保持高速增长，2016年以来新发行规模年复合增速达到159%。新发行信托公司担任计划管理人的企业ABS则全部由华能信托贡献，华能信托2018年共1单规模2亿元，2019年则实现10单规模合计74.5亿元。

未来，信托公司将继续利用好在ABN业务的垄断优势、企业ABS业务中的SPV优势，以及不断获取业务资格进入企业ABS领域，在企业资产证券化领域实现持续高速增长。一是企业资产证券化业务市场潜力巨大。一方面，ABN作为一类重要的企业资产证券化业务已经崛起，近几年连续实现超高速增长。另一方面，企业ABS业务市场潜力巨大。在资产证券化市场中，截至2019年年底，信贷CLO、企业ABS、ABN累计发行规模分别为2.37万亿元、2.25万亿元和0.46万亿元，存量规模分别为1.44万亿元、1.77万亿元和0.37万亿元，企业ABS业务累计发行规模接近信贷CLO，存量规模居于市场第一，同时2019年新发行企业ABS规模接近1.11万亿元，新发行规模也已经居于市场第一。二是信托公司在ABN业务方面拥有垄断地位，拥有开展企业资产证券化业务的先天优势。三是未来会有更多信托公司争取企业ABS业务资格，以及通过发挥作为SPV的制度优势，信托公司将更大力度参与到企业ABS业务中。

## 三、信托公司资产证券化业务中基础资产的重要性更加凸显

从2019年情况来看，信托公司增量和存量资产证券化业务基础资产类型丰富，同时对基础资产的风控要求进一步提高，底层分散和资质较好的基础资产更受青睐。

一是新发行基础资产类型丰富。信贷CLO基础资产情况方面，2019年新发行信贷CLO共涉及七类基础资产，其中个人住房抵押贷款、汽车贷款、信用卡贷款类基础资产的新发行规模排名前三，规模分别为5,162.71亿元、1,965.92亿元和1,171.43亿元，规模占比分别达到54%、20%和12%。ABN基础资产情况方面，2019年新发行ABN共涉及九类基础资产，其中票据收益、应收债权、租赁债权类基础资产的新发行

规模排名前三,规模分别为1,467.11亿元、502.40亿元和440.71亿元,规模占比分别达到51%、17%和15%。信托公司担任计划管理人的企业ABS基础资产方面,2019年涉及的基础资产全部为企业债权,从基础资产二级分类角度,74.5亿元的规模具体包括信托受益权40亿元,其他企业债权34.5亿元(见表2)。

表2 2019年新发行信托资产证券化业务基础资产类型

| 基础资产类型 | 信贷CLO/亿元 | 信托型ABN/亿元 | 企业ABS(信托公司担任计划管理人)/亿元 |
| --- | --- | --- | --- |
| 个人住房抵押贷款 | 5,162.71 | / | / |
| 汽车贷款 | 1,965.92 | / | / |
| 信用卡贷款 | 1,171.43 | / | / |
| 企业贷款 | 891.56 | / | / |
| 不良贷款 | 143.49 | / | / |
| 消费性贷款 | 260.44 | 170.00 | / |
| 租赁资产(信贷CLO)/租赁债权(ABN) | 39.04 | 440.71 | / |
| 票据收益 | / | 1,467.11 | / |
| 应收债权 | / | 502.40 | / |
| PPP项目债权 | / | 17.32 | / |
| 信托受益债权 | / | 120.91 | / |
| 基础设施收费债权 | / | 125.00 | / |
| 委托贷款债权 | / | 36.00 | / |
| 保理合同债权 | / | 170.00 | / |
| 企业债权 | / | / | 74.5 |

数据来源:Wind,中诚信托战略研究部整理。

二是底层资产分散或资质较好的基础资产规模和占比突出。信托公司参与的新发行资产证券化业务中,底层资产分散或资质较好的基础资产类业务增速更快、占比更高。从2016—2019年新发行信贷CLO基础资产来看,房贷、车贷、信用卡贷、消费贷款类整体出现显著的高速增长态势,而企业贷款类则降幅较大(见图3)。从同期新发行ABN基础资产来看,票据收益类基础资产增速快且规模最大,在2019年新发行ABN规模中的占比已经达到了51%,这与票据市场本身体量较大、原始权益人资质较高有关(见图4)。

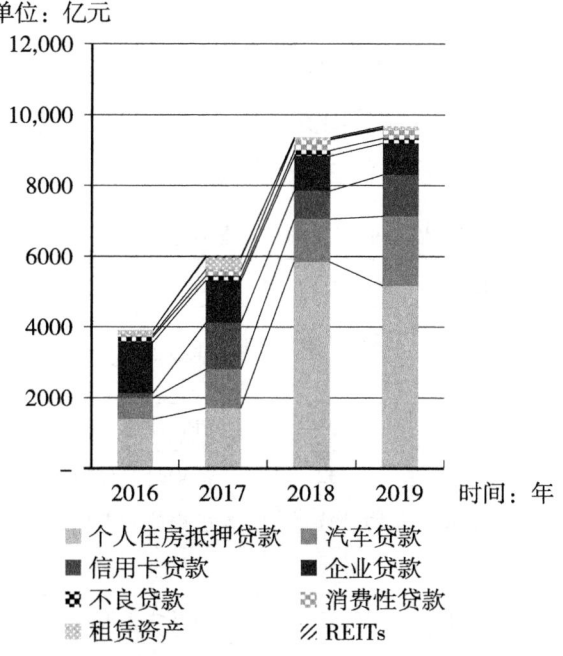

数据来源：Wind，中诚信托战略研究部整理。

图3 2016—2019年新发行信贷CLO基础资产结构变化

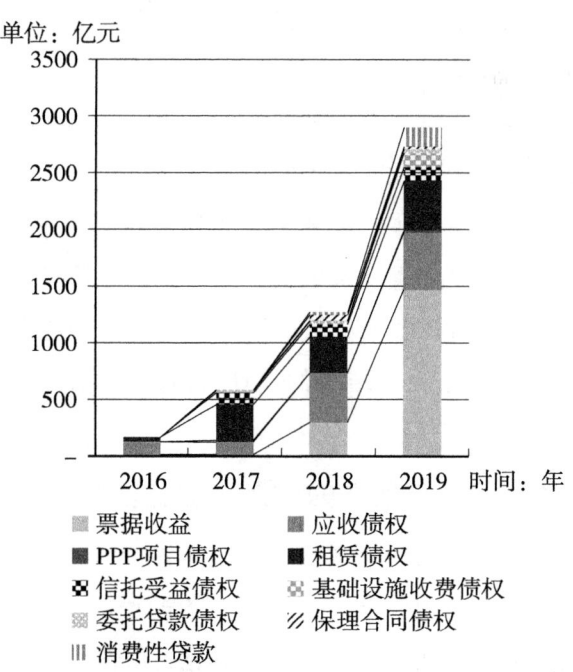

数据来源：Wind，中诚信托战略研究部整理。

图4 2016—2019年新发行ABN基础资产结构变化

信托公司参与的存量资产证券化业务中,基础资产结构与新发行情况相似。根据2019年年底的存量数据,存量信贷CLO中,个人房贷、车贷、信用卡贷占比居于前三,个人房贷占比超过七成,三类基础资产合计占比超过九成;存量ABN中,票据收益、应收债权、租赁债权占比居于前三,三类基础资产合计占比超过八成(见表3)。

表3 信托资产证券化业务存量余额及结构

| 信贷CLO存量及结构(截至2019年年底) | | | ABN存量及结构(截至2019年年底) | | |
|---|---|---|---|---|---|
| 基础资产类型 | 余额/亿元 | 余额比重/% | 基础资产类型 | 余额/亿元 | 余额比重/% |
| REITs | 5.20 | 0.04 | PPP项目债权 | 16.81 | 0.45 |
| 不良贷款 | 189.23 | 1.32 | 保理合同债权 | 12.07 | 0.32 |
| 个人住房抵押贷款 | 10,385.76 | 72.31 | 基础设施收费债权 | 120.93 | 3.24 |
| 企业贷款 | 687.62 | 4.79 | 票据收益 | 1,597.09 | 42.83 |
| 汽车贷款 | 1,576.07 | 10.97 | 委托贷款债权 | 74.77 | 2.01 |
| 消费性贷款 | 240.04 | 1.67 | 消费性贷款 | 180.00 | 4.83 |
| 信用卡贷款 | 1,177.69 | 8.20 | 信托受益债权 | 323.45 | 8.67 |
| 租赁资产 | 101.94 | 0.71 | 应收债权 | 854.39 | 22.91 |
| 合计 | 14,363.55 | 100 | 租赁债权 | 549.73 | 14.74 |
| | | | 合计 | 3,729.24 | 100 |

数据来源:Wind,中诚信托战略研究部整理。

未来,资产证券化业务中,在宏观经济增长压力较大、市场违约多发的背景下,信托公司资产证券化业务将更加重视基础资产的质量。一是更加重视原始权益人、差补人的主体资质;二是更为重视底层分散的资产,通过资产的安排提高产品的信用等级;三是重视资产证券化产品交易结构的设计,通过产品的结构化安排提供内部增信等。

## 四、信托公司资产证券化业务的收入贡献逐步提升

从2019年情况来看,信托公司资产证券化业务能力尚处于初级阶段。信托公司参与方式仍以SPV为主,业务能力和分销能力尚未完全建立,"Pre-ABS/ABN+发行+分销"这类"一鱼多吃"展业难度较大,资产证券化价值链挖掘不易。这也是造成信托资产证券化业务同质化严重、信托报酬率难以提升、业务人员动力不足的重要原因(见表4)。

表4　资产证券化价值链费用调研

| | PRE-ABS/ABN 环节 | 发行环节 | 分销/承销环节 |
|---|---|---|---|
| 信托公司收费 | 0.1%—1%/年（视信托公司的参与和管理方式） | 0.03%—0.05%/年 | 0.2%左右（根据债券情况有较大浮动） |
| 券商/券商资管等收费 | | 0.2%—0.3%（多为打包收取） | |

数据来源：中诚信托战略研究部根据调研整理。

未来，信托公司将摆脱单纯SPV角色，尽快构建业务能力，提高业务主导性，拓展"发行+分销"打包服务，资产证券化业务将逐步提升对信托公司的收入贡献。从资产证券化价值链来看，信托公司开展Pre-ABS/ABN业务带有较大的机会性，但分销环节的积极参与已成为各家的重要发力点，实行"发行+分销"打包将成为业务趋势。一方面，通过实施"发行+分销"打包，整体报酬率将达到千二以上，资产证券化业务将获得更好的收入贡献。另一方面，报酬率的提高有利于提高业务人员展业积极性，吸引外部成熟人才，并进一步提高信托公司开展资产证券化业务的能力和竞争优势。据调研，券商/券商资管等开展资产证券化业务，多采取"发行+承销"打包的服务方式，合计收费在千二到千三左右，同时券商/券商资管等往往采取前端一次性收费的方式，相比之下信托公司发行环节按年收费和分销环节一次性收费则可实现更高收入，因此在实施市场化考核的情况下，信托公司资产证券化业务人员展业积极性将有所提高，对外部成熟人才的吸引力也将增强，信托公司资产证券化业务的竞争优势将进一步凸显。

## 五、信托公司资产证券化业务的市场竞争更加激烈

从2019年情况来看，信托公司资产证券化业务市场竞争更加激烈。一是更多信托公司参与资产证券化业务。信贷CLO方面，参与公司由2018年的16家增至2019年的23家；ABN方面，参与公司由2018年的25家增至2019年的35家。二是信贷CLO行业集中度有所下降，ABN行业集中度进一步提高，信托公司担任计划管理人的企业ABS则仅有华能信托一家信托公司有项目落地。信贷CLO行业集中度下降与更多信托公司参与但市场规模持平有关，ABN行业集中度提高与部分信托公司展业力度大、规模高速增长有关。从企业ABS一级市场来看，2019年共97家计划管理人参与，华能信托发行规模排名30，行业排名较上年大幅提升。三是银行系和央企系信托公司资产证券化业务展业突出。信贷CLO方面，2019年，建信信托、华润信托、华能信托新发行规模位居前3，其中华能信托从2018年的不足百亿元猛增到2019年的过千亿元。ABN方面，2019年，华能信托、天津信托、五矿信托新发行规模位居前3，天津信托、

云南信托、金谷信托较上年新晋前 10。

未来，信托公司资产证券化业务头部机构优势仍在，但头部机构的成功经验也为各家信托公司开展资产证券化业务提供了借鉴，赶超机会仍在。从信托资产证券化业务发展来看，部分先进信托公司资产证券化业务规模快速增长，且取得了不错的经营业绩，与其对信托资产证券化业务的战略重视程度、资源禀赋情况、重点客户开发情况关系很大。就银行系和央企系信托公司来说，其资产证券化业务展业力度较大，与积极开发关联机构资源、战略合作客户直接相关。例如，信贷 CLO 业务的发起机构中，2019 年中国建设银行作为发起机构的发行规模达到 1,628.22 亿元，中信银行作为发起机构的发行规模达到 484.08 亿元，兴业银行作为发起机构的发行规模达到 465.02 亿元。再如 ABN 业务的发起机构中，2019 年以中核融资租赁作为发起机构的发行规模达到 300 亿元，而中核融资租赁是华能信托的重点拓展对象，仅 2019 年以中核融资租赁作为发起机构的 ABN 项目已超过 20 单，两家公司的集团公司中核集团和华能集团也是战略合作客户；2019 年以中兵融资租赁公司和立根融资租赁公司作为发起机构的发行规模分别达到 100 亿元，而 2019 年天津信托 ABN 业务的快速发展与其重点拓展包括前述两家融资租赁公司在内的租赁公司客户直接相关（见表 5、表 6）。

**表 5　信贷 CLO 发行规模 TOP10 和行业集中度情况**

| 2019 年 | | | 2018 年 | | |
|---|---|---|---|---|---|
| 发行机构 | 发行项目总数 | 发行总额/亿元 | 发行机构 | 发行项目总数 | 发行总额/亿元 |
| 建信信托 | 34 | 2,533.66 | 建信信托 | 42 | 3,364.18 |
| 华润信托 | 22 | 1,428.04 | 交银信托 | 14 | 1,500.49 |
| 华能信托 | 16 | 1,325.05 | 中海信托 | 17 | 1,280.40 |
| 上海信托 | 29 | 1,074.39 | 华润信托 | 21 | 801.15 |
| 交银信托 | 12 | 670.54 | 上海信托 | 18 | 524.75 |
| 中信信托 | 13 | 484.08 | 中信信托 | 6 | 461.82 |
| 外贸信托 | 11 | 432.25 | 兴业信托 | 5 | 376.90 |
| 兴业信托 | 7 | 426.88 | 国元信托 | 10 | 307.64 |
| 国元信托 | 11 | 308.53 | 中粮信托 | 4 | 220.00 |
| 中粮信托 | 4 | 295.00 | 外贸信托 | 5 | 178.73 |
| CR4 | 55% | 66% | CR4 | 61% | 75% |
| CR8 | 79% | 87% | CR8 | 86% | 92% |
| CR10 | 87% | 93% | CR10 | 92% | 97% |

数据来源：Wind，中诚信托战略研究部整理。

表6 ABN发行规模TOP10和行业集中度情况

| 2019年 | | | 2018年 | | |
| --- | --- | --- | --- | --- | --- |
| 发行机构 | 发行项目总数 | 发行总额/亿元 | 发行机构 | 发行项目总数 | 发行总额/亿元 |
| 华能信托 | 40 | 637.89 | 华能信托 | 11 | 203.07 |
| 天津信托 | 29 | 360.00 | 华润信托 | 12 | 131.63 |
| 五矿信托 | 35 | 280.89 | 中铁信托 | 6 | 110.31 |
| 华润信托 | 15 | 184.83 | 上海信托 | 5 | 77.22 |
| 西部信托 | 4 | 139.67 | 平安信托 | 6 | 71.01 |
| 建信信托 | 12 | 126.73 | 中建投信托 | 6 | 67.84 |
| 平安信托 | 13 | 116.44 | 建信信托 | 3 | 62.62 |
| 中铁信托 | 10 | 110.18 | 西部信托 | 6 | 62.19 |
| 云南信托 | 13 | 85.04 | 交银信托 | 5 | 60.32 |
| 金谷信托 | 5 | 76.39 | 五矿信托 | 8 | 57.21 |
| CR4 | 48% | 51% | CR4 | 35% | 42% |
| CR8 | 63% | 68% | CR8 | 57% | 63% |
| CR10 | 71% | 73% | CR10 | 71% | 72% |

数据来源：Wind，中诚信托战略研究部整理。

（执笔人：崔继培）

# 信托公司资产证券化业务的发展趋势展望[*]

2020年以来，在年初新冠肺炎疫情及后续复工复产等的影响下，资产证券化新发行规模也表现出了前低后高的态势，全年预计信贷CLO同比下降，ABN和企业ABS则保持高速增长。在新的市场背景和政策背景下，信托公司将找准在资产证券化领域的自身定位，发力高增长业务品种，并进一步挖掘资产证券化业务综合价值。

## 一、资产证券化对信托公司的重要性有所提升

一是开展资产证券化业务符合监管导向。第一，近年来监管部门多次鼓励开展资产证券化业务。自银监办发〔2014〕99号文以来，监管部门持续推动信托公司规范现有业务模式，探索转型发展方向，其中明确提出鼓励开展资产证券化业务、提高资产证券化附加值，同时也逐渐为信托公司开拓资产证券化业务链条中的业务资质，包括修订ABN业务指引，授予12家信托公司银行间市场非金融企业债务融资工具承销商资格，以及授予两家信托公司交易所资产证券化计划管理人的试点资格等。第二，在资管行业监管不断加强的政策背景下，资管新规及资金信托新规均未对资产证券化业务提出限制性要求，在银行间、交易所市场发行和交易的资产支持证券也被明确认定为标债资产，资产证券化业务持续得到监管部门的大力支持。

二是资产证券化业务是信托公司业务转型的重要抓手。信托公司按照监管导向压降非标融资业务，持续推进净值化转型，着力标准化资产投资已成为行业共识。第一，宏观经济增速下行，优质资产获取更为困难。信托公司亟须通过资产证券化业务盘活存量，创造新的业务空间；通过资产证券化业务推进非标转标，也因此成为行业探索的方向。第二，在推进净值化转型的过程中，信托公司开始大力发展标品投资业务，尤其是债券投资业务。由于既有债券市场竞争者众多，且信托公司参与债券市场限于监管政策缺乏杠杆优势，也囿于产品私募性质缺乏资金成本优势和税收优惠红利，同时由于自身标债投资业务积累较少缺乏投研经验，不少信托公司将自身较为熟悉的资产支持证券作为投资的重点之一。

---

[*] 本文写于2020年12月17日。

## 二、企业资产证券化业务将成为发展重点

随着资产证券化产品市场认可度的提高，资产支持证券的投资需求和资产供应均较为旺盛，近年来 ABN 和企业 ABS 市场呈现出较信贷 CLO 更快的新发行规模增速，企业资产证券化业务将成为信托公司的发力重点。第一，从业务实践来看，新发行 ABN 和企业 ABS 规模实现更快增长。根据 Wind 数据统计，截至 2020 年 12 月 14 日，年内新发行信贷 CLO、ABN、企业 ABS 规模分别为 7,844.69 亿元、4,501.53 亿元和 14,421.29 亿元，年内新发行信贷 CLO 规模较 2019 年全年减少 18.58%，但新发行 ABN、企业 ABS 规模较 2019 年全年分别增长 55.67% 和 29.95%，预计全年增速也较为乐观（见图 1 至图 3）。第二，在提高直接融资比重的政策导向下，ABN 和企业 ABS 市场将进一步扩容，信托公司在非金融企业债务融资工具市场的机会更大，因此信托公司未来资产证券化业务或将更加重视 ABN 和企业 ABS 业务。11 月起我国信贷 CLO 业务开始实施信息登记，信贷 CLO 的发行效率将进一步提升，信托公司应牢牢抓住信贷 CLO 基本盘业务。同时，受益于 ABN 和企业 ABS 市场的高速增长和相对较低的市场集中度，信托公司在 ABN 和企业 ABS 业务方面仍有赶超的可能性，尤其是信托公司在 ABN 中担任发行载体、在企业 ABS 业务中创设和生产基础资产方面已经构筑了相当的优势，因此也更值得进一步深挖拓展。

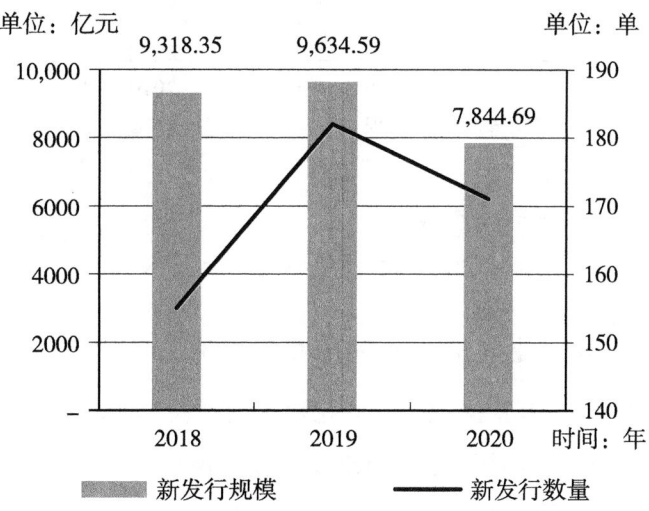

数据来源：Wind。

注：2020 年数据为截至当年 12 月 14 日。

**图 1　新发行信贷 CLO 规模**

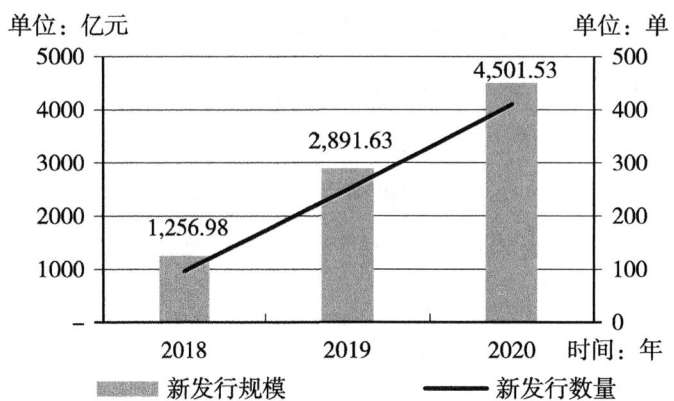

数据来源：Wind。
注：2020年数据为截至当年12月14日。

图2　新发行ABN规模

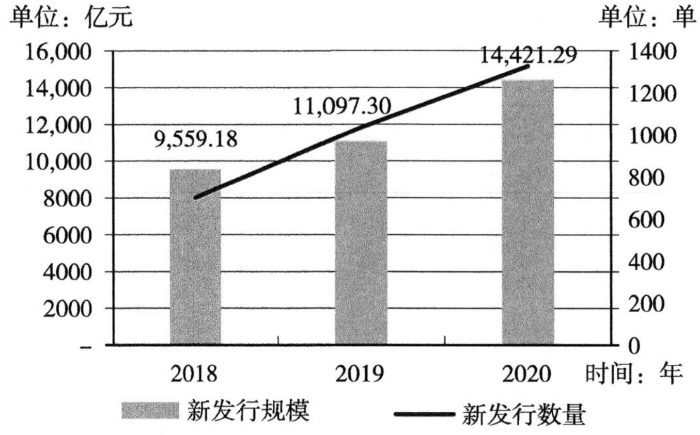

数据来源：Wind。
注：2020年数据为截至当年12月14日。

图3　新发行企业ABS规模

## 三、对资产证券化业务价值的挖掘将更加充分

一是信托公司将进一步挖掘资产证券化业务的规模价值。无论是与国外还是与国内信用债市场相比，资产支持证券作为重要的债务融资工具，均有极大的市场空间。根据十九届五中全会和"十四五"规划的精神，"十四五"时期贯彻新发展理念，必将提高直接融资比重，畅通直接融资渠道，这也为资产证券化市场扩容指明了方向。信托公司将抓住不断扩容的资产证券化市场机遇，尽快实现该业务的规模价值和显著的业绩贡献。

二是信托公司将深度挖掘资产证券化价值链中的服务价值。第一，创设和生成基

础资产市场空间广阔,创新基础资产交易也将贡献显性利润。2018年以来,企业ABS涉及信托受益权类基础资产已达到198单2,538.55亿元,从数量和规模角度,各年度亦呈现持续增长态势,其中2020年以来信托受益权类基础资产相关的企业ABS业务规模增速较2019年全年已达到54.73%,远超企业ABS新发行规模增速,这也证实信托受益权类基础资产的市场认可度不断提升。未来,信托公司除不断为资产证券化业务创设和生成基础资产外,还将利用基础资产供应优势,发展交易型资产证券化业务,并作为发起机构买入符合条件的基础资产,主动获取基础资产利息与资产证券化发行成本之间的利差。第二,业务联动价值凸显,信托公司将进一步深挖资产证券化业务发行、承销、投资等环节的联动价值,打通资产证券化业务链条中的资管环节和投行环节。业务联动并非易事,但从实际运作来看,投资环节的开展极大地助力了承销规模的增长,承销环节的加入则有效提升了资产证券化业务的整体业绩贡献。

三是信托公司将争取更多业务资格,在资产证券化业务乃至信用债市场方面取得更大突破。从全市场来看,根据Wind数据,截至2020年12月14日,年内除金融债之外的信用债发行规模约14.71万亿元,是五年前的2倍左右,且仍在快速增长中。信托公司除主要参与信贷CLO发行、ABN业务的发行及部分分销外,华能信托和中信信托担任企业ABS计划管理人并累计落地21单合计规模148.35亿元。未来,信托公司将争取更多业务资格,以更大的规模、更多的主导参与资产证券化业务,包括更多信托公司取得企业ABS计划管理人资格,更多信托公司取得银行间市场债券分销资格并争取获得主承资格,获得交易所市场信用债承销资格,在REITs领域取得资格突破等。

**四、面临的市场竞争将更加激烈**

一是资产证券化业务的信托同业竞争已经十分激烈,市场集中度处于高位。根据Wind数据,截至2020年12月14日,年内共20家信托公司参与了信贷CLO业务的发行,35家信托公司参与了ABN业务的发行,但绝大部分市场份额集中于龙头信托公司。从新发行规模角度,信贷CLO业务的CR10达到94.52%,ABN业务的CR10达到79.44%。与此同时,大量信托公司年内业务数量和规模均偏少,其中11家信托公司新发行信贷未超过3单,14家信托公司新发行ABN未超过3单,这既不利于积累同业资源、资金资源和资产资源,也不利于积累业务经验,且年内过少的新增项目或将影响业务的持续性,反过来进一步导致市场份额向龙头信托公司集中。与此同时,信贷CLO、ABN业务中龙头信托公司在企业ABS中担任原始权益人的表现也更为突出。根据Wind数据,截至2020年12月14日,年内企业ABS原始权益人为信托公司的,共涉及12家信托公司合计规模2,595.17亿元,其中华能信托担任原始权益人的企业

ABS 发行规模达到 1,053.20 亿元，天津信托、五矿信托、外贸信托、中航信托、光大信托也分别涉及 729 亿元、259 亿元、240 亿元、130 亿元和 127.81 亿元的发行规模。

二是资产证券化业务的外部竞争也十分白热化，信托公司与券商的差距仍然较大。2018 年以来企业 ABS 市场的新发行规模持续超过信贷 CLO，亦远超 ABN 市场。企业 ABS 业务由于市场规模较大，且参与机构数量更多，市场集中度攀升程度虽不及信贷 CLO、ABN 剧烈，但也同样出现了集中度不断提升的趋势。根据 Wind 数据，截至 2020 年 12 月 14 日，2020 年内共 89 家机构担任企业 ABS 的计划管理人，累计年内新发行规模 1.44 万亿元。其中规模最大的十家机构合计发行规模 8,814.50 亿元，CR10 达到 61.71%；规模最大的三家均超千亿元，共 29 家机构规模超百亿元；华能信托发行规模则为 50.12 亿元，中信信托为 21.73 亿元，规模排名分别位于 41、59，与头部券商及券商资管子公司的差距仍然巨大。

三是信托公司仍应正视和应对资产证券化业务面临的挑战。第一，金融供给侧改革在资产证券化业务领域也逐渐深入，资产证券化市场中龙头机构的优势不断加强，部分机构也开始淡出该业务领域。从资产证券化的参与机构数量来看，2020 年未能延续高速增长趋势，各类资产证券化业务发行主体参与机构数量基本与上年持平或有所减少；从前述新发行规模来看，市场集中度则进一步提高。龙头之外的信托公司要实现在资产证券化业务领域的突破，应找准自身定位，至少在资金资源、项目资源、业务效率、附加价值等一个或多个方面取得竞争优势。第二，信用债市场风险事件也对资产证券化业务造成了一定影响。尤其是 ABN 和企业 ABS 产品，下半年以来部分项目出现了劣后级投资人难找的窘境，信用债风险情绪蔓延，以及资产证券化产品二级市场流动性偏弱本身也阻碍投资人退出路径的客观实现。这或将在一定程度上影响资产证券化产品的投资需求，对此，信托公司应持续关注信用债市场，并优化资产证券化产品的风险定价机制。第三，公募 REITs 采用了"公募基金+单一基础设施资产支持证券"的法律架构，信托公司的参与机会反而较少，亦说明私募定位的信托架构在降低资金成本方面仍应努力。第四，对于具有一定资源禀赋的信托公司来说，不应轻言放弃资产证券化业务，尤其是未来服务信托的开展及相关业务资格的获取，或将有赖于信托公司在当前资产证券化业务、家族信托业务、年金信托业务等积累的服务能力和服务经验。

（执笔人：崔继培）

# "非标转标"对资产端的主要要求[*]

非标准化债权融资业务（以下简称"非标业务"）是信托公司等资管机构近年来快速发展的重要业务。2018年资管新规颁布实施以来，监管部门出台一系列政策对"非标业务"进行限制和规范，信托公司等资管机构顺应监管导向，开展了一系列"非标转标"的探索，即将非标资产通过权利和风险重构转化为标债资产。按照中国人民银行发布的《标准化债权类资产认定规则》（以下简称《认定规则》）的要求，结合信托公司的业务类型和业务范围，目前信托公司实现"非标转标"的途径主要是在交易所和银行间市场开展资产证券化业务。通过资产证券化操作"非标转标"涉及的资产端，具体实施时既需要同时满足金融监管规定及银行间、交易所市场的业务规范要求，也要符合通常的资产证券化业务实践中对基础资产的要求，以保障业务的合规性和操作的便利性。

## 一、《认定规则》对"非标转标"后标债资产的要求

标债资产是"非标转标"后形成的资产。根据《认定规则》的规定，标债资产主要包括两类，一类是直接列明的标债资产，包括国债、中央银行票据等；另一类是由基础设施机构向中国人民银行提出标债资产认定、人民银行会同金融监督管理部门根据五项认定规则予以认可的标债资产。

按照《认定规则》的要求，结合信托公司业务的实际情况，与"非标转标"相关的信贷资产支持证券、非金融企业资产支持票据、证券交易所挂牌交易的资产支持证券属于监管白名单的标债资产，由基础设施机构作为申请主体向中国人民银行提出标债资产认定申请，中国人民银行会同金融监管部门根据《认定规则》第2条所列条件及有关规定对相关债权类资产进行认定并予以认可的，属于未来可进一步探索的"非标转标"方式和标债资产形式。

## 二、银行间、交易所市场对资产证券化业务基础资产的规范要求

（一）银行间、交易所市场对资产证券化业务基础资产的一般要求

一是银行间市场的相关规定。根据银行间市场《非金融企业资产支持票据指引》

---

[*] 本文写于2020年8月13日。

（2017年修订）的规定，ABN的基础资产是指符合法律法规规定，权属明确，可以依法转让，能够产生持续稳定、独立、可预测的现金流且可特定化的财产、财产权利或财产和财产权利的组合，可以是企业应收账款、租赁债权、信托受益权等财产权利，以及基础设施、商业物业等不动产财产或相关财产权利等。基础资产为信托受益权等财产权利的，其底层资产需要满足该指引对基础资产的相关规定。根据中国人民银行、原中国银监会《信贷资产证券化试点管理办法》的规定，信贷资产证券化的基础资产是各类信贷资产。

二是证券交易所的相关规定。根据中国证监会《证券公司及基金管理公司子公司资产证券化业务管理规定》及中国证券投资基金业协会《资产证券化基础资产负面清单》的规定，基础资产应当在法律上能够准确、清晰地予以界定，并构成一项独立的财产权利或者财产，同时不具有中国证券投资基金业协会《资产证券化基础资产负面清单》列示情形或不符合拟挂牌所属证券交易所要求的挂牌条件的情形。同时，上海证券交易所还制定了基础设施类、融资租赁债权、应收账款、PPP项目等的资产支持证券挂牌指南；深圳交易所在《深圳证券交易所资产证券化业务问答（2020年5月修订)》中也对主要的基础资产作了要求。

从以上主要规范要求可以看出，资产证券化的基础资产除要求具备合法合规、权属明确、可依法转让，能够产生持续稳定、独立、可预测的现金流且可特定化的基本要求以外，大的分类基本包括债权、收益权、信托受益权、动产等可独立的财产权利或者财产。

（二）银行间、交易所市场对资产证券化业务基础资产的特殊要求

部分资产证券化业务对基础资产也设有一些细化和特殊的要求，需要信托公司在开展"非标转标"业务时予以特别关注。例如，上海交易所对企业应收账款、融资租赁债权基础的资产证券化设定了在不满足豁免条件下基础资产分散度的要求，即企业应收账款资产支持证券的基础资产池至少应包括10个相互之间不存在关联关系的债务人且单个债务人入池资产金额占比不超过50%；融资租赁债权资产支持证券基础资产池应当至少包括10个相互之间不存在关联关系的债务人，单个债务人入池资产金额占比不超过50%，且前5大债务人入池资产金额占比不超过70%（上述债务人之间存在关联关系的，应当合并计算）。再如，根据《深圳证券交易所资产证券化业务问答（2020年5月修订)》的要求，基础资产为多笔信托受益权的资产证券化项目，应关注的问题包括入池信托计划不存在现金流重构、结构化分层，信托受益权的底层资产应在地区、行业上具备一定的分散性；单一债务人未偿还本金余额占比超过10%的，应

按照证监会《证券公司及基金管理公司子公司资产证券化业务信息披露指引》中重要债务人的标准进行披露，披露内容包括但不限于其所在行业的相关情况、偿债能力分析、项目发起机构对于该借款人的资信评价说明及还款来源分析、增信状况等。

### 三、通过资产证券化开展"非标转标"的基础资产实践参考

"非标转标"的基础资产应符合业务实践的要求，可参考市场已有的基础资产分类。按照Wind统计口径，企业ABS基础资产类型共分为企业债权、租赁资金、基础设施收费、门票收入、不动产投资信托REITs、保单贷款、应收账款、委托贷款、小额贷款、保理/融资债权、棚改/保障房、融资融券债权、PPP项目、消费性贷款、信托受益权、商业房地产抵押贷款，其中应收账款、租赁资金和企业债权三类基础资产的发行规模和发行数量居于前三；ABN基础资产类型共分为票据收益、应收债权、PPP项目债权、租赁债权、信托受益债权、基础设施收费债权、委托贷款债权、保理合同债权、消费性贷款，其中票据收益、应收债权、租赁债权三类基础资产的发行规模和发行数量居于前三。

值得注意的是，当前信托公司开展"非标转标"时符合条件的基础资产还不够充分，这也是影响"非标转标"实践快速发展的重要原因之一。目前信托公司"非标转标"业务中基础资产获取的难度较大，主要是资产证券化对基础资产领域等的要求与目前信托公司主要业务领域差异较大所致。从实践来看，当前在交易所通过资产证券化实现"非标转标"的基础资产主要是城投类，但根据《资产证券化基础资产负面清单》的要求，以地方政府为直接或间接债务人的基础资产、以地方融资平台公司为债务人的基础资产，除地方政府按照事先公开的收益约定规则，在政府与社会资本合作模式下应当支付或承担的财政补贴的情形外，均属于负面清单情形；当前在银行间市场通过资产证券化实现"非标转标"的房地产类基础资产的底层资产主要是商业物业、购房尾款、保理融资债权等，信托公司在这些领域均有待加大展业力度。

（执笔人：崔继培）

# 信托公司"投研一体化"建设思路构想

信托公司积极推进转型创新,投研能力是重要软实力。当前,国际国内形势复杂严峻,国内经济下行压力较大,金融监管政策频出,市场风险多发,为了应对外界的快速变化,及时研判,快速反馈,信托公司应尽快建立健全投研体系,夯实和优化投研能力基础,加强投研一体化建设,保障信托公司的稳健发展。

## 一、建立健全投研体系对信托公司具有重要意义

### (一)信托公司实现转型发展的重要前提

近年来,信托公司着力推动的转型发展,从业务类型角度,主要是压降通道业务向主动管理转型,推动信托功能从融资向投资和信托服务转型;从业务领域角度,主要是向促进服务实体经济和发展信托本源业务转型;从盈利模式角度,主要是提高信托业务收入占比,以及推动盈利模式从获取息差到收取管理费转变。前述转型发展,都意味着信托公司从类银行业务模式向真正的资产管理转型,投研能力作为资产管理业务的基础能力,也因此成为未来信托公司最基本的专业能力和核心竞争力。

### (二)信托公司开展投资业务的重要基础

在监管外部约束和信托公司未来发展导向方面,信托公司从融资类业务向投资类业务转型已是必然,而投研能力是投资业务的重要基础。从业务实践来看,信托公司的投资业务实践主要包括资本市场证券投资业务、私募股权/PE投资业务、FOF/MOM组合配置业务和其他创新型投资业务类型,从业务大类上属于专业度要求更高的固定收益投资、权益投资、资产配置业务的范围,需要建立健全投研体系,夯实展业基础。

### (三)信托公司风险管理的重要内容

信托公司作为管理风险、获取风险收益的金融机构,投研已成为风险管理的内生需求和重要内容。一是信托公司的风险管理内嵌投研需求。为应对复杂多变的外部形势和适应转型发展的需要,信托行业已推行全面风险管理,当前信托业风险项目数量和规模持续上升,凸显了信托公司风险管理的压力,投研体系作为风险管理的重要内容,信托公司对其需求也更加迫切。二是信托公司多样化的业务也对投研体系提出了

---

\* 本文写于2020年4月15日。

更高要求，不同的业务有着差异化的风险管理思路，例如投资类业务侧重市场风险研判，融资类业务侧重信用风险分析等。

（四）信托公司战略管理的重要保障

信托投研是信托公司发挥战略引领作用、加强战略管理的重要保障，尤其体现在，广义的信托公司投研体系应同时服务于信托公司战略管理、战略执行的多方面诉求。狭义的投研体系聚焦投资项目、投资策略等研究，但广义的投研还包括战略研究、竞争对手研究、市场研究等范畴（见图1）。考虑到大部分信托公司为中型机构，且内部业务类型发散，因此信托公司的投研往往是多部门共同参与、研究内容和服务范围边界较广、注重绩效评价和反馈的体系，且投研体系同时服务于公司运营管理、投资研究、业务执行、客户服务、品牌宣传等多种需求，服务于信托公司战略管理的全过程。

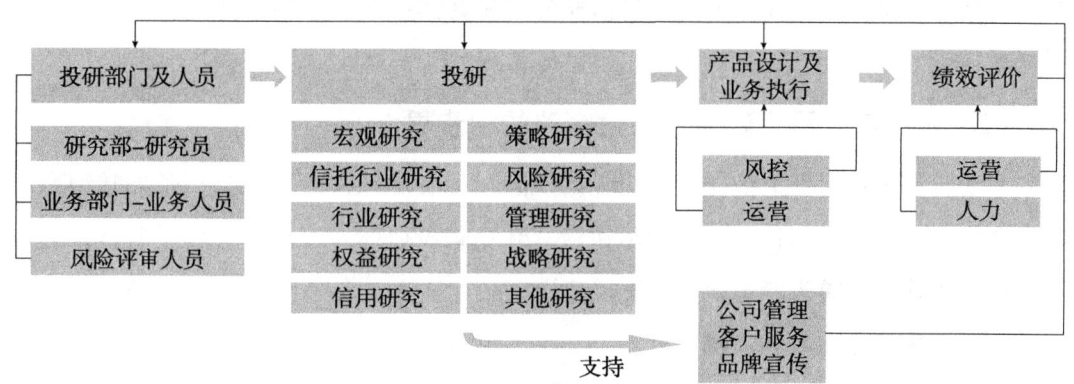

图1　广义的信托公司投研体系

## 二、当前信托公司投研体系的主要问题

（一）投研部门居于从属地位

过去十几年信托业的快速增长更多得益于快速发展的国民经济和对合适业务领域的历史选择，投研能力并非信托公司发展的决定性因素，投研体系更多处于"锦上添花"的从属地位，这也是过去信托公司对投研能力重视不足以及投入不足的重要原因之一。

（二）投研人员不足且职能分散

从投研人员数量来看，相较于银行、券商、大型公募基金等金融机构，信托公司人员偏少，其中投研人员更加匮乏，大部分信托公司专职投研人员尚不足10人，投研力量偏弱。从组织架构来看，部分信托公司设有投研职能，但分散于研究部门、业务部门和风控部门，且各部门对各自的投研职能定位和分工也不够清晰明确。同时，信托公司投研职能分散,加剧了投研人员偏少导致的投研实力不足的困难局面。

(三)投研一体化不足

一方面,投研职能分散导致在公司层面缺乏协同,无法发挥合力。大部分信托公司设有研究部门并专职承担相关投研职能,且风控部门同时担负风险研究职能,但研究部门和风控部门并不直接服务和驱动业务开展;部分信托公司在业务部门内设立投研团队,但部门人员的增加也加大了业务部门的人均收入考核压力;有的信托公司在研究部门和业务部门均有投研职能,但各部门各自为政,协同性不强。

另一方面,过去以融资类业务为主导的业务结构导致容易忽视投研体系作用。过去信托公司以融资类业务居多,研究部门的标的研究对业务开展仅起间接指导作用,投研一体化作用也难以发挥。同时,尽管不少信托公司采购了外部投研,以与外部投研保持沟通,但外部智库、研究所对信托公司和具体业务了解不够深刻,对信托公司的绩效提升和投资能力提升的贡献也不够显著。

### 三、对信托公司投研体系建设策略的初步思考

鉴于投研体系对促进信托公司当下防风险、促发展和保障信托公司长期转型发展的重要性和必要性,信托公司亟须尽快建立和完善投研体系。信托公司投研体系的建设策略,整体上应首先考虑建设原则、建设框架和重点,各信托公司可根据自身情况酌情调整具体工作重点和增减职能。

(一)信托公司投研体系建设一般原则

总体来看,考虑到信托公司的长远发展和现实展业需求,信托公司投研体系建设的一般原则应为注重适用性和适配性,兼顾前瞻性、科学性和效率。一是要注重适用性和适配性,建议信托公司根据现有情况、转型发展方向和战略方向,尽快建立与公司发展现状和战略转型方向相匹配的投研体系。二是兼顾前瞻性、科学性和效率。即在投研体系建设中,信托公司要关注对宏观经济、市场情况和业务领域的跟踪研究,孵化和培育前瞻性研判技能,同时在提高投研体系的投研科学性和效率方面予以平衡,力求务实高效。

(二)从文化、组织和激励等方面完善投研体系

文化理念方面,秉承"研究创造价值",构建敬畏市场、行稳致远的价值观,无论是面向自营投资还是信托投资,都应强调风险约束和合规约束。组织架构方面,可搭建由公司统领、将职能分散的投研体系联动起来的领导协同体系,形成讲求专业、分工明确、投研密切配合的组织架构。人才体系建设方面,可建立内部培养为主的多

层次的人才体系，包括服务于项目的开展宏观研究、策略研究、行业研究、标的研究的狭义投研人才，服务于资管市场、信托市场、创新业务的资管业务类研究的投研人才，以及服务于战略研究和竞争研究等的投研人才等，同时可根据总体投资策略下设各个研究小组具体执行。考核激励机制方面，可根据投研职能建立岗位职责，建立与个人业绩、管理规模等公司发展要素相关联的考核指标，激发员工提升业绩、做大管理规模的工作激情，并根据业绩表现等完善晋升通道。

（三）建立投研一体的业务流程机制

投研一体化重在构建协同和激励反馈机制，一方面是多研究职能部门协同及反馈，另一方面是研究、产品、交易、运营、市场等多流程的协同及反馈。例如，根据信托公司的业务特点，"固收+"类业务的投研一体化将由风险评审端主导的信用研究重塑为研究部门和风控部门协同的"投资研究+风险研究"，权益投资类业务的投研一体化将由研究部门主导的"市场研究+标的研究"拓展到研究部门、业务部门和市场部门协同的"研究驱动投资+研究服务投资+投资反馈研究+市场反馈研究"的互相交流机制。

（执笔人：崔继培）

# 浅析区块链技术在供应链金融中的应用[*]

区块链技术开创了一种在不可信的竞争环境中有效建立信任的新型计算范式和协作模式,凭借其独有的架构特点建立信任机制,实现信任逐级传递,具有广阔的应用空间。近年来,区块链技术在供应链金融中的应用得到了广泛关注,本文围绕供应链金融业务的现状和存在的问题,浅析区块链技术与供应链金融业务深入契合的场景。

## 一、供应链金融业务发展现状

供应链金融是解决中小企业融资难题、降低融资成本、减少供应链风险等问题的一种有效手段,面向不同行业不同层次大量涌现的各种融资模式、方法和产品,对提高供应链的竞争力产生了非常积极的作用。当前供应链金融业务的发展呈现以下主要特征:

一是产业规模快速增长。国家统计局数据显示,规模以上工业企业应收账款净额,从2005年的3万亿元,增加到2018年的14.3万亿元,增长了约3.8倍;2018年产成品存货43,119.1亿元,同比增长7.4%。但2018年我国商业保理业务量却仅有1.2万亿元,同比大幅增长20%,说明我国供应链金融市场具有广阔的发展空间且正处于蓬勃发展阶段。

二是产业价值不断提升。供应链金融围绕核心企业,管理供应链上下游中小企业的资金流和物流,并把单个企业的不可控风险转变为供应链企业整体的可控风险,将风险控制在最低限度。相比传统的融资模式,供应链金融在减少融资风险、降低融资成本、提高融资效率等方面具有独特优势和价值。

三是传统供应链金融面临一定发展瓶颈。首先,核心企业信用不能高效传递给中小微企业。同一供应链上企业之间的企业资源计划系统并不互通,导致企业间信息割裂,全链条信息难以融会贯通。对银行等金融机构来说,信息孤岛问题导致上游供应商与核心企业的间接贸易信息不能得到证明,风控难度增大。其次,履约风险无法有效控制。整条供应链上的交易主体和交易行为数量繁多,涉及多级供应商结算时,不确定性因素较多,存在资金挪用、恶意违约等风险。

---

[*] 本文写于2020年3月18日。

## 二、区块链技术在供应链金融中的应用

区块链是一种由多方共同维护，使用密码学保证传输和访问安全，能够实现数据一致存储、难以篡改、防止抵赖的记账技术。区块链技术具有分布式记账、无法删改、多方维护、内置合约等四个典型特征。

通过区块链技术，能够确保数据可信、互认流转，传递核心企业信用，防范履约风险，提高操作层面的效率，降低业务成本。具体来说，区块链技术对供应链金融业务的助益有如下三方面表现。

### （一）传递核心企业信用

区块链作为分布式账本技术的一种，集体维护一个分布式共享账本，使得非商业机密数据在所有节点间存储、共享，让数据在链上实现可信流转，极大地解决了供应链金融业务中的信息孤岛问题。登记在区块链上的可流转、可融资的确权凭证，使核心企业信用能沿着可信的贸易链路传递，解决了核心企业信用不能向多级供应商传递的问题。一级供应商对核心企业签发的凭证进行签收之后，可根据真实贸易背景，将其拆分、流转给上一级供应商。而在拆分、流转过程中，核心企业的背书效用不变。整个凭证的拆分、流转过程可溯源。

### （二）降低供应链条风险

一方面，区块链架构可对供应链中贸易参与方的行为进行约束，对相关的交易数据整合及上链，形成线上化的基础合同、单证、支付等结构严密、完整的记录，以佐证贸易行为的真实性。整个供应链条上丰富可信的贸易场景不仅惠及除核心企业及其一级供应商之外的其他中小企业，还将大大降低金融机构的参与成本。

另一方面，智能合约是一个区块链上合约条款的计算机程序，在满足执行条件时可自动执行。智能合约的加入，确保了贸易行为中交易双方或多方能够如约履行义务，使交易顺利可靠地进行。机器信用的效率和可靠性，极大地提高了交易双方的信任度和交易效率，并有效地管控履约风险。

### （三）实现融资降本增效

区块链技术与供应链金融相结合，使上下游的中小企业更高效地证明贸易行为的真实性，并共享核心企业信用，并可以在积极响应市场需求的同时满足对融资的需求，进而从根本上解决供应链上中小企业"融资难、融资贵"的问题，实现核心企业的"去库存"的目的，并达到"优化供给侧"的目标，从而提高整个供应链上资金运转效率。

### 三、国内基于区块链技术的供应链金融平台典型案例

目前，国内一些高新技术企业正积极致力打造基于区块链技术的供应链金融平台和系统，针对各类具体的应用场景提出了相应的应用方案。

**（一）微企业链供应链金融服务平台**

微企链平台是联易融数字科技集团有限公司与腾讯集团共同合作，运用腾讯区块链技术打造的供应链金融服务平台。平台通过区块链连通供应链中的各方企业和金融机构，完整真实地记录资产（基于核心企业应付账款）的上链、流通、拆分和兑付。由于区块链上的数据经多方记录确认，不可篡改、可以追溯，从而实现应收账款的拆分转让，并全部能够追溯至登记上链的初始资产。在原始资产登记上链时，通过对供应商的应收账款进行审核校验与确权，确认交易真实有效，以保证上链资产的真实可信，并实现核心企业对多级供应商的信用穿透。此外，平台还与多家金融机构进行合作，提升资金配置效率、支持小微企业基于供应链进行融资，降低融资成本，深度盘活金融资源。

**（二）航天信息供应链金融支持服务系统**

该系统是航天信息股份有限公司自主研发的利用区块链技术防止供应链融资凭证重复授信的产品。银行等金融机构在开展商业保理、票据贴现等供应链金融业务时，一般依据具体贸易过程中的合同及发票等作为融资凭证。本系统采用区块链技术，将验真后的发票数据登记入区块链账本，供金融机构授信评估使用。在供应链融资过程中，金融机构通过调用本系统提供的凭证智能匹配服务，依据合同信息从发票池中匹配出合同关联的所有发票信息，形成本次贸易融资的发票集合；通过调用本系统提供的发票识别、发票验真、发票数据补全等服务，提升金融机构对贸易背景真实性的甄别能力。

**（三）联动优势跨境保理融资授信管理平台**

平台采用联动优势电子商务有限公司自主研发的区块链底层系统——优链（UChains），利用区块链数据可信的特点，为供应商和保理公司提供融资全生命周期管理、融资额度管理等服务，并根据供应商交易和资信等信息，对供应商进行信用评级，为供应商定制合理的优惠利率，提供灵活的金融服务。平台提供四项管理功能：一是供应商融资状态管理，包括多次融资申请、放款、还款等；二是供应商订单状态管理，包括未结汇订单的信息采集、跨境结算等，已结汇订单的还款和支付等；三是供应商授信额度管理，根据现有订单状态和融资情况，计算供应商的融资授信额度；四是供

应商信用评级管理，根据历史订单状态和融资情况，评估供应商的企业信用。

## 四、区块链技术在供应链金融的应用中存在的问题

从目前发展的情况来看，区块链技术在供应链金融领域的应用还存在一些技术层面的问题：

一是数据安全及隐私保护问题。区块链供应链金融项目涉及交易信息、信用信息等敏感性商业信息，因此对数据隐私保护要求很高，数据存储必须拥有很强的防截获、防破解能力。除此之外，不同应用场景下，区块链平台中不同身份的成员拥有的数据访问权限应进行必要的区分。

二是数据存储能力问题。由于区块链的数据只有追加没有移除，数据只会增加不会减少，随着时间的推移，区块链系统的数据存储能力将面临极大考验。所以对某些交易任务，使用具有单独网络化存储的关系数据库会比使用区块链数据库更划算。

三是规模的可扩展性问题。插入到区块链中的数据都必须进行序列化（依次传递给链上的各个节点），这就意味着，较之可以并行更新数据的传统数据库，区块链的更新速度更慢。如果区块链系统要扩大其规模，比如增加更多的节点和数据，就不得不消耗更多的 CPU 容量，以确保能够及时地完成交易功能。

上述是区块链系统目前面临的技术问题，区块链技术虽然拥有革命性的概念，并在供应链金融等领域具有潜在的应用价值，但其距离成熟的运用和广泛的推广，还有较长的一段路要走。

（执笔人：韩鸣飞）

# 家庭作为家族信托委托人的相关问题探讨*

近期随着家族信托业务的快速发展，部分业务实践问题逐渐显现。特别是家庭作为家族信托委托人，在监管上虽然给予一定支持，但在操作中由于无法作为民事行为主体而难以实施。这一现实情况也导致了家族信托业务实践中的若干问题，本文对此进行初步探讨。

## 一、家庭作为家族信托委托人的政策支持及面临的现实困难

（一）"37号文"对家庭作为家族信托委托人的政策支持

《信托部关于加强规范资产管理业务过渡期内信托监管工作的通知》（信托函〔2018〕37号，以下简称"37号文"）明确规定家庭可以作为家族信托的委托人。"37号文"中对家族信托提出了明确定义，即："家族信托是指信托公司接受单一个人或者家庭的委托，以家庭财富的保护、传承和管理为主要信托目的，提供财产规划、风险隔离、资产配置、子女教育、家族治理、公益（慈善）事业等定制化事务管理和金融服务的信托业务。家族信托财产金额或价值不低于1000万元，受益人应包括委托人在内的家庭成员，但委托人不得为唯一受益人。单纯以追求信托财产保值增值为主要信托目的，具有专户理财性质和资产管理属性的信托业务不属于家族信托。"

（二）家庭作为家族信托委托人面临的现实困难

根据监管部门对家族信托的界定，家庭作为家族信托的委托人，已经有了明确的政策支持，但仍因家庭缺乏明确的民事主体地位等原因面临一定的现实困难而难以实施。

一是由于我国尚未明确家庭的民事主体地位，造成以家庭为单位从事部分社会活动面临一定的障碍。具体到以家庭作为委托人设立家庭信托，因家庭无独立的民事主体地位，不符合《中华人民共和国信托法》对委托人应当具有完全民事行为能力的要求，从而难以成为目前法律制度框架下家族信托的单一委托人。

二是家庭这一概念的范围具有很大的伸缩性，如以其作为设立家族信托的委托人，在实践中往往较难把握边界。家庭一般以亲属关系为主，主要包括血缘、姻缘和收养关系成员，而随着社会经济的变化，家庭的边界也有一定的变化，小家庭趋势日益明

---

* 本文写于2020年4月30日。

显。与此相对应的家户或户的概念，作为国家和政府管理的产物，范围则较为明确。但是，家户的范围较家庭大大收缩，且容易发生变动。

## 二、实践中家庭难以作为家族信托委托人带来的主要问题

### （一）因被认定为集合信托可能导致合规问题

因家庭这一主体缺乏独立民事主体地位，以家庭作为家族信托的委托人，仍需具备完全民事行为能力的家庭成员作为家族信托法律上的委托人开展具体的信托活动。但是，由此带来的多个委托人的集合信托架构，按照《信托公司集合资金信托计划管理办法》的规定，则会被要求符合自益性，即参与信托计划的委托人为唯一受益人，导致难以实现家族信托的他益目的，同时还会因自益性而违反"37号文"对家族信托"委托人不得为唯一受益人"的规定，造成该信托架构出现合规问题。

### （二）难以有效保障其他家庭成员的财产权利

国内家族信托业务的具体操作中，往往通过将拟设立家族信托的家庭财产的共有人（以下简称家庭财产共有人）同时设置为监察人的方式保障其部分权益，但仍存在对家庭财产共有人权力范围进行合理限制的思考。

一是家庭财产共有人的个人财产权利保护诉求较为强烈。因以家庭为委托人设立家族信托存在现实困难，实践中通行做法是委托人为单一家庭成员，家庭财产共有人出具家庭财产设立家族信托书面同意函，同时家庭财产共有人担任家族信托监察人。单一委托人与家庭财产共有人对以共同财产设立家族信托的目标通常一致，但家庭财产共有人往往存在对个人权利保护的强烈诉求，并具有对可能失去财产监督权的担忧。

二是实践中也存在为保护家族信托顺利运行而对家庭财产共有人权力适当限制的必要。目前，家族信托往往通过设置家庭财产共有人为监察人的方式实现其对信托财产的监督权，监察人为受益人的利益行使其监督信托管理与信托利益分配的职责，既保护了家庭财产共有人的部分权利，也有效保障了信托目的的实现。但是，家庭财产共有人同时作为受益人和监察人存在利益冲突，可能导致家族信托难以顺利运行。例如，如委托人发生身故、重疾以致短暂失去意识能力或行为能力、长期失去行为能力或被限制行动自由等特殊情形时，可能会出现监察人以其权力影响家族信托运行导致个别受益人的信托利益受损的情形。因此，是否应对家庭财产共有人行使监察人权力予以适当限制也应受到充分考虑和重视。

## 三、如何解决家庭作为家族信托委托人的问题

### （一）探索和推进以家庭作为委托人的家族信托业务模式

一是探索以家庭作为委托人的家族信托业务模式，充分保障家庭财产共有人的权

益。我国的家庭尚不具备独立的民事主体地位，但关于家庭民事主体地位的研究已经有了长足的进展，一定程度上有助于深入理解和探索在监管框架内以家庭作为委托人设立家族信托的业务模式。未来可根据"37号文"的规定探索设立以家庭作为委托人的家族信托，通过阳光化各家庭财产共有人在委托人中的角色，进一步明确对家庭财产共有人的权益保护，并通过在信托文件中充分考虑和详细约定，保障信托各当事人的权益。

二是部分信托公司中家庭作为委托人的家族信托业务实践提供了有益的借鉴。目前国内已有探索和尝试"家庭委托人"的创新家族信托模式，例如华宝信托披露其已落地多单以"家庭"作为委托人的家族信托项目，由夫妻双方、兄弟姐妹或者父母子女共同作为委托人设立家族信托，在监管框架内充分考虑了家庭财产共有人的权益。不过，从现实实践来看，以家庭作为委托人设立家族信托，仍有待监管制度的不断完善，以破除法律制度的不兼容障碍，对家族信托涉及的家庭民事主体地位或集合他益架构作出特别许可。

（二）合理设置家族信托相关当事人和主体的权利

一是合理设置监察人，为家庭财产共有人提供权益保障。家族信托设立时即由委托人指定家庭财产共有人为监察人。家族信托设立后，家庭财产共有人可以监察人的身份行使其对信托财产的监督权力，以此在一定程度上保护自身权益。

二是可通过完善信托文件，进一步明确对家庭财产共有人的权益保障。随着家族信托相关规定日趋完善，从法律角度进一步完善家族信托监察人制度也是保障家庭财产共有人权益的重要举措。可在信托文件中明确约定家族信托监察人对家庭财产共有人权益保障的权责义务，明确信托监察人应享有的监督受托人、监督信托管理运行情况、调整受益人以及受益权、诉讼权利等各项权利，明确监察人应遵守信托文件、保密义务等各项义务，以及明确监察人相应的责任。

三是加强对家族信托涉及主体的信托教育，提高家庭财产共有人的自我角色认识。一方面，加强家族信托相关主体的信托教育，使其明确自身的信托地位和相关权责义务，尤其是明确家庭财产各所有人享有的权利。另一方面，对家庭财产共有人享有的权利和受到的权力限制予以事先明确告知和确认。如家族信托设置监察人，并由家庭财产共有人作为监察人，委托人、受托人应就家族信托涉及的监察人权利和义务的相关约定对监察人进行必要和明确的告知，且监察人应当在履职前签署《监察人声明函》等声明文件，明确知晓其权利和义务。

（执笔人：殷晓薇　崔继培）

# 家族信托业务对受托人专业能力的重点要求*

近年来，作为监管部门鼓励的信托本源业务，家族信托业务发展迅速，逐步成为信托公司重要的业务转型方向。随着家族信托业务量的大幅增长，家族信托业务开展对受托人能力建设提出了更高要求，主要涉及以下几个方面：

## 一、对产品架构设计的要求

随着家族信托业务的快速发展，其客户的覆盖面更为广泛、设立目的更加多元和复杂、方案设计也更为灵活多样，因此对受托人在产品架构设计方面提出了更高要求。

一是家族信托目的多样性的要求。委托人设立家族信托的目的不仅包含财富规划、资产隔离、养老医疗、财富传承等方面的需求，也包含遗嘱替代、税务筹划、公益慈善等多种诉求，这就要求受托人根据委托人的不同需求，进行标准化、定制化或者个性化的方案设计，运用多种金融工具、配置方案和管理手段，通过丰富的产品架构设计实现不同的家族信托目的。

二是家族信托委托财产多样性的要求。目前委托人设立家族信托的财产以金融资产为主，主要包括资金、资管产品、保单等。随着家族信托客户在传承非货币类财产方面的意愿逐步增强，家族信托财产类型正在不断丰富，以企业股权甚至不动产、艺术品等财产设立家族信托的情形将进一步增加，家族信托管理的信托财产将更为多样和复杂。由此，受托人在进行家族信托产品架构设计时应充分考虑不同财产类型的交付和管理需求，在此基础上对不同类型的信托财产进行有针对性的管理安排，保障家族信托的顺利设立和运行。

## 二、对受托运行管理的要求

家族信托通常具有信托目的复合性、委托财产多样性、存续时间长期性、管理要求专业性等特点，委托人设立家族信托，充分体现了其对受托人能够保证持续专业管理、长期稳定服务以及全面完善保障的深度信任，这对信托公司在家族信托受托运行管理方面提出了较高的要求。

一是要求受托运行管理中提供持续专业的服务。家族信托客户呈现多元化、年轻

---

\* 本文写于2020年6月17日。

化、专业化趋势，对家族信托服务的专业性要求也相应提升。委托客户对养老、医疗、教育、慈善等非金融需求的家族信托规划显著增多，信托公司需要整合服务资源，必要时与医疗、教育、法律、税务等相关外部机构开展多方面的专业合作，共同满足家族信托客户不同专业方向的需求。

二是要求受托运行管理中保证长期稳定的响应。鉴于家族信托的客户需求通常覆盖全生命周期的财富规划和传承分配，对信托公司持久稳定的服务要求显著高于其他类型信托项目。委托客户基于对受托人长久稳定服务的期待与信任设立家族信托，需要信托公司具备长期的执业能力和稳定的发展水平，以确保家族信托的整个存续期限都获得稳定的管理运营服务。

三是要求受托运行管理中进行全面完善的保障。受托人在家族信托业务开展中重视服务生态圈的建设，以客户的需求为核心要求，提供更为完善的覆盖金融与非金融多方面的服务保障，建立多方位的家族信托服务体系，引入高端教育、医疗健康、消费便利等非金融服务资源，通过公司内外协同联动，在整个家族信托的受托管理期间建立全面的保障机制。

### 三、对资产组合配置的要求

在长期限的家族信托中，信托财产保值增值投资格外重要，这要求家族信托受托人能够提供更加丰富的产品组合以及更加专业的资产配置服务。

一是打造和完善自身产品配置体系。家族信托资产配置信托公司自主发行的产品，对信托公司自身的产品体系建设提出了更高要求。信托公司需要打造科学的产品体系，满足家族信托财产的长期和多元的配置需求。这不仅要求信托公司投资产品的类型更加丰富，包含固定收益类和浮动收益类等多种产品，同时涵盖资本市场投资和非上市股权投资产品等；也要求信托公司投资产品组合形式更加丰富，在投资产品搭配不同期限结构以满足收益分配时效性需求的同时，针对不同委托客户的需求对委托财产进行不同风险和收益相匹配的资产配置组合，实现家族信托委托客户对投资收益、风险承担以及流动性的平衡。

二是建立和健全外部产品采购机制。为了满足家族信托委托客户特定的投资配置需求，信托公司应当具备对外采购资产和产品的条件，通过建立产品外采制度，对产品采购的风控标准和评估体系作出明确，进一步引入其他机构的理财产品，同时做好投后管理安排，弥补受托人自身产品供给不足的缺憾，提升信托公司在资产组合配置方面的专业能力。

三是充分学习和借鉴海外家族办公室的资产配置方案。国外家族办公室主要服务于超高净值客户及家族企业，其资产配置及管理理念与一般家庭理财理念有所区别。家族办公室通过对家族的清晰认识，根据资产的不同特性，充分了解委托人在不同时期的需求，结合宏观政治背景、市场环境趋势、综合业绩表现以及经济发展环境等多种因素，采用专业、科学的方法布局资产配置，为家族整体规划和治理提供有效保障。因此，受托人可以充分学习海外家族信托业务长期以来积累的丰富经验和成果，提高全市场资产配置能力，综合考虑大类资产的整体配置策略，关注配置策略均衡发展和差异化选择。

### 四、对多元化服务的要求

数据显示，委托人设立家族信托的目的正在逐步从较为单一的资产投资需求向多元化的综合服务需求转变，家族信托在对客户的家族物质财富进行管理的同时，更需要对委托客户企业以及家族治理进行长期规划设计，通过家族信托实现物质财富与精神财富的传承，要求受托人提供更为多元化的家族信托服务。

一是服务方向多元化。委托人在家族信托中的增值服务及个性化需求，对受托人的服务范围广度提出了更高的要求。受托人应当具备在家族信托受托服务中建设生态圈的能力，使自身更接近于家族客户的"管家"角色，提供覆盖客户自身及其家庭成员，包含高端教育、医疗健康、事业发展、公益慈善等多个方面生活品质需求的多元服务。当前我国家族信托的委托客户一半以上为企业家，信托公司可以在家族信托客户圈内部进行资源整合，有效结合融资、投资、并购、资产出售等需求，降低参与各方的交易成本，为客户提供多项增值服务。

二是服务支持专业化。信托公司不仅需要为委托人提供合适的信托投资产品和合理的资产配置方案，满足财富规划和资产保值增值等方面的需求，也需要为其提供综合性的财富管理方案、医疗教育方案、创业计划方案、法律服务方案、税收筹划方案等，对信托公司的人才储备专业化提出了更高的要求，同时也要求信托公司为客户提供资源整合的专业化平台，提供全面的家族信托服务。

三是服务沟通科技化。近年来，信托公司积极探索家族信托业务技术支持方案，从传统的线下沟通服务过渡到现代化的线上科技赋能。进入2020年，由于新冠肺炎疫情影响，各大信托公司纷纷开展远程服务，进行线上操作，使委托人设立家族信托更加便捷。受托人通过提升家族信托的系统支持能力，对家族信托业务提供全面、准确、高效的系统支持，不仅可以使委托人体验更加便捷的家族信托设立和管理服务，也能够在投资产品筛选、资产组合配置、业务风险控制等方面运用数字技术提供保障，提升家族信托运营管理效率和风险控制水平。

四是提供海外家族信托服务。为了更好地服务客户的离岸家族信托需求和全球资产配置需要，信托公司还可以设立专业的离岸财富管理子公司，布局海外家族信托业务，并在境外财产规划、法律支持、税务筹划、移民设计和财富传承等方面打造专业团队。

### 五、对客户及渠道开拓的要求

目前家族信托客户的来源主要包括外部机构客户推荐和信托公司自主开发两个方面。从业务开展层面看，随着家族信托业务版图的扩展，不断拓展渠道及客户资源，可以有效保障家族信托业务的持续发展。

一方面要求受托人寻求外部合作，开拓渠道资源。信托公司积极拓展与银行、保险公司、券商、基金及第三方财富管理公司等机构的合作，整合资源，建立良好的合作机制，通过渠道客户的拓展、维护和积累进一步提升受托服务能力，迅速发展家族信托业务。

另一方面要求受托人进一步提高自主开发客户的能力。现阶段信托公司的家族信托客户仍主要来源于外部机构引荐，据统计，只有15%的客户来源于信托公司自主开拓或已有财富客户转化。因此，进一步加强信托公司自有客群的建设和财富营销能力的提升，才能充分完善受托能力建设，保障家族信托业务持续顺利展开。

（执笔人：殷晓薇）

# 当前经济形势下家族信托资产配置的新要求[*]

2020年年初以来，蔓延全球的新冠肺炎疫情对经济产生了影响，而近期部分信用债发生"超预期"违约，对信用债市场造成了一定冲击，投资配置方面因而更应当加强风险管理。对此，当前快速发展的家族信托业务，在资产配置方面应当引起足够的重视，以确保家族信托资产配置能够在长期存续中应对风险。

## 一、家族信托资产配置的一般原则

### （一）资产稳定性的要求

家族信托存续时间较长，对资产的稳定性提出了相应的要求。由于家族信托存续期一般在20年以上，存续期间的经济波动状况需要考虑到资产配置的影响因素，而委托人通过信托公司设立家族信托，其对财富传承规划的要求往往大于对资产投资增值的要求，这就需要资产配置在更长的周期中保持较高的稳定性和安全性，从而有效应对经济波动。

### （二）资产多元化的要求

在当前经济环境中，对资产配置多元化的要求也较为突出。一是由于家族信托设立目的复杂，涉及财富传承、资产隔离、养老医疗等多个方面的需求，同时涵盖遗嘱替代、税务筹划、公益慈善等多种诉求，因此只有进行多元化的资产配置，分散风险，才能应对经济波动，有效实现信托目的；二是由于家族信托委托财产多样，除了常见的货币资产、资管产品、保单等金融资产，还包含企业股权、不动产、艺术品等多种形式的非金融资产，因此只有对不同类别的资产分别进行有针对性的投资，提供专业的资产配置方案，才能匹配多种资产的传承或投资需求；三是由于家族信托需要在较长的存续期限中保持一定的风险与收益平衡，就更要求受托人的投资配置团队提供多种抗风险解决方案，进行科学合理的投资配置组合，确保财富传承过程中的资产安全。

### （三）资产流动性的要求

家族信托的分配方案通常较为复杂，对资产的流动性提出了对应要求。根据家族信托复合的信托目的和多样的委托人需求，信托方案往往会设计定期分配、不定期分

---

[*] 本文写于2020年11月26日。

配、条件分配等多种分配方案，因此需要进行不同的流动性安排。这就要求家族信托资产配置既要有长期产品保证资产安全，也要有短期产品补充收益，同时还要使安排具有一定的灵活性，确保临时分配可以得到满足。

（四）资产收益性的要求

家族信托是财富管理的重要内容，因此对收益性也有一定的要求。虽然财富传承是家族信托的主要目的，但合理安排委托财产的投资，保持一定的收益，综合考虑大类资产的整体配置策略，实现财富保值增值，不仅是资金统筹安排的要求，也是积极应对风险的要求，可以通过资产配置带来的收益平衡市场波动，从而避免经济下行等相关因素对家族财富造成负面影响。

## 二、当前经济形势对家族信托资产配置的新要求

当前，我国宏观经济结构调整，企业信用风险暴露，资本市场波动，低利率环境持续，对金融机构的风控能力、专业投资能力都提出了挑战，对家族信托的资产配置也提出了新的要求。在家族信托的资产配置环节，信托公司需要注意以下四个匹配。

（一）资产配置稳定性与风险控制匹配

委托人设立家族信托，通常是基于对家族信托产品功能的充分了解和对受托人的深度信任，要求财富传承安全稳定，而信托公司作为专业的金融机构，在提供长期专业家族服务的过程中，也体现了其对资产配置的研究分析能力和风险把控能力。此外，家族信托的委托资产规模较大，都在人民币 1000 万元及以上，为了实现财富的有序传承，要在较长的存续期限中保证大额资金的安全，充分考验信托公司的资产管理和配置能力。

因此，家族信托的资产配置要做到稳健的主动投资策略与优质的风险平衡策略相结合，主要保持资产安全；设计资产配置方案时要以长期稳定性为基础，匹配专业的风险控制能力，从而确保经济下行时期也能保持投资稳健，促进家族信托的长期安全稳定。

（二）资产配置多元化与管理能力匹配

传统的家族信托投资方案中，更多地配置了以信托公司自主发行的信托产品为代表的固收类非标产品。近年来多家信托公司的家族信托业务发展势头良好，尝试权益类资产或境外资产配置。例如，中信信托近两年已经开始尝试 TOF 类的权益类资产配置，并有相应的业绩，但数量相对较少；上海信托在构建开放式产品结构、创设 TOF 产品的同时，也配置境外资产，从 2016 年开始便不再将 QDII（合格境内机构投资方）

额度用作通道出借给其他机构,而采用主动管理,其家族信托资产配置除了非标固收以外的其他类资产的比例为 30% 左右。

由此可见,家族信托的资产配置正在逐步丰富多元,受托人应当对固定收益类、权益类、现金管理类等产品,按信托目的和委托需求的不同进行差异化配置,家族信托投资也应当做到产品种类、组合形式、期限搭配的科学配置。对此需要受托人提升自身专业水平,在长期服务中及时响应,保持对市场波动及风险信号的敏感,同时具备较强的管理运营能力,满足家族信托财产长期和多元的配置需求。

（三）资产配置流动性与分配方案匹配

由于家族信托分配方案的复杂性对资产流动性提出了一定的要求,信托公司在进行资产配置时要充分考虑流动性安排。这并非要求在资产配置过程中,为了实现及时分配,牺牲收益,而是要将流动性安排与分配方案相结合,在充分了解委托人风险承受能力和收益分配诉求的基础上,合理进行投资安排。

因此,受托人应为家族信托资产配置专业团队,通过对市场的科学分析判断,综合配置流动性不同的产品以匹配多样化的分配方案。对分配频次要求较高的项目要保证充足的流动性安排,对条件分配和定期分配为主的项目可以安排较多期限固定或者期限长的投资产品,并在选择产品的时候进行全面风险评估,对经济环境和风险状况做出合理预判,从而有效帮助家族信托委托客户实现对投资收益、风险承担以及流动性的平衡。

（四）资产配置收益性与信托目的匹配

虽然家族信托项目通常对收益的要求相对不高,但在实际业务操作中,由于家庭情况各不相同,也有部分委托人会设立多单家族信托,一些偏重于财富传承和生活、教育、婚姻、医疗等方面的保障,另一些侧重于传承过程中的资产安全和保值增值。不仅如此,也有不少委托人在一单家族信托中提出多种诉求,包含稳健传承与资产增值。

因此,受托人应当全面把握信托目的,根据委托人在财富传承和资产保护过程中的不同需求来安排收益与风险均符合要求的投资,特别是在当前形势下要注意把控高收益产品的风险,及时提供方案调整和反馈,进一步保证家族财富传承的目的得以实现。

### 三、对家族信托资产配置的展望建议

（一）注重风险控制

当前经济形势下推进家族信托业务,要特别注意对风险的把控。由于家族信托具

备存续期限较长、信托目的复合、委托财产多样、专业要求较高等特征,并且以财富传承为核心诉求,因此对信托财产长期稳定保值的要求较高,经济波动甚至下滑时期更应及时调整投资策略,为客户负责,体现受托责任和专业水平。

当前经济形势下家族信托产品投资时,不仅要对传统投资方向重点进行风险控制,还可以适当转换新的投资思路。近期,信托公司在 TOF 产品方面的展业成为信托转型的一个热点,受托人通过与基金管理人合作,投资公募基金、私募基金等资产组合,基本可以实现在控制风险的同时获取更加稳定的收益,这类产品有效地补充了家族信托的资产库,也可以满足委托人资产组合配置方面的个性化需求。

## (二)充分沟通,了解客户需求

委托客户通过家族信托实现财富传承,并不是要一味追求高收益,因此受托人需要与委托人进行充分沟通,要在委托人设立信托目的、家庭整体情况、条件分配计划、特殊分配需求、投资风险偏好、风险承受能力、家庭资产规划等方面做好充分的尽职调查,根据委托人的诉求和收益分配方案的不同制订匹配的信托方案和资产投资计划,在风险控制、收益保障和流动性安排方面做好平衡,同时关注配置策略均衡发展和差异化选择。

不仅如此,家族信托业务近年来快速发展和逐步完善,正在从提供单一的财产管理服务向着提供多元化的综合服务转变,受托人在管理家族物质财富的同时,也需要协助委托人对企业以及家族治理进行长期规划设计,从而通过家族信托实现物质财富与精神财富的传承。这就更要求受托人要全面了解委托人的需求,进行有效沟通并提示风险,为客户提供经济形势和市场状况的专业分析,最终确认一套能够全面实现委托人诉求的资产配置方案。

## (三)完善资产库和制度建设

受托人进行家族信托资产配置,应当建立完善的产品库和资产配置机制。这就要求信托公司不仅要提供丰富的自有产品配置,自主发行固定收益类、权益类、现金管理类、另类投资类等不同风险收益等级的产品,打造自身科学的产品体系,还应当提供外部产品采购的服务,具备丰富多样的产品组合与配置能力,弥补自身业务类别短板并提升竞争力。此外,信托公司应当建立健全资产配置的相应流程制度,内部产品配置要有完善的流程支持,兼具高效和稳定;外部产品采购要有明确的风控标准和评估体系,给予流程和审批制度的支持,提升委托客户的服务体验。

(执笔人:殷晓薇)

# 抗击新冠肺炎疫情慈善信托对信托公司的核心要求[*]

新冠肺炎疫情发生以来,信托公司发挥信托优势,踊跃设立慈善信托支持新冠肺炎疫情防控。根据中国信托登记公司统计,今年以来完成信托公司报送的定向"武汉加油""抗击新冠肺炎"等专项慈善信托36笔,金额累计达12.4亿元。慈善信托本身具有灵活、高效、持续、透明等制度优势,是汇聚社会慈善力量支持抗击新冠肺炎疫情的重要途径。同时,与平常开展慈善活动不同,抗击疫情慈善信托具有应急救助的特殊性,因而对信托公司提出了更高要求。

## 一、广拓渠道,迅速汇聚慈善资源

为支持新冠肺炎疫情防控,信托公司应充分发挥慈善信托的平台优势,有效拓展各类慈善财产来源,为社会各界参与疫情防控提供通畅的渠道。信托公司作为受托人设立疫情防控慈善信托,除积极发动公司自身、员工、股东力量以外,还可充分动员合作伙伴力量,发挥客户资源优势,迅速汇聚更多慈善财产,支持疫情防控。

从目前抗击疫情慈善信托的实践来看,信托公司在汇聚慈善资源方面进行了模式创新。一方面,信托公司可发动投资人通过让渡部分集合资金信托产品投资收益的方式获取慈善信托财产。如光大信托与光大银行合作,将光大信托发行、光大银行代销的"光大信托恒鼎尊行尊享消费信托"产品所产生的信托报酬、银行代销手续费用及投资人部分收益设立"大爱无疆"系列慈善信托。紫金信托与江苏银行合作,发动江苏银行私人银行客户通过认购"紫金信托·汇金集合资金信托计划"并让渡部分投资收益用来设立"紫金信托·厚德博爱抗击疫情助医"慈善信托。

另一方面,信托公司也可积极与具有公募资格的慈善组织合作,为客户及社会爱心人士参与慈善信托提供更多便利。如紫金信托与南京市慈善总会合作,在南京市慈善总会设立"紫金厚德博爱抗击疫情助医基金",发动自身客户通过该专项基金奉献爱心,所募资金专项用于设立"紫金信托·厚德博爱抗击疫情助医"系列慈善信托。

## 二、及时支出,支援抗击疫情一线

慈善物资和资金是否及时用于疫情防控工作,受到社会公众的广泛关注。信托公

---

[*] 本文写于2020年3月4日。

司作为慈善信托受托人，有责任及时将信托财产用于支援一线疫情防控工作。只有第一时间实现慈善支出，才能满足委托人的慈善心愿，也体现出设立疫情防控专项慈善信托的价值和意义。

及时支出，对信托公司执行能力提出了更高要求。为强化慈善项目执行，信托公司要与慈善组织、政府部门、基层社区、医疗机构等单位积极对接，充分了解抗击疫情一线的资金及防疫物资的具体需求，结合实际，因地制宜，有重点地资助以满足疫情防控的急切需要，实现慈善目的的"最后一公里"。如"中国信托业抗击新型肺炎慈善信托"积极与武汉、孝感、黄冈、随州等疫情严重地区医院、社区等单位对接，一个月内累计捐赠14家定点医院、5个防控指挥部，将急需的物资与资金送到抗疫最前线。

慈善信托及时实现慈善支出也离不开高效的决策。这要求信托公司在信托设立时就要根据慈善信托特点设计高效的决策机制。在委托人高度分散且委托人高度信任受托人的慈善项目实施能力的情况下，由受托人自主决策选定慈善项目，可以提高决策效率。委托人具有积极参与慈善活动意愿的，成立由委托人、受托人等组成的决策委员会，共同决定慈善支出方案，可以更好平衡项目决策的科学性要求和慈善支出的及时性要求。

### 三、关注长远，发挥信托长期持续功能

新冠肺炎疫情按照突发公共卫生事件的发展规律，将经历暴发、控制、恢复、持续巩固等较长的发展阶段。因此，信托公司设立疫情防控慈善信托，可以发挥慈善信托的长期持续功能，将应急救助和长期防控结合起来。目前信托公司设立的疫情防控专项慈善信托，大部分的信托财产运用方向包含了短期和长期目标。在短期，信托财产用于向医院、社区等机构以及医务人员、患者、志愿者、社会公众提供资助和防疫保障；在疫情结束后，信托财产可用于公共卫生、应急救助、医疗科研、教育健康及倡导等事业。

新冠肺炎疫情肆虐，影响人群十分广泛。疫情导致了低收入人群因为推迟复工而收入减少，因而疫情对特定人群的社会心理的创伤也不可忽视。为缓解疫情带来的这些影响，也需要发挥慈善信托的长期持续功能，扩展支持疫情防控工作的外延。如从关爱建筑劳务工人的角度支持疫情防控，将慈善信托财产用于向全国重点防疫地区的建筑劳务工人提供安全防护用品、普及防护知识、购买防疫人身保险等；如对受疫情影响的困难人员提供帮扶，对相关人群提供人文关怀及心理疏导服务等，减缓疫情带来的社会影响，为维护社会稳定发挥积极作用。

## 四、主动公开，及时披露慈善项目进展

受托人及时公开抗击疫情慈善信托财产用途和去向，不仅是对委托人的责任，也是对社会公众的责任。设立疫情防控专项慈善信托后，受托人一方面要按照法律法规及信托文件约定进行信息公开。一是向委托人报告，包括披露慈善信托的设立情况、报告信托事务处理情况、信托财产管理使用情况等；二是向社会公众公开，包括①慈善信托设立情况说明；②信托事务处理情况报告、财产状况报告；③慈善信托变更、终止事由；④备案的民政部门要求公开的其他信息。

另一方面，受托人也应更加主动地公开项目执行情况。在当前抗击疫情期间，社会公众十分关注捐赠的慈善财产的使用情况，十分关注受托人是否将慈善信托财产及时准确地用到了支援抗击疫情一线。为了回应社会各界的关切，慈善信托受托人应更加主动地进行信息公开，在做到法律法规规定的定期披露要求基础上，还可以在官方网站等渠道主动增加临时披露，及时公开慈善项目资助对象、资助金额、受益人数、慈善效果等进展信息。为确保信息公开的准确性，受托人还应加强与执行慈善项目的相关机构在信息披露方面的沟通合作，以及与监察人的沟通工作。

（执笔人：沈苗妙）

# 大额慈善信托的运行效果分析*

2016年《中华人民共和国慈善法》实施以来，慈善信托已成为大额资金开展慈善活动的新选择。截至2019年12月底，全国备案规模在1000万元以上的大额慈善信托共32单，合计规模26.15亿元。其中25单慈善信托在全国慈善信息公开平台——慈善中国网站上，以年报形式公示了信托事务处理及财务状况信息。从年报披露内容来看，慈善信托在助力大额慈善资金保值增值、提升慈善活动持续性方面作用显著，在慈善支出规模和实现慈善效果方面则还可继续进步。

## 一、大额慈善信托的基本特征

### （一）规模以1000万—2000万元为主

从慈善信托备案规模来看，规模为1000万元的共11单，1000万—2000万元的共8单，3000万元的共3单，5000万至1亿元（不含）的共5单，1亿元及以上的共5单，分别为鲁冠球三农扶志基金慈善信托6亿元、光信善·昆山慈善信托1号5亿元、中信·何享健慈善基金会2017顺德社区慈善信托4.92亿元、湖畔魔豆慈善信托2.66亿元、蓝天至爱1号慈善信托1亿元。从备案时间来看，2018年备案数量和规模最多，共13单，备案规模10.6亿元；其次为2019年9单，备案规模7.99亿元；2017年4单，备案规模5.25亿元；2016年6单，备案规模2.3亿元。

### （二）部分进行资金追加

在信托运行期间，部分慈善信托的委托人进一步追加了信托资金，为慈善活动持续开展提供了保障，也充分体现了委托人对慈善信托运行效果的肯定。国投泰康信托2016年国投慈善1号慈善信托，首次备案规模3000万元，2019年委托人追加至5000万元；万向信托—乐淳家族慈善信托，首次备案规模2000万元，2018年委托人追加至5000万元；华润信托·和园文化保育慈善信托计划、大鹏半岛生态文明建设慈善信托的委托人也分别追加1000万元。也有少数慈善信托尚未完成备案规模的资金交付，部分慈善信托约定了分期交付期限。

### （三）慈善支出以信托财产增值收益为主

在年报披露的25单大额慈善信托中，绝大部分在慈善支出时不动用信托财产的本

---

* 本文写于2020年8月20日。

金,主要运用信托财产投资收益开展慈善活动。这类慈善信托期限一般超过10年甚至为永续。"收益支出"的模式能够为慈善活动提供源源不断的资金支持,有效保障了慈善活动的持续性。但同时也看到,少部分大额慈善信托在较短时间内将大部分信托财产用于慈善支出。这类慈善信托集中在精准扶贫领域,信托期限较短,对慈善财产保值增值的诉求相对较低,但非常重视慈善支出的灵活、高效以及慈善效果的实现。

## 二、投资策略及保值增值效果

### (一)决策机制:以受托人自主决策或财务顾问决策为主

大额慈善信托充分信赖金融机构的专业能力,建立了高效的投资决策机制,主要有两种模式。一种是由受托人自主决策。受托人可以在信托合同约定的投资范围内自主决策,但对于重大投资决策事项,还需经委托人确认后方可进行投资;或者在实施前通知委托人,委托人未提出异议的,由受托人进行投资。

另一种是由财务顾问作出投资决策,受托人进行复核和执行。委托人与受托人在信托文件中约定投资范围和投资比例,并指定商业银行担任财务顾问负责投资决策。财务顾问根据信托文件约定,筛选投资标的并向受托人出具投资建议。受托人对投资建议进行合规性审查,不违反法律法规及监管规定且符合信托文件约定的,执行财务顾问的投资建议。

### (二)配置策略:以固定收益为主积累安全垫

年报中有19单大额慈善信托披露了信托资产配置情况,其中,绝大多数通过对信托财产组合配置,实现了安全性、流动性和收益性的平衡。在具体配置策略上,普遍以安全性较高的固定收益类产品为主积累安全垫,主要为信托产品或债券类资产,配置比例在60%—99%不等;少量货币基金及现金类资产保持流动性,配置比例在20%以内;个别信托还持有少量权益类资产博取超额收益,配置比例一般不高于30%。湖畔魔豆慈善信托是信托财产均衡资产配置的典型代表。2019年底2.7亿元信托资产中,现金类资产占7.05%,主要为货币基金;固定收益类资产占72.44%,主要为信托计划;权益类资产占11.12%,主要为私募证券投资基金;另类投资占9.39%。

### (三)配置效果:收益稳健,实现较好保值增值效果

大额慈善信托财产经专业组合配置后,普遍取得了较好的投资回报,大部分年化投资收益达6.5%甚至更高。中信·何享健慈善基金会2017顺德社区慈善信托,97%的资产配置固定收益类产品,2018年、2019年分别实现了2945万元和3339万元投资收益,为慈善项目开展带来充足的资金保障。2019年2月成立的"山东信托·招行私

行·嘉和路慈善信托",将57.28%的资产配置固定收益类信托计划,将34.78%的资产配置私募证券投资基金。在股市上行的带动下,2019年底净值已达1.099,1亿元,取得了较好的增值效果。

### 三、慈善支出及慈善活动效果

**(一)决策机制:充分尊重委托人的参与意愿**

大额慈善信托在慈善支出决策方面,受托人在充分尊重委托人的参与意愿的基础上,与慈善组织或其他公益性机构合作,确保慈善项目决策的科学和高效。根据委托人在慈善支出决策机构中的参与程度不同,具体可分为三种。一是由委托人主导慈善支出决策。委托人选派代表组建理事会作为信托事务的决策机构,受托人根据慈善信托理事会的决定执行慈善支出,典型代表为"中国平安教育发展慈善信托计划"和"长安慈·农行中国教育公益慈善信托"。二是由信托当事人共同决策。设立由委托人、受托人、出资人组成的决策机构,确保慈善信托的参与各方进行充分沟通,保障决策的科学性,典型代表为"恒大·中原信托·河南省扶贫基金会·慈善信托"。三是聘请项目执行人承担主要决策工作,并由受托人确认。项目执行人负责制定受益人评选标准,对资助对象进行筛选、评审并形成受益人名单。受托人对受益人名单进行确认,并通过项目执行人实施慈善项目。

**(二)支出比例:充分体现慈善信托的灵活性**

《慈善信托管理办法》规定,慈善信托文件应当载明年度慈善支出的比例或数额。在大额慈善信托的实践中,委托人与受托人关于慈善支出的约定充分体现了慈善信托的灵活性。"中信·何享健慈善基金会2017顺德社区慈善信托"约定以上一自然年度末信托财产净值的2%—10%作为下一年信托支出金额。"国投泰康信托2016年国投慈善1号慈善信托"约定每年慈善支出不低于慈善信托资金总额的15%。"中信信托·农银2018玉爱慈善信托"约定每年慈善支出金额不低于50万元,不超过200万元。"华润信托·和园文化保育慈善信托"则约定信托前三年进行封闭投资管理,不进行慈善支出分配。

**(三)慈善效果:扶贫支出积极显著,少数项目支出并不明显**

以精准扶贫为目的的大额慈善信托,每年慈善支出金额较大。例如,"国投泰康信托2016年国投慈善1号慈善信托"平均每年慈善支出1000万元左右,用于支持贫困地区教育资助、产业帮扶、劳务输转、基础设施建设等扶贫项目。"建信信托—建信联合精准扶贫慈善信托""五矿信托—三江源精准扶贫3号慈善信托计划"也均实现了较大金额的慈善支出,实现了很好的慈善效果。大部分"收益支出"型的慈善信托将每年已实现投资收益的大部分用于了慈善支出,并披露了具体慈善项目简要信息。但同时也看到一些慈善信托,相比其在慈善财产保值增值方面的积极效果,在慈善支出方面效果并不明显,一些年度并未发生慈善支出。其原因有多方面,包括:成立时间较短而尚未发生支出,信托文件约定若干年内暂不进行支出,以及所投资产尚未实现收益而未能进行支出等。针对这种情况,部分大额慈善信托的参与者在坚守慈善信托本源、实现慈善目的方面还要做更多努力。

(执笔人:沈苗妙)

# 慈善信托助力慈善事业可持续发展的主要路径[*]

慈善信托是社会公众开展公益慈善活动的新途径。截至 2020 年 8 月底，全国已有 446 单慈善信托完成备案，其中四成以上慈善信托期限在 5 年及以上，体现了信托制度的长期持续优势。实践中，慈善信托可从财产来源、项目管理、运行机制等方面推动我国公益慈善事业可持续发展。

## 一、汇集可持续的慈善信托财产

慈善信托可以充分发挥信托平台优势，拓展慈善财产来源。可持续的慈善信托财产来源重点包括以下三类。

（一）大额资金及其投资收益

委托人以大额资金设立慈善信托，由信托公司担任受托人并对慈善财产进行专业的资产配置和投资管理，产生的收益用于开展慈善活动，为慈善项目提供稳定的资金来源。慈善信托由于设立程序简便，资金运用灵活，并能充分满足委托人个性化需求，已成为企业和个人以大额资金开展公益活动的更具吸引力的新选择。截至 2020 年 8 月底，信托规模 1000 万元及以上的慈善信托共 43 单，规模 1 亿元及以上的慈善信托共 5 单。

大额慈善信托财产经专业组合配置后，普遍取得了较好的投资回报。慈善信托年报数据披露显示，大额慈善信托资金的年化投资收益率可达 6.5% 甚至更高，为慈善活动提供了持续资金支持。"中信·何享健慈善基金会 2017 顺德社区慈善信托"是以大额资金的投资收益实现可持续慈善的典型代表。该慈善信托是当年成立的资金规模最大、最具影响力的慈善信托，信托规模 4.92 亿元。在中信信托的投资运用下，慈善信托于 2018 年、2019 年分别实现 2945 万元和 3339 万元投资收益，为慈善项目开展带来充足的资金保障。

（二）企业股权及其收益

随着我国居民财富积累，越来越多的高净值人士的财富以企业股权、不动产等非货币形式存在。成熟公司的股权往往具有稳定分红，成长型公司的股权则更具增值潜

---

[*] 本文写于 2020 年 9 月 10 日。

力，都可以为公益慈善事业带来持续资金支持。以股权设立慈善信托，在实现慈善支出时具有一定的灵活优势：一方面可以通过企业股权分红，实现当年度的慈善支出需求；另一方面如果股权分红不足以满足慈善支出时，慈善信托受托人可以在合同中约定，处置一部分股权进行变现，以实现当年度的慈善支出需求。

2018年，万向集团实际控制人鲁伟鼎委托万向信托设立的"鲁冠球三农扶志基金慈善信托"，是我国规模最大的股权慈善信托。该慈善信托的信托财产是委托人持有的万向三农集团有限公司100%股权，初始价值6亿元，设立慈善信托时公允价值约60亿元。2019年，慈善信托获得万向三农集团股权分红800万元，是慈善活动资金来源的保障。

（三）信托财产持续追加

慈善信托成立以后，还可以不同方式持续接受财产加入。一是委托人追加信托财产。《慈善信托管理办法》第38条规定，根据信托文件约定或者经原委托人同意，可以增加信托财产。实践中，委托人追加信托财产的情形比较普遍。"国投泰康信托·2016年国投慈善1号慈善信托""中信信托2016年航天科学慈善信托""万向信托—乐淳家族慈善信托""华润信托·和园文化保育慈善信托计划"等慈善信托均进行了资金追加。

二是新的委托人加入并增加信托财产。《慈善信托管理办法》第38条规定，根据信托文件约定或者经原委托人同意，可以增加新的委托人。"中国平安教育发展慈善信托计划"原委托人为深圳市社会公益基金会及8名自然人委托人。2018年5月，慈善信托定向对平安信托内部员工开放，增加了20名自然人委托人，并增加信托资金3.15万元。

三是探索以财产贡献者身份加入慈善信托。这种财产加入方式在我国慈善信托法律法规中尚未有明确规定，但在境外地区已有实施。慈善信托财产贡献者一般只要求信息公开的知情权利，但不享有委托人所依法享有的变更受托人、解任受托人、申请撤销信托行为等法定权利。由于这种财产加入方式无须增加委托人，也不改变信托决策机制，因而更为灵活简单，比较适合吸收小额、零散资金加入信托。

## 二、支持可持续的慈善项目

慈善信托成立后，可以通过慈善财产分期运用、慈善项目创新设计、慈善效果提升放大等方式，提高慈善项目运行可持续性。

（一）信托资金分期运用

慈善信托设立后的信托资金可以分期使用，帮助委托人更好地规划资金使用，缓解慈善资金运用的时间不平衡、区域不平衡问题。一般来说，企业尤其是国有企业运用资金开展公益活动在内部需要履行较长的审批程序，比如需要经过党委会、董事会集体决策等，往往耗时较长。而企业设立慈善信托，其信托财产的分期运用无须再经企业捐赠审批，仅在慈善信托层面决策即可，省却了在委托人内部的大量审批流程，提高了资金运用时效，对于紧急但又需要持续救助的慈善需求尤为重要。

"中诚信托2020信托保障基金·京慈疫情防控慈善信托"先后在2020年年初全国新冠肺炎疫情发生后以及2020年6月北京疫情反弹中发挥作用，充分体现了慈善信托的持续功能。新冠肺炎疫情暴发后，中诚信托通过该慈善信托采购防疫物资支持北京西城区月坛、广外、展览路街道以及东城区和平里街道社区疫情防控。2020年6月北京发生第二波新冠肺炎疫情，慈善信托决策机构高效决策后，又在第一时间采购防疫物资支持丰台区卢沟桥、太平桥、宛平城三个街道疫情防控工作，对抗击疫情提供了持续的支持。

（二）慈善项目可持续设计

信托公司担任慈善信托受托人，可以将营业信托理念和金融工具引入慈善项目，发挥信托公司在项目设计、资源整合方面经验优势，提高慈善项目持续运行能力。

慈善项目可持续设计在扶贫慈善信托中表现尤为突出。"中诚信托2018年度善爱扶贫慈善信托"以甘肃临洮百合特色产业为基础，以百合加工龙头企业为载体，通过向企业发放产业扶贫贷款，不仅带动贫困群众通过百合产业实现脱贫增收，也运用贷款收益精准资助了特殊困难贫困群众，从而建立了"产业扶贫"与"精准扶贫"的良性循环。

（三）慈善效果可持续发挥

慈善信托还可以作为慈善资源整合平台，在慈善项目执行中引入商业银行、保险公司、小额贷款公司等同业合作机构参与，发挥各类机构优势特长，在调动参与各方积极性、扩大受益人群等方面发挥积极作用，促进慈善效果可持续发挥。

"长安慈·杨凌精准扶贫慈善信托"通过与贫困地区农信社、村镇银行等信贷投放机构合作，鼓励合作机构降低贷款条件为更多贫困农户提供生产经营所需资金。而贷款产生的坏账，由慈善信托资金与合作机构各承担50%。这种小额贷款风险损失补偿金模式发挥了金融的杠杆优势，扩大了帮扶对象，并可持续发挥帮扶作用。中诚信托通过慈善信托，与人保财险、太平洋保险、华农保险等机构开展合作，发挥信托与保险各自优势，探索"信托+保险"双效扶贫模式，为贫困户提供养殖保险资助、防贫保险资助、农产品价格保险资助，结构清晰、精准到户，不仅扩大了受益人群，也巩固了脱贫成果，成为探索精准防贫长效机制的有益尝试。

### 三、构建可持续的慈善信托运行机制

信托机制本身具有稳定性，为慈善信托持续运行提供有效保障。慈善信托具体实施时，还可在信托参与各方之间建立科学、高效的治理机制，进一步保障慈善信托持续运行，推动慈善事业可持续发展。

（一）信托关系具有稳定性

《中华人民共和国信托法》为信托可以长期存续提供制度保证。从委托人方面来看，信托关系一旦成立，委托人就不能随意地变更或终止信托，受托人可以长期地按照信托文件的规定管理运用信托财产。信托也不会受到委托人死亡、丧失能力以及破产的影响而发生中断，受托人可以不受这些因素的影响而连续实施管理，直至最终达到信托目的。从受托人方面来看，信托也不会因受托人死亡、丧失民事行为能力或被依法撤销、被宣告破产、依法解散、法定资格丧失而终止。如果受托人出现以上无法履职情形，可以根据信托文件选任新的受托人，继续对信托财产进行管理。受托人交接期间，原受托人的继承人或者遗产管理人、监护人、清算人应当妥善保管信托财产，协助新受托人接管信托事务，从而保障信托的持续运行。

（二）信托财产受到特别保护

信托制度对信托财产提供特别保护，保障信托运行的持续性。一是信托财产具有独立性，具有破产隔离功能。信托财产不属于委托人的财产，但也不属于受托人的财产，受托人只是名义上持有信托财产并对该财产进行管理、运用和处分；信托财产也不是受益人财产，受益人享有的只是受益权。信托财产的独立性使信托财产与委托人的财产、受托人的财产及受益人的财产分开，委托人、受托人和受益人三者任何一方债权人都无法主张以信托财产偿债，保障了信托财产的安全。二是信托财产可免受他人的恶意侵害。受托人应按照信托文件的规定管理信托财产，必须恪尽职守，履行诚实、信用、谨慎、有效管理的义务。受托人违反信托目的处分信托财产或者违背管理职责、处理信托事务不当致使信托财产受到损失的，委托人有权申请人民法院撤销该处分行为，并有权要求受托人恢复信托财产的原状或者予以赔偿。

（三）建立合理的信托治理机制

信托可持续运行需要建立合理的慈善信托治理机制。应当在委托人与受托人、委托人与监察人、受托人与监察人、受托人与投资顾问、受托人与慈善项目执行人之间建立清晰的工作机制，在受益人选定、信托财产重大投资等方面建立科学的决策机制。

慈善信托的受托人依据信托文件约定管理运用信托财产，不仅要充分尊重委托人的参与意愿，也要为了受益人的利益而管理和处分信托财产。慈善信托的受益人是社会公众，因此慈善信托的受托人应当为了社会公众的利益而履行主动管理职责。对于信托文件约定的重大投资决策或重大慈善支出事项，受托人不能仅仅依据委托人指令或委托人指定的第三方机构的指令执行投资，而是应当对投资项目或慈善项目进行自主风险决策。在成立慈善信托决策委员会对投资事项进行决策的情形下，受托人也应当拥有一票否决的权利。

（执笔人：沈苗妙）

# 当前信托公司慈善信托业务的主要发展态势*

近年来,我国慈善信托呈现加速发展态势,截至2020年12月1日,全国备案的慈善信托已突破500单。其中2020年以来的备案数量超过四成,达到220单。从当前来看,信托公司的慈善信托业务呈现出不平衡化、纵深化和基层化三个层面的发展态势。

## 一、慈善信托的不平衡发展态势

### (一)备案数量前十的省份慈善信托普遍增长

截至2020年12月1日,全国共有27个省市自治区备案慈善信托,排名前10的分别为甘肃、浙江、北京、广东、陕西、江苏、天津、青海、上海、四川,合计备案慈善信托数量占全部的81.4%。在备案数量前十的省份中,有8个省份慈善信托备案数量同比保持增长。其中,甘肃、浙江两地增长最为突出,青海、上海、四川增长也较快。经过四年多的发展,慈善信托以其制度优势展现了较强的生命力(见表1)。

表1 各省份历年慈善信托备案数量

| 序号 | 省份 | 2016年 | 2017年 | 2018年 | 2019年 | 2020年 | 合计 |
| --- | --- | --- | --- | --- | --- | --- | --- |
| 1 | 甘肃省 | 1 | 0 | 4 | 20 | 75 | 100 |
| 2 | 浙江省 | 2 | 6 | 9 | 16 | 49 | 82 |
| 3 | 北京市 | 6 | 5 | 11 | 8 | 9 | 39 |
| 4 | 广东省 | 2 | 4 | 10 | 9 | 12 | 37 |
| 5 | 陕西省 | 3 | 4 | 6 | 10 | 10 | 33 |
| 6 | 江苏省 | 1 | 2 | 8 | 8 | 9 | 28 |
| 7 | 天津市 | 0 | 3 | 5 | 12 | 8 | 28 |
| 8 | 青海省 | 0 | 3 | 7 | 5 | 11 | 26 |
| 9 | 上海市 | 2 | 1 | 3 | 4 | 7 | 17 |
| 10 | 四川省 | 1 | 3 | 3 | 3 | 7 | 17 |

数据来源:根据慈善中国公开数据整理。

### (二)新增慈善信托迅速向甘肃、浙江两地集中

2020年以来,得益于属地信托公司的大力开拓以及备案机关的大力支持,甘肃、

---

* 本文写于2020年12月10日。

浙江两地新增备案慈善信托的规模和数量快速提升（见图1）。其中，甘肃省新增备案数量从2019年的20单提升至2020年的75单，累计备案突破100单，且全部来自于光大信托；浙江省新增备案数量从2019年的16单提升至2020年的49单，新增单数主要来自于万向信托（27单）、杭州工商信托（12单）、中建投信托（9单）（见表2）。由于甘肃、浙江两地慈善信托快速增加，其他地区的慈善信托规模与数量占比呈现不同程度的下降。

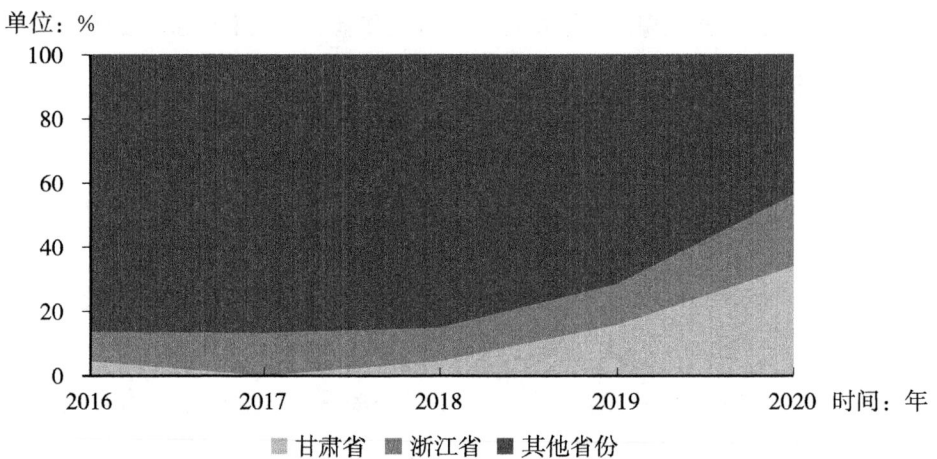

数据来源：根据慈善中国公开数据整理。

图1 甘肃、浙江两地备案慈善信托数量占比

表2 2020年备案慈善信托5单以上的信托公司

| 序号 | 信托公司 | 2020年备案数量 | 累计备案数量 |
| --- | --- | --- | --- |
| 1 | 光大信托 | 75 | 100 |
| 2 | 万向信托 | 27 | 50 |
| 3 | 杭州工商信托 | 12 | 16 |
| 4 | 五矿信托 | 11 | 26 |
| 5 | 中建投信托 | 9 | 11 |
| 6 | 天津信托 | 8 | 27 |
| 7 | 紫金信托 | 6 | 14 |
| 8 | 陕国投 | 5 | 15 |
| 9 | 长安信托 | 5 | 16 |

数据来源：根据慈善中国公开数据整理，数据统计截至2020年12月1日。

## （三）慈善信托区域发展不平衡依旧突出

尽管慈善信托备案地已经覆盖全国27个省市，但是慈善信托区域不平衡现象依旧突出（见图2）。慈善中国统计数据显示，这27个省市中，有9个省累计备案数量不足3单，主要集中在内蒙古、新疆等地以及辖内信托公司数量较少的省份。未来，还应在相关地区继续加强慈善信托宣传、交流力度，提升各界对慈善信托认知度。

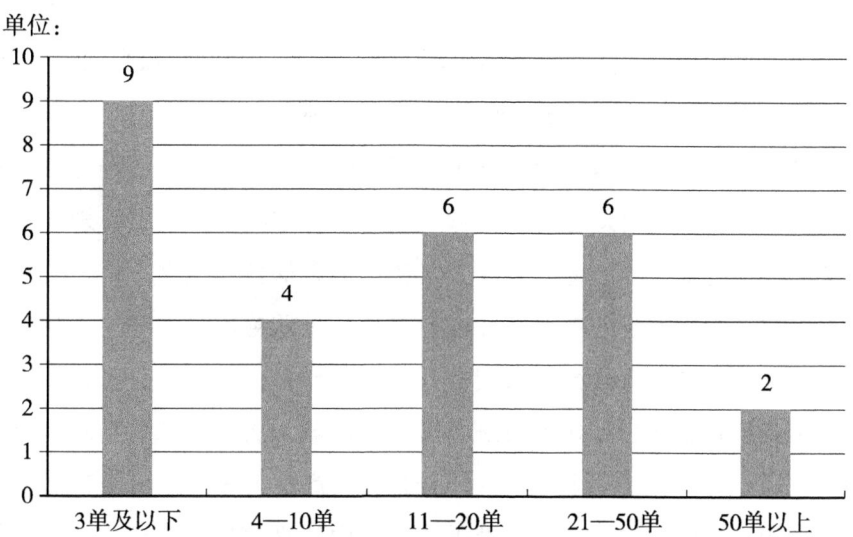

数据来源：根据慈善中国公开数据整理，数据统计截至2020年12月1日。

**图2　2020年累计备案慈善信托数量分布（按省份统计）**

## 二、慈善信托业务的纵深发展态势

### （一）慈善信托得到部分信托公司股东的大力支持

慈善信托市场份额位于前列的信托公司，其慈善信托业务开展都得到了股东及公司自有资金的持续大力支持。一是信托公司股东开展定点扶贫等慈善活动，优先通过设立慈善信托的方式开展。光大信托担任受托人的慈善信托中，由股东光大集团及其所属子公司设立的慈善信托超过20单，支持精准扶贫、疫情防控等公益事业。五矿信托担任受托人的慈善信托中，由股东五矿集团及其所属公司设立的慈善信托达10单，主要开展精准扶贫工作。金谷信托、中建投信托等公司也与各自股东在运用慈善信托开展定点扶贫方面积极合作。二是信托公司自身开展公益慈善活动，优先通过慈善信托的方式开展，如天津信托作为委托人，与天津市福老基金会共同担任受托人，累计设立了20单慈善信托，支持精准扶贫、乡村振兴、新冠肺炎疫情防控等公益慈善事业。

## （二）部分信托公司充分协调内部力量开展慈善信托业务

部分信托公司将慈善信托作为一项公司级战略业务予以开展，并动员了全体员工的力量。一是在要求慈善信托专业团队开展慈善信托的同时，鼓励每一个营业信托业务团队也开展慈善信托，甚至将慈善信托落地作为每一个营业信托业务团队的业绩目标之一，并在考核激励上加以体现。二是由慈善信托专业团队集中专业化管理慈善信托项目，在慈善信托中设立环节，使专业团队为各业务团队提供专业指导；在信托中后期管理环节，专业团队集中进行运营管理，以保障慈善信托全流程规范运行。

## （三）慈善信托与营业信托全面深化客户协同

在动员全体员工参与的基础上，慈善信托与营业信托的客户协同全面深化。一是通过慈善信托，服务财富管理客户的公益慈善需求。信托公司财富管理业务积累的高净值客户为慈善信托提供了丰富的委托人资源，慈善信托也提升了信托公司为高净值客户提供全面财富管理服务的广度与温度。二是通过慈善信托加深与产品代销机构合作程度。如华能信托与北京银行在家族信托业务合作中，约定客户每设立一笔家族信托，其部分信托投资收益、受托人报酬、财务顾问收入将注入慈善信托，用于支持特定公益慈善项目，形成了"商业银行+信托公司+高净值客户"三方慈善模式。三是通过慈善信托服务融资客户的公益慈善需求，如中建投信托携手战略合作伙伴阳光城集团、融信集团、时代中国、中南建设、新力地产、禹州地产以及三盛集团等多家房地产企业分别设立"抗击疫情慈善信托"。信托公司将客户优势向公益慈善领域延伸，推动慈善信托业务与家族及财富管理信托、投融资信托业务协同并进。

# 三、慈善信托的基层化发展态势

## （一）基层慈善组织成为慈善信托的重要参与力量

慈善组织是慈善信托的重要参与力量，超过九成的慈善信托中都有其身影，或是作为委托人，或是担任受托人，还有担任项目执行人。2020年以前，参与慈善信托的慈善组织主要为全国性基金会、省市级慈善总会、大型企业基金会等。2020年起，浙江省区县一级的慈善组织纷纷参与到慈善信托中来。慈善中国网站披露显示，杭州市高新区、临安区、钱塘新区、桐庐县、富阳区、余杭区、建德市慈善总会等8个区县级慈善组织与万向信托合作设立18单慈善信托。杭州市萧山区、拱墅区、上城区、下城区、江干区等5个区级慈善组织，与杭州工商信托合作设立11单慈善信托。慈善信托理念从城市中心不断向基层慈善组织普及，慈善信托的发展在基层显现了勃勃生机。

## （二）精准扶贫推动慈善信托理念在基层贫困地区广为宣传

扶贫慈善信托是脱贫攻坚的重要力量之一，慈善信托理念随着扶贫项目开展在贫困地区也得到大力宣传。地方政府对慈善信托的认识不断增加，多个贫困县的扶贫开发办公室作为委托人设立慈善信托，参与到慈善信托的决策机制中，并在信托事务处理中加深对慈善信托的理解。在扶贫项目的实施中，信托公司、地方政府还将慈善信托理念在当地群众中广泛宣传，使百姓们了解到这种新兴的慈善方式。未来，慈善信托将继续在乡村振兴中发挥积极作用，慈善信托将继续在更大范围内的基层地区落地生根。

（执笔人：沈苗妙）

# 如何实现金融科技对信托公司转型发展的有效驱动[*]

2020年及未来一段时间，信托行业迎来了从高速增长向高质量发展的转型期。多家信托公司都把金融科技作为转型发展的重要工具，探索金融科技与业务拓展、经营管理的结合。但与银行、券商、保险等金融机构相比，金融科技在信托行业的应用仍有很大空间。如何实现金融科技对信托公司转型发展的有力驱动，需要信托公司采取一系列有效措施。

## 一、实施有效的信托公司金融科技战略

一是制订专项的金融科技发展规划。信托公司应充分认识到金融科技对业务发展与经营管理方面的重要意义，在公司发展的总体战略中突出金融科技的地位和作用。在此基础上，信托公司可对金融科技的发展做出专项规划。中国信托业协会的调研显示，2019年，信托公司投入信息科技建设的金额超过15亿元。行业半数以上的信托公司将信息科技作为战略规划的重要组成部分。例如，2019年外贸信托在未来三年战略规划中就明确提出以数字化作为战略落地的核心策略之一，并专项制订了数字化战略规划；平安信托也在发展新战略中表示，要紧跟集团"金融+科技""金融+生态"的发展模式，不断强化智能风控与管理平台，严控风险、赋能业务。

二是强化金融科技规划的落地执行。从战略执行方面来看，一方面，要细化金融科技战略的执行要求，比如明确每年对信息技术方面的投入和产出规划、重点发展领域、人才引进计划等；另一方面，要加强对金融科技战略执行的监督和评价，配套建立相关制度和管理体系，确保拟定战略的顺利落地。

## 二、探索金融科技在信托应用中的标准体系

一是监管标准。金融科技高速发展进程中，以其创新性、跨界性、去中心、分布式、智能化等特点，给行业监管带来了重大挑战。结合金融科技的发展特点，借鉴"沙盒监管"等国际相关监管经验，国内监管机构应采取"主动创新型"监管标准，建立技术创新应用的试验机制，在充分保障金融消费者权益的基础上，识别和扶持真

---

[*] 本文写于2020年8月27日。

正具有技术创新含量和推广价值的金融科技应用。

二是技术标准。对于各项金融科技领域的技术应用，尤其是已经过一定实践检验，具有一定业务规模基础的相关技术应用领域，信托行业应整合相关探索经验、市场表现和监管要求，制定和实行更加全面的技术标准，引导行业健康发展。

三是业务标准。金融科技赋能的业务领域，其业务模式必然得到创新发展或升级改造，建议对新型业务模式加以规范，制定统一、全面的业务标准，以求规范发展和防范风险，提升行业整体竞争力。

四是服务标准。信托业务模式的创新和发展也必然导致相关服务流程和服务质量的升级更新，对应配套的服务标准也应得到进一步的总结和完善，以便更好地推动新型业务模式的发展壮大。

### 三、注重信托公司金融科技的应用效益

一是注重与业务的结合落地。金融科技应用应立足于与信托业务的紧密结合，以模式创新、效率提升、风险把控为出发点和落脚点，切实服务于实际业务。不能脱离实际地盲目追求技术革新，而要聚焦于解决具体业务面临的现实问题，以提升信托产品质量和服务为最终目标。这样才能最大程度地发挥科技在金融领域的应用价值。

二是注重金融科技投入的效益衡量。对于信托等金融机构来说，金融科技的投入和产出是可以进行量化衡量的。金融科技的投入成本主要包括两部分：一是系统成本（包括硬件、软件的购买、维护和使用成本等）；二是人力成本（技术人员等相关人才的薪酬）。金融科技的产出具体包括以下几个方面：一是资产端和财富端业务规模在技术支持下产生量级上的提升和运行管理效率的提高，并由此给公司带来的收益；二是因技术应用导致的新的业务模式所带来的收益；三是业务审查管理方面，风控端提升项目风险排查能力和效率、管理端提升项目中后期管理规范化与系统化，为公司节省的风险成本、管理运营成本等。信托公司在运用科技手段时，应着重量化评估相关应用的投入成本和产出效益，以求更加客观合理地制订相关规划，追求收益最大化。

三是注重长期效益和短期效益的平衡。金融科技应用具有创新性、前沿性的特点，一些技术的应用已几近成熟，而有些技术的应用尚处于探索阶段。信托业在金融科技领域发展规划中，需平衡好各类技术长期和短期发展需要，既要短期内迅速利用成熟的技术手段赋能行业科技属性、提升运行效率，也要制订长期规划，重点培育一些有潜在应用价值、需要长期探索的技术领域。

### 四、加强信托公司金融科技团队建设

一是加强金融科技人才的培养和引进。信托公司应加大金融科技人才的培养和引

进力度；对内应建立金融科技人才的培养制度，加强金融科技领域的培训，提升员工的科技素养，充分整合已有的人力资源，有目的性地选拔和任用能力突出的技术型人才；对外应加大金融科技人才的录用规模，针对自身发展规划路径，录用该领域具有一定建树和经验的行业领导者和从业者，以求快速弥补自身短板，并降低试错成本。

二是建立与金融科技应用相适应的组织架构。在组织架构方面，目前一些信托公司设立信息科技管理委员会，负责制订信息技术战略规划、统筹公司信息化建设的发展；设立信息技术部为公司信息化建设的管理部门和落地部门。为适应金融科技的快速发展，信托公司可以更加灵活地构建内部组织架构。比如，可为各类项目分别设立独立研究开发中心或工作室，以细化职能、提升研发效率；可为技术研发部门搭建更多沟通渠道，方便其与公司决策层和其他职能部门之间的交流与反馈，等等。

三是加强信托专业人才和金融科技人才的结合。信托公司应加强传统业务人员和科技人员的沟通交流，使金融科技应用成为助推业务发展和行业转型创新的重要力量。传统业务人员要充分认识到金融科技应用的巨大价值，加强相关知识的学习，提升自身的科技素养。科技人员也应了解金融行业的业务逻辑，这样才能有针对性地应用技术对业务模式进行升级和创新。

四是加强信托文化与科技文化的融合。信托与科技一定程度上具有同样的属性。科技的发展具有创新性和多样性，而信托也是最具灵活性和创造力的金融领域。两者的融合将极大地拓展金融领域的边界，创造出无限的可能。未来科技与信托的关系，也将从"面向、依靠、服务"升级至"融合、支撑、引领"。金融科技高效、便捷、智能的特性，将极大拓展信托业务的类型和规模，丰富信托行业的风控手段，提高管理效率，增强客户体验。而信托的制度特点和灵活性，也将赋予金融科技更多样的应用场景和发展潜力，从而发挥科技创新的核心价值。在新一代科技革命的浪潮中，信托文化与科技文化的全面融合共生将是双方实现优势互补、互利共赢的必然选择。

（执笔人：韩鸣飞）

# 养老信托的可持续发展思路设想[*]

随着我国老龄化社会的到来，养老金融也逐渐成为社会关注的热点领域。信托公司在养老领域已有一定实践，但盈利模式尚未清晰，业务发展的持续性仍面临考验。探索养老信托的可持续发展思路，对信托服务满足实体经济和民生需求、推进业务转型具有重要意义。

## 一、当前养老信托业务的主要业务模式

### （一）养老金信托

养老金信托在实践中主要体现为年金信托业务。根据人力资源和社会保障部公布的2020年第二季度企业年金基金业务情况数据，目前信托行业仅华宝信托、中信信托担任了337家企业、18.69万职工的企业年金受托人，华宝信托还担任了367家企业、25.23万个人的企业年金账户管理人。受限于资格申请等因素，企业年金信托并未在信托行业持续大规模开展。

### （二）养老服务信托

养老服务信托通常包括养老消费权益信托、养老家族信托等。从养老消费权益信托来看，已有多家信托公司尝试实现金融和养老服务的结合，并落地了多个养老消费权益信托项目，其中既有金融预付消费卡模式，也有消费选择权模式。从养老家族信托来看，主要是指在家族信托中包含养老服务，包括选择养老机构、协助办理养老机构入住、协助就医，以及使用信托财产支付相关费用等，是家族信托提供全方位服务吸引超高净值客户的方式之一。

### （三）养老产业信托

养老产业信托在业务实践中主要表现为养老产业投融资信托。为支持养老产业发展，信托公司可通过股权、债权等多种金融工具为养老产业提供投融资资金支持，亦可探索通过资产证券化形式盘活养老运营机构的资产。投融资业务作为信托公司最为熟悉的业务形式，养老产业投融资也是信托公司进入养老产业最容易的切入点。由于信托公司长期深耕房地产、基础产业领域，因此也往往从养老地产、养老基础设施领域切入养老产业投融资。

---

[*] 本文写于2020年12月3日。

### (四) 养老公益（慈善）信托

养老公益（慈善）信托是包含扶老、助老信托目的的公益（慈善）信托。2016年9月1日《中华人民共和国慈善法》实施后，慈善信托迎来快速发展，以扶老、养老为信托目的的慈善信托也越来越多。例如2019年由天津信托和天津市福老基金会作为受托人设立的"天信世嘉·信德扶老助困02期慈善信托"，其意在通过为天津市境内低保低收入老年人投保老年人健康意外险及其他形式提高其基础社会保障水平。再如2019年由中航信托作为受托人设立的"雅安公益养老慈善信托"，其信托资金将用于持续支持雅安市范围内的"家庭、社区、非营利养老机构、非营利服务照护机构、养老相关社会组织"等多层面的助困养老服务。

## 二、当前养老信托业务存在的主要问题

### （一）业务资格缺失导致养老金信托业务难以有效开展

企业年金方面，我国企业年金共涉及四类管理机构，分别为受托人、账户管理人、托管人和投资管理人，参与企业年金业务的机构需要取得相应的资格。目前信托行业仅有2家信托公司拥有年金管理人资格，其中华宝信托拥有受托人、账户管理人资格，中信信托拥有受托人资格。职业年金方面，目前全行业仅中信信托一家信托公司拥有广东省职业年金受托人资格。随着监管部门不断加强对传统信托业务的监管限制，鼓励信托公司开展本源业务，信托业也逐渐意识到年金管理业务期限长、资金稳定，对信托公司形成铺底管理费收入及发挥年金业务与家族信托业务的协同作用具有重要意义。虽然部分信托公司已有较强的开展年金信托业务的意愿，但囿于业务资格缺失，难以进入该业务领域。

### （二）专业能力不足导致养老服务信托业务难以规模化开展

在养老服务方面，由于信托公司尚不熟悉养老产业，难以具备独立提供养老服务的能力，其开展养老服务信托往往需要寻求外部养老资源合作。养老服务一方面具有范围广，专业门槛高，客户需求个性化强等特点，但另一方面养老服务市场本身还存在养老设施不足、护理人员短缺、养老服务质量良莠不齐等多种问题。因而，信托公司在短时间内难以熟悉各类养老服务及相应的服务成本和服务质量评价标准，难以筛选优秀的养老运营机构并匹配客户的需求，难以确保养老运营机构的服务能力，以致养老服务信托业务尚未实现规模化开展。

### （三）养老产业自身特点导致信托公司业务开展的动力不足

当前，市场中的绝大部分养老项目和养老运营机构中均未找到合适的盈利来源。据不完全统计，约80%的养老运营机构处于亏损状态，约15%勉强持平，仅5%能够实现盈利但也只是处于微利状态。这也是养老产业难以市场化发展且严重依赖政府补

贴的重要原因。就养老产业信托业务而言，相关信托项目往往期限较长，所获取的财务性回报也较低，同时信托收益大概率需要通过政府补贴或资产方额外贴补等第二还款来源补足，这也大大降低了养老产业信托项目对社会资金的吸引力。

### 三、未来养老信托的可持续发展思路设想

（一）积极争取企业年金和职业年金业务资格

从国际经验来看，信托模式是年金管理的最主要模式，我国企业年金和职业年金管理也明确企业年金管理采用信托型企业年金制度，并专门设置了受托人角色。在已拥有一定年金业务实践的基础上，结合近年来信托公司不断完善的账户管理体系基础，信托公司可申请企业年金和职业年金的受托人、账户管理人和投资管理人资格，以更大力度参与年金业务的受托管理、账户管理和投资管理，争取实现年金信托业务的规模化开展并实现一定的收入贡献。

（二）大力开发理财型养老目标信托

除已有的商业养老保险等产品外，大力发展理财型养老目标信托或将成为养老金体系第三支柱的有益补充。理财型养老目标信托是一类通过实现信托财产保值增值、为受益人安享晚年提供财务保障的信托产品，属于一种类养老金信托业务。理财型养老目标信托符合政策导向，且能够有效发挥信托的制度优势和信托公司的业务优势，能够形成显著的业绩贡献，促进养老信托业务的长期发展。

（三）研究探索开展养老服务资金受托管理服务信托

信托公司可发挥信托制度的财产独立和破产隔离的优势，研究探索开展养老服务资金受托管理服务信托，助力提升养老服务资金安全性和使用效率。近年来，民办养老机构乱象频出，以预付费、收取高额押金等形式吸收老人养老金后跑路的风险事件时有发生。利用信托在财产独立性、风险隔离、账户管理等方面的制度优势，可以积极发展预付款信托、资金存管信托等服务信托业务，有力发挥服务信托在服务养老相关领域资金安全的积极作用。

（四）不断提高在养老领域的专业能力

信托公司除发挥金融机构优势、规模化开展养老相关资金受托管理外，也应持续学习养老服务相关专业知识，不断提高对养老需求、养老服务和养老市场的认识，提供与市场需求相适应的长期财务规划、养老金支出安排、养老服务机构筛选监督等养老金融服务。

（执笔人：崔继培）

# 第五部分
# 集合信托市场月度分析

# 集合信托市场月度分析报告[①]——2020年1月

## 一、2020年1月信托市场动态

### (一) 集合信托规模：发行规模和成立规模同环比均大幅下降

用益信托网统计数据显示，2020年1月集合信托产品发行规模1,738.07亿元，环比大幅下降41.52%，同比降幅达21.47%；集合信托产品成立规模1,449.83亿元，环同比分别下降46.79%和16.80%（见图1）。

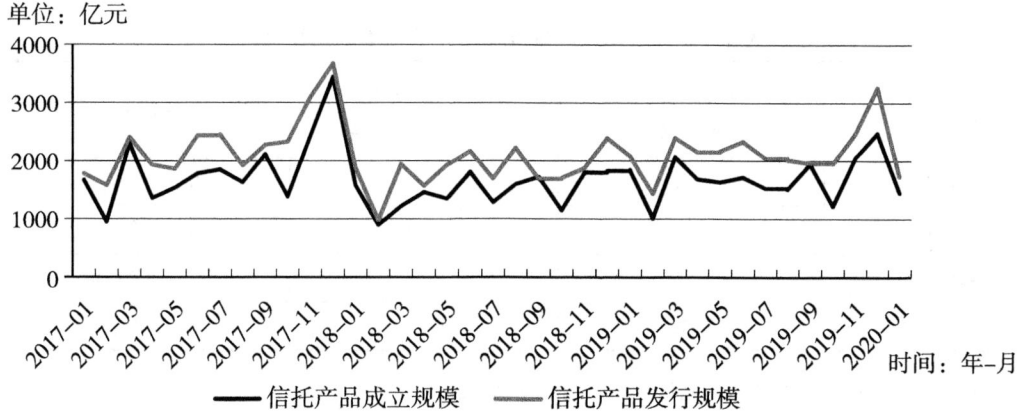

数据来源：用益信托网，中诚信托战略研究部整理。

**图1 近三年集合信托产品发行规模与成立规模**

### (二) 集合信托收益率：保持稳定

2020年1月，集合信托发行平均收益率为7.90%，环比微降0.01个百分点，同比下降0.34个百分点；集合信托成立平均收益率8.01%，环比提升0.14个百分点，同比下降0.21个百分点（见图2）。其中，金融、房地产和工商企业投向的信托产品收益率分别为7.16%、8.26%和8.39%，环比分别提升0.14、0.21和0.07个百分点；基础产业投向的信托产品收益率为8.29%，环比保持不变（见表1、图3）。

---

[①] 本报告中的数据，由于数据来源在不同时间对同一数据会有微量调整，所以，由于选取时间不同，同一数据在不同月份中会略有差异。例如，某一数据在4月时数据来源显示为100，本报告就按照100对其进行分析，但到了5月，数据来源中将该数据调整为102，所以5月就按102进行分析，但此时，4月分析报告已完成，所以不再对4月报告进行修改。

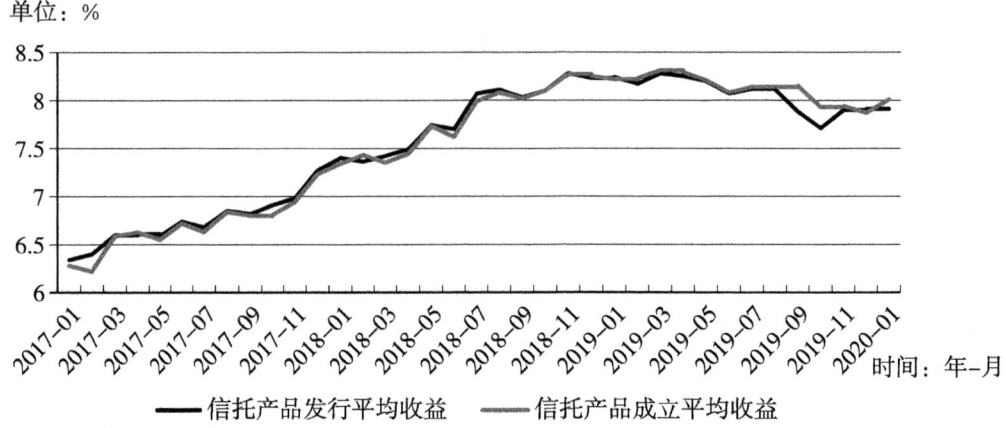

数据来源：用益信托网，中诚信托战略研究部整理。

**图2　近三年集合信托产品平均收益率**

**表1　集合信托产品各投向平均收益率环比变化**

| 投资领域 | 2019年12月平均收益率/% | 2020年1月平均收益率/% | 环比变化 |
| --- | --- | --- | --- |
| 金融 | 7.02 | 7.16 | +0.14个百分点 |
| 房地产 | 8.05 | 8.26 | +0.21个百分点 |
| 基础产业 | 8.29 | 8.29 | 不变 |
| 工商企业 | 8.32 | 8.39 | +0.07个百分点 |

数据来源：用益信托网，中诚信托战略研究部整理。

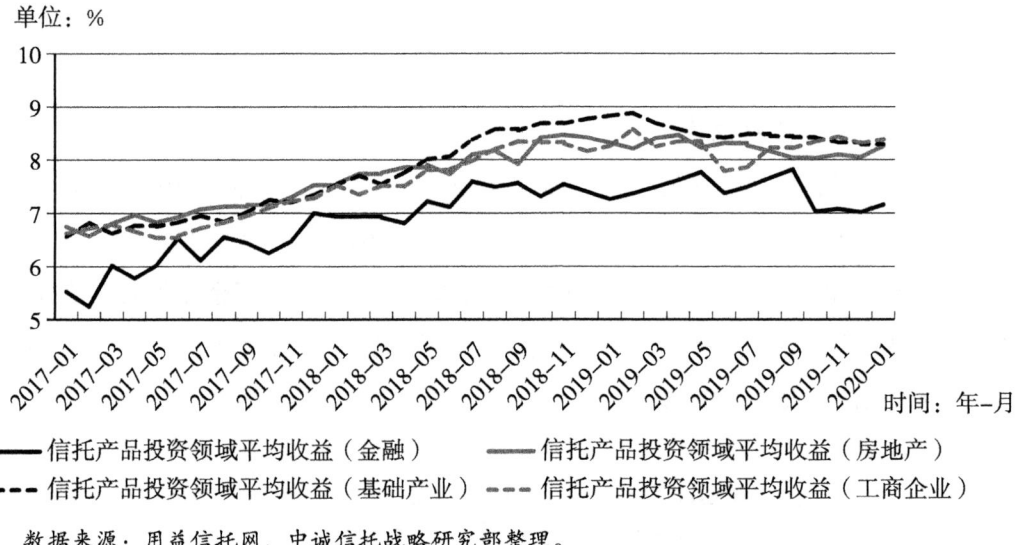

数据来源：用益信托网，中诚信托战略研究部整理。

**图3　近三年集合信托产品各投向平均收益率**

### （三）集合信托资金投向：金融和基础产业投向成立规模占比提升

2020年1月，投向金融、房地产、基础产业和工商企业领域的集合信托产品成立规模分别为426.35亿元、392.50亿元、442.39亿元和136.43亿元，环比分别大幅减少36.74%、45.90%、26.12%和57.78%（见表2）。

从各投向规模占比来看，2020年1月金融、基础产业投向集合信托产品成立规模占比分别为29.41%、30.51%，环比分别提升2.23、6.36个百分点；房地产、工商企业投向集合信托产品成立规模占比分别为27.07%、9.41%，环比分别降低2.19、3.62个百分点（见表3）。

表2 集合信托产品各投向成立规模环比变化

| 投资领域 | 2019年12月成立规模/亿元 | 2020年1月成立规模/亿元 | 环比变化/% |
| --- | --- | --- | --- |
| 金融 | 674.00 | 426.35 | -36.74 |
| 房地产 | 725.49 | 392.50 | -45.90 |
| 基础产业 | 598.77 | 442.39 | -26.12 |
| 工商企业 | 323.16 | 136.43 | -57.78 |

数据来源：用益信托网，中诚信托战略研究部整理。

表3 集合信托产品各投向规模占比环比变化

| 投资领域 | 2019年12月规模占比/% | 2020年1月规模占比/% | 环比变化 |
| --- | --- | --- | --- |
| 金融 | 27.18 | 29.41 | +2.23个百分点 |
| 房地产 | 29.26 | 27.07 | -2.19个百分点 |
| 基础产业 | 24.15 | 30.51 | +6.36个百分点 |
| 工商企业 | 13.03 | 9.41 | -3.62个百分点 |

数据来源：用益信托网，中诚信托战略研究部整理。

## 二、重点公司分析

### （一）成立规模前八名信托公司

根据用益信托网统计，2020年1月集合资金信托产品成立规模最大的八家信托公司依次为光大信托、五矿信托、百瑞信托、外贸信托、中融信托、华能信托、爱建信托、紫金信托（见表4）。

表4 2020年1月集合信托产品成立规模前八名

| 序号 | 公司名称 | 成立数量 | 成立规模/亿元 | 平均期限/年 | 预期收益率/% |
|---|---|---|---|---|---|
| 1 | 光大信托 | 257 | 275.00 | 1.74 | 8.49 |
| 2 | 五矿信托 | 138 | 146.48 | 1.69 | 7.44 |
| 3 | 百瑞信托 | 13 | 95.34 | 2.81 | 7.59 |
| 4 | 外贸信托 | 101 | 71.02 | 3.39 | 6.56 |
| 5 | 中融信托 | 37 | 60.24 | 1.55 | 7.62 |
| 6 | 华能信托 | 26 | 57.60 | 3.24 | 6.13 |
| 7 | 爱建信托 | 94 | 47.86 | 1.80 | 7.57 |
| 8 | 紫金信托 | 51 | 47.59 | 1.51 | 7.82 |

数据来源：用益信托网，中诚信托战略研究部整理。

### （二）重点公司及业务分析

**1. 光大信托、华能信托、外贸信托、中融信托重点投向金融领域**

2020年1月信托产品成立规模前八名中，光大信托、华能信托、外贸信托和中融信托重点投向金融领域，单月金融投向规模占比分别为34.36%、84.22%、92.35%和47.41%，近一年金融投向规模占比分别为37.72%、72.38%、74.90%和35.61%（见表5）。

表5 重点投向金融领域的信托公司

| 序号 | 公司名称 | 2020年1月金融投向成立规模/亿元 | 2020年1月金融投向规模占比/% | 近一年金融投向成立规模/亿元 | 近一年成立规模总计/亿元 | 近一年金融投向规模占比/% |
|---|---|---|---|---|---|---|
| 1 | 光大信托 | 94.50 | 34.36 | 1,009.23 | 2,675.88 | 37.72 |
| 2 | 华能信托 | 40.55 | 84.22 | 288.55 | 398.63 | 72.38 |
| 3 | 外贸信托 | 64.66 | 92.35 | 608.83 | 812.86 | 74.90 |
| 4 | 中融信托 | 28.56 | 47.41 | 167.06 | 469.18 | 35.61 |

数据来源：用益信托网，中诚信托战略研究部整理。

**2. 爱建信托、五矿信托重点投向房地产领域**

2020年1月信托产品成立规模前八名中，爱建信托和五矿信托重点投向房地产领域，其单月房地产投向规模占比分别为66.95%和41.22%，近一年房地产投向规模占比分别为 63.78% 和 28.99%（见表6）。

表6 重点投向房地产领域的信托公司

| 序号 | 公司名称 | 2020年1月房地产投向成立规模/亿元 | 2020年1月房地产投向规模占比/% | 近一年房地产投向成立规模/亿元 | 近一年成立规模总计/亿元 | 近一年房地产投向规模占比/% |
|---|---|---|---|---|---|---|
| 1 | 爱建信托 | 32.04 | 66.95 | 510.91 | 801.00 | 63.78 |
| 2 | 五矿信托 | 60.38 | 41.22 | 576.55 | 1,988.59 | 28.99 |

数据来源：用益信托网，中诚信托战略研究部整理。

### 3. 百瑞信托、紫金信托重点投向基础产业领域

2020年1月集合信托产品成立规模前八名中，百瑞信托和紫金信托重点投向基础产业领域，单月基础产业投向规模占比分别为65.04%和68.63%，近一年基础产业投向规模占比分别为41.00%和55.80%（见表7）。

表7 重点投向基础产业领域的信托公司

| 序号 | 公司名称 | 2020年1月基础产业投向成立规模/亿元 | 2020年1月基础产业投向规模占比/% | 近一年基础产业投向成立规模/亿元 | 近一年成立规模总计/亿元 | 近一年基础产业投向规模占比/% |
|---|---|---|---|---|---|---|
| 1 | 百瑞信托 | 62.01 | 65.04 | 272.82 | 665.35 | 41.00 |
| 2 | 紫金信托 | 32.66 | 68.63 | 199.84 | 358.14 | 55.80 |

数据来源：用益信托网，中诚信托战略研究部整理。

# 集合信托市场月度分析报告——2020年2月

## 一、2020年2月信托市场动态

（一）集合信托规模：发行规模和成立规模环比均大幅下降

用益信托网统计数据显示，2020年2月集合信托产品发行规模1,543.55亿元，环比下降23.87%，同比增长0.33%；集合信托产品成立规模1,094.31亿元，环比下降43.85%，同比增长2.03%（见图1）。

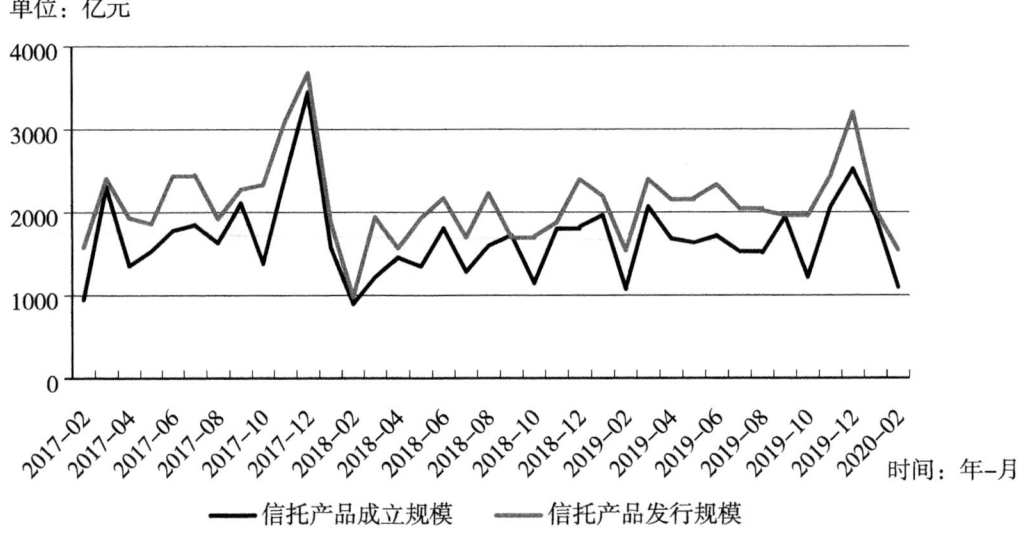

数据来源：用益信托网，中诚信托战略研究部整理。

**图1 近三年集合信托产品发行规模与成立规模**

（二）集合信托收益率：保持稳定

2月集合信托发行平均收益率为7.88%，环比下降0.03个百分点，同比下降0.29个百分点；集合信托成立平均收益率7.95%，环比降低0.05个百分点，同比下降0.28个百分点（见图2）。其中，房地产、基础产业和工商企业投向的信托产品收益率分别为8.34%、8.21%和8.48%，环比分别提升0.05、0.01和0.09个百分点；金融投向的信托产品收益率为7.10%，环比下降0.04个百分点（见表1、图3）。

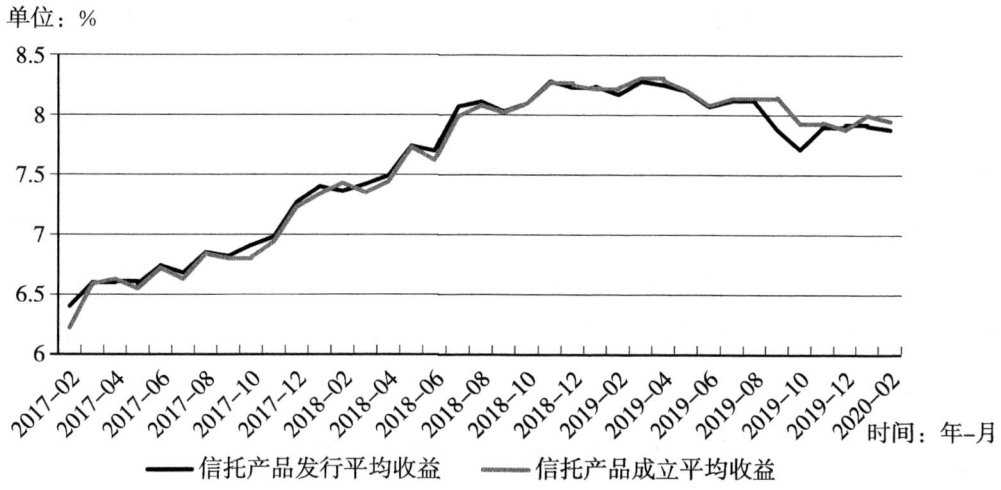

数据来源:用益信托网,中诚信托战略研究部整理。

**图 2　近三年集合信托产品平均收益率**

表 1　集合信托产品各投向平均收益率同比、环比变化

| 投资领域 | 2020年2月平均收益率/% | 2020年1月平均收益率/% | 2019年2月平均收益率/% | 环比变化/百分点 | 同比变化/百分点 |
|---|---|---|---|---|---|
| 金融 | 7.10 | 7.14 | 7.40 | -0.04 | -0.30 |
| 房地产 | 8.34 | 8.29 | 8.26 | +0.05 | +0.08 |
| 基础产业 | 8.21 | 8.20 | 8.84 | +0.01 | -0.63 |
| 工商企业 | 8.48 | 8.39 | 8.43 | +0.09 | +0.05 |

数据来源:用益信托网,中诚信托战略研究部整理。

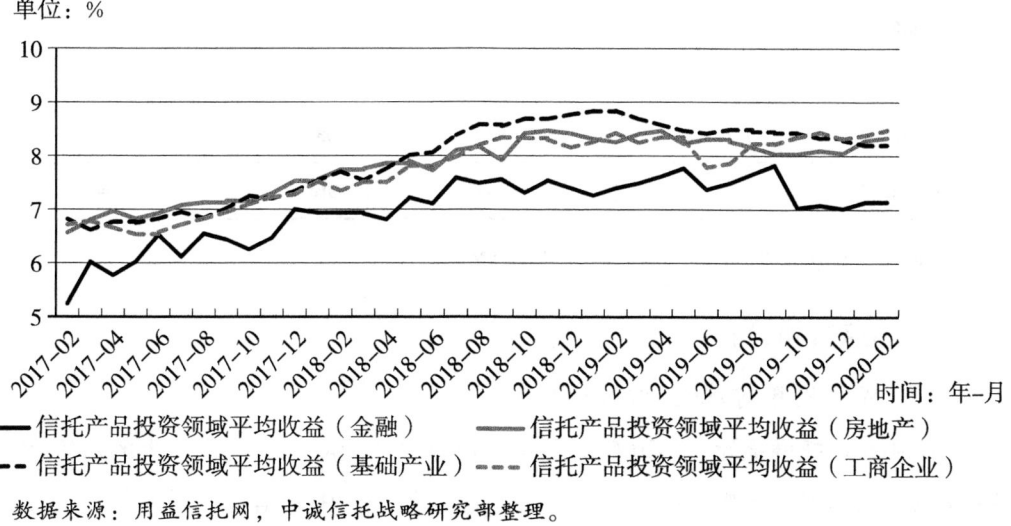

数据来源:用益信托网,中诚信托战略研究部整理。

**图 3　近三年集合信托产品各投向平均收益率**

### (三) 集合信托资金投向：金融和工商企业投向成立规模占比提升

2月，投向金融、房地产、基础产业和工商企业领域的集合信托产品成立规模分别为374.74亿元、221.80亿元、241.64亿元和196.51亿元，环比跌幅分别为28.89%、57.71%、61.59%和17.52%（见表2）。

从各投向规模占比来看，2月金融和工商企业投向集合信托产品成立规模占比分别为34.22%、17.96%，环比分别提升7.18、5.74个百分点；房地产和基础产业投向集合信托产品成立规模占比分别为20.27%、22.08%，环比分别降低6.64、10.20个百分点（见表3）。

表2 集合信托产品各投向成立规模环比变化

| 投资领域 | 2020年1月成立规模/亿元 | 2020年2月成立规模/亿元 | 环比变化/% |
| --- | --- | --- | --- |
| 金融 | 527.00 | 374.74 | -28.89 |
| 房地产 | 524.45 | 221.80 | -57.71 |
| 基础产业 | 629.14 | 241.64 | -61.59 |
| 工商企业 | 238.25 | 196.51 | -17.52 |

数据来源：用益信托网，中诚信托战略研究部整理。

表3 集合信托产品各投向规模占比环比变化

| 投资领域 | 2020年1月规模占比/% | 2020年2月规模占比/% | 环比变化/百分点 |
| --- | --- | --- | --- |
| 金融 | 27.04 | 34.22 | +7.18 |
| 房地产 | 26.91 | 20.27 | -6.64 |
| 基础产业 | 32.28 | 22.08 | -10.20 |
| 工商企业 | 12.22 | 17.96 | +5.74 |

数据来源：用益信托网，中诚信托战略研究部整理。

## 二、重点公司分析

### (一) 成立规模前八名信托公司

根据用益信托网统计，2020年2月集合资金信托产品成立规模最大的八家信托公司依次为光大信托、五矿信托、中航信托、建信信托、中融信托、平安信托、民生信托、外贸信托（见表4）。

表4 2020年2月集合信托产品成立规模前八名

| 序号 | 公司名称 | 成立数量 | 成立规模/亿元 | 平均期限/年 | 预期收益率/% |
|---|---|---|---|---|---|
| 1 | 光大信托 | 179 | 261.14 | 1.78 | 8.17 |
| 2 | 五矿信托 | 101 | 89.04 | 1.81 | 7.79 |
| 3 | 中航信托 | 69 | 60.30 | 1.77 | 8.50 |
| 4 | 建信信托 | 40 | 55.11 | 1.89 | 7.40 |
| 5 | 中融信托 | 22 | 54.10 | 1.35 | 7.26 |
| 6 | 平安信托 | 21 | 48.10 | 1.11 | 5.32 |
| 7 | 民生信托 | 95 | 44.88 | 1.48 | 8.83 |
| 8 | 外贸信托 | 82 | 41.54 | 3.97 | 5.70 |

数据来源：用益信托网，中诚信托战略研究部整理。

## （二）重点公司及业务分析

### 1. 民生信托、平安信托、外贸信托、中航信托重点投向金融领域

2020年2月信托产品成立规模前八名中，民生信托、平安信托、外贸信托和中航信托重点投向金融领域，单月金融投向规模占比分别为50.94%、51.14%、96.05%和37.88%，近一年金融投向规模占比分别为38.01%、50.58%、76.24%和54.56%（见表5）。

表5 重点投向金融领域的信托公司

| 序号 | 公司名称 | 2020年2月金融投向成立规模/亿元 | 2020年2月金融投向规模占比/% | 近一年金融投向成立规模/亿元 | 近一年成立规模总计/亿元 | 近一年金融投向规模占比/% |
|---|---|---|---|---|---|---|
| 1 | 民生信托 | 34.33 | 50.94 | 518.98 | 1,365.42 | 38.01 |
| 2 | 平安信托 | 24.60 | 51.14 | 290.64 | 574.67 | 50.58 |
| 3 | 外贸信托 | 39.90 | 96.05 | 649.83 | 852.39 | 76.24 |
| 4 | 中航信托 | 22.84 | 37.88 | 895.88 | 1,641.86 | 54.56 |

数据来源：用益信托网，中诚信托战略研究部整理。

### 2. 五矿信托、中融信托重点投向房地产领域

2020年2月信托产品成立规模前八名中，五矿信托和中融信托重点投向房地产领域，其单月房地产投向规模占比分别为25.79%和54.71%，近一年房地产投向规模占

比分别为30.36%和30.09%（见表6）。

表6 重点投向房地产领域的信托公司

| 序号 | 公司名称 | 2020年2月房地产投向成立规模/亿元 | 2020年2月房地产投向规模占比/% | 近一年房地产投向成立规模/亿元 | 近一年成立规模总计/亿元 | 近一年房地产投向规模占比/% |
|---|---|---|---|---|---|---|
| 1 | 五矿信托 | 22.96 | 25.79 | 599.16 | 1,973.66 | 30.36 |
| 2 | 中融信托 | 29.60 | 54.71 | 168.31 | 559.28 | 30.09 |

数据来源：用益信托网，中诚信托战略研究部整理。

3. 光大信托、建信信托重点投向工商企业领域

2月信托产品成立规模前八名中，光大信托和建信信托重点投向工商企业领域，其单月工商企业投向规模占比分别为37.39%和25.13%，近一年工商企业投向规模占比分别为16.87%和13.86%（见表7）。

表7 重点投向工商企业领域的信托公司

| 序号 | 公司名称 | 2020年2月工商企业投向成立规模/亿元 | 2020年2月工商企业投向规模占比/% | 近一年工商企业投向成立规模/亿元 | 近一年成立规模总计/亿元 | 近一年工商企业投向规模占比/% |
|---|---|---|---|---|---|---|
| 1 | 光大信托 | 97.64 | 37.39 | 489.90 | 2,903.95 | 16.87 |
| 2 | 建信信托 | 13.85 | 25.13 | 94.87 | 684.35 | 13.86 |

数据来源：用益信托网，中诚信托战略研究部整理。

# 集合信托市场月度分析报告——2020年3月

## 一、2020年3月信托市场动态

（一）集合信托规模：发行规模和成立规模同环比均升

用益信托网统计数据显示，2020年3月集合信托产品发行规模2,572.08亿元，环比增长45.77%，同比增长7.14%；3月集合信托产品成立规模2,103.57亿元，环比增长61.11%，同比增长1.75%（见图1）。

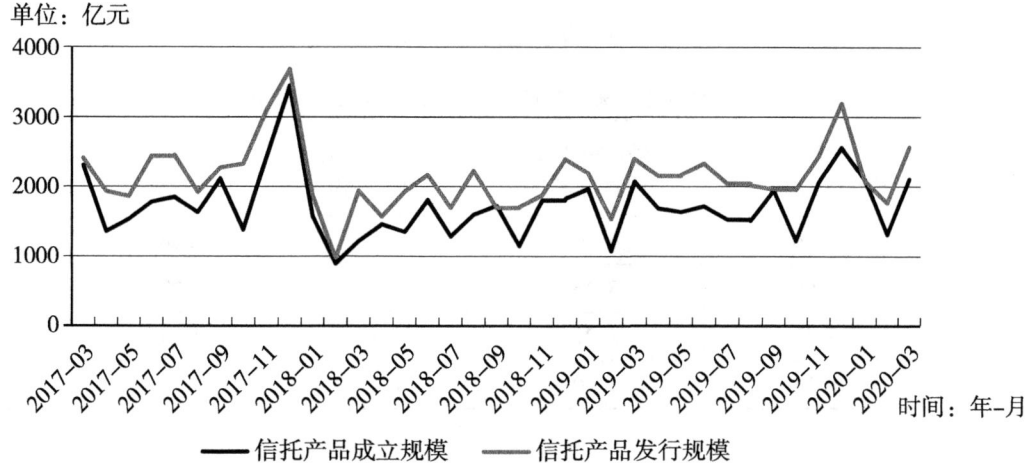

数据来源：用益信托网，中诚信托战略研究部整理。

图1 近三年集合信托产品发行规模与成立规模

（二）集合信托收益率：持续下降

2020年3月集合信托发行平均收益率为7.78%，环比下降0.05个百分点，同比下降0.4个百分点；集合信托成立平均收益率7.78%，环比降低0.07个百分点，同比下降0.53个百分点（见图2）。其中，金融、房地产、基础产业和工商企业投向的信托产品收益率分别为6.76%、8.09%、8.13%和8.38%，环比分别下降0.06、0.27、0.09和0.12个百分点；金融、房地产和基础产业投向的信托产品收益率同比分别下降0.82、0.30和0.54个百分点，工商企业投向的信托产品收益率同比提升0.17个百分点（见表1、图3）。

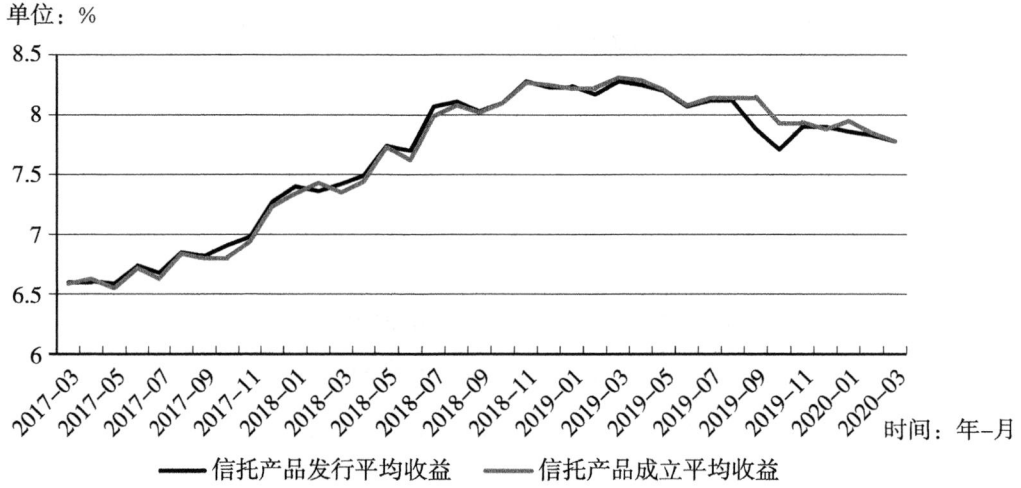

数据来源:用益信托网,中诚信托战略研究部整理。

**图2　近三年集合信托产品平均收益率**

**表1　集合信托产品各投向平均收益率同比、环比变化**

| 投资领域 | 2020年3月平均收益率/% | 2020年2月平均收益率/% | 2019年3月平均收益率/% | 环比变化/百分点 | 同比变化/百分点 |
|---|---|---|---|---|---|
| 金融 | 6.76 | 6.70 | 7.58 | -0.06 | -0.82 |
| 房地产 | 8.09 | 8.36 | 8.39 | -0.27 | -0.30 |
| 基础产业 | 8.13 | 8.22 | 8.67 | -0.09 | -0.54 |
| 工商企业 | 8.38 | 8.50 | 8.21 | -0.12 | +0.17 |

数据来源:用益信托网,中诚信托战略研究部整理。

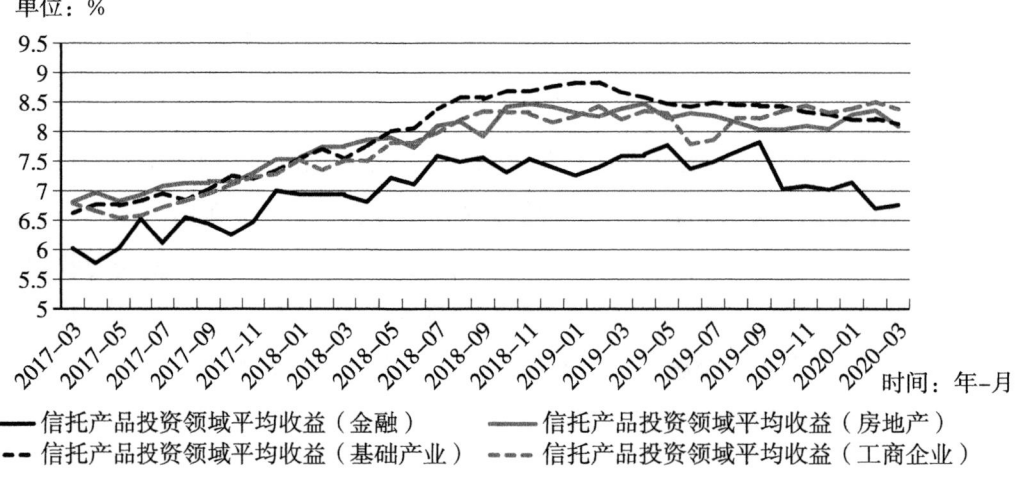

数据来源:用益信托网,中诚信托战略研究部整理。

**图3　近三年集合信托产品各投向平均收益率**

### (三) 集合信托资金投向：金融和工商企业投向成立规模占比提升

2020年3月，投向金融、房地产、基础产业和工商企业领域的集合信托产品成立规模分别为639.69亿元、533.53亿元、521.44亿元和308.60亿元，环比分别增长46.62%、99.37%、81.04%和14.72%；金融和工商企业领域投向的集合信托产品成立规模同比增长21.32%和25.52%，房地产和基础产业领域投向的集合信托产品同比减少39.34%和11.89%（见表2）。

从各投向规模占比来看，3月金融和工商企业投向集合信托产品成立规模占比分别为30.41%和14.67%，环比分别降低3.00和5.93个百分点，同比分别提升8.34和3.91个百分点；房地产和基础产业投向集合信托产品成立规模占比分别为25.36%和24.79%，环比分别提升4.74和2.73个百分点，同比分别降低13.13和1.11个百分点。

表2 集合信托产品各投向成立规模同比、环比变化

| 投资领域 | 2020年2月成立规模/亿元 | 2020年3月成立规模/亿元 | 2019年3月成立规模/亿元 | 环比变化/% | 同比变化/% |
|---|---|---|---|---|---|
| 金融 | 436.30 | 639.69 | 527.26 | +46.62 | +21.32 |
| 房地产 | 267.61 | 533.53 | 879.57 | +99.37 | -39.34 |
| 基础产业 | 288.02 | 521.44 | 591.81 | +81.04 | -11.89 |
| 工商企业 | 269.01 | 308.60 | 245.86 | +14.72 | +25.52 |

数据来源：用益信托网，中诚信托战略研究部整理。

表3 集合信托产品各投向规模占比同比、环比变化

| 投资领域 | 2020年2月规模占比/% | 2020年3月规模占比/% | 2019年3月规模占比/% | 环比变化/百分点 | 同比变化/百分点 |
|---|---|---|---|---|---|
| 金融 | 33.41 | 30.41 | 23.07 | -3.00 | +8.34 |
| 房地产 | 20.50 | 25.36 | 38.49 | +4.74 | -13.13 |
| 基础产业 | 22.06 | 24.79 | 25.90 | +2.73 | -1.11 |
| 工商企业 | 20.60 | 14.67 | 10.76 | -5.93 | +3.91 |

数据来源：用益信托网，中诚信托战略研究部整理。

## 二、重点公司分析

### (一) 成立规模前八名信托公司

根据用益信托网统计，2020年3月集合资金信托产品成立规模最大的八家信托公司依次为光大信托、五矿信托、外贸信托、建信信托、民生信托、中航信托、百瑞信

托、山东信托（见表4）。

表4 2020年3月集合信托产品成立规模前八名

| 序号 | 公司名称 | 成立数量 | 成立规模/亿元 | 平均期限/年 | 预期收益率/% |
| --- | --- | --- | --- | --- | --- |
| 1 | 光大信托 | 275 | 493.91 | 1.84 | 8.13 |
| 2 | 五矿信托 | 166 | 151.71 | 2.33 | 7.85 |
| 3 | 外贸信托 | 166 | 145.86 | 2.80 | 6.25 |
| 4 | 建信信托 | 92 | 133.20 | 1.53 | 6.80 |
| 5 | 民生信托 | 247 | 118.20 | 1.08 | 8.45 |
| 6 | 中航信托 | 141 | 94.97 | 1.51 | 7.56 |
| 7 | 百瑞信托 | 7 | 76.47 | 5.08 | / |
| 8 | 山东信托 | 24 | 68.55 | 1.17 | 6.74 |

数据来源：用益信托网，中诚信托战略研究部整理。

（二）重点公司及业务分析

1. 民生信托、外贸信托、五矿信托、中航信托重点投向金融领域

2020年3月信托产品成立规模前八名中，民生信托、外贸信托、五矿信托和中航信托重点投向金融领域，单月金融投向规模占比分别为49.12%、70.73%、49.13%和46.09%，近一年金融投向规模占比分别为39.16%、76.81%、32.42%和52.14%（见表5）。

表5 重点投向金融领域的信托公司

| 序号 | 公司名称 | 2020年3月金融投向成立规模/亿元 | 2020年3月金融投向规模占比/% | 近一年金融投向成立规模/亿元 | 近一年成立规模总计/亿元 | 近一年金融投向规模占比/% |
| --- | --- | --- | --- | --- | --- | --- |
| 1 | 民生信托 | 58.06 | 49.12 | 443.71 | 1,133.03 | 39.16 |
| 2 | 外贸信托 | 103.16 | 70.73 | 771.09 | 1,003.92 | 76.81 |
| 3 | 五矿信托 | 74.53 | 49.13 | 627.59 | 1,935.90 | 32.42 |
| 4 | 中航信托 | 43.77 | 46.09 | 851.25 | 1,632.77 | 52.14 |

数据来源：用益信托网，中诚信托战略研究部整理。

2. 山东信托重点投向房地产领域

2020年3月信托产品成立规模前八名中，山东信托重点投向房地产领域，其单月房地产投向规模占比为95.28%，近一年房地产投向规模占比为71.57%（见表6）。

表6 重点投向房地产领域的信托公司

| 序号 | 公司名称 | 2020年3月房地产投向成立规模/亿元 | 2020年3月房地产投向规模占比/% | 近一年房地产投向成立规模/亿元 | 近一年成立规模总计/亿元 | 近一年房地产投向规模占比/% |
|---|---|---|---|---|---|---|
| 1 | 山东信托 | 59.34 | 95.28 | 473.25 | 661.27 | 71.57 |

数据来源：用益信托网，中诚信托战略研究部整理。

3. 光大信托、百瑞信托重点投向工商企业领域

2020年3月信托产品成立规模前八名中，光大信托、百瑞信托重点投向工商企业领域，其单月工商企业投向规模占比分别为35.61%、57.54%，近一年工商企业投向规模占比分别为21.28%、34.12%（见表7）。

表7 重点投向工商企业领域的信托公司

| 序号 | 公司名称 | 2020年3月工商企业投向成立规模/亿元 | 2020年3月工商企业投向规模占比/% | 近一年工商企业投向成立规模/亿元 | 近一年成立规模总计/亿元 | 近一年工商企业投向规模占比/% |
|---|---|---|---|---|---|---|
| 1 | 光大信托 | 177.17 | 35.61 | 691.97 | 3,252.38 | 21.28 |
| 2 | 百瑞信托 | 44.00 | 57.54 | 252.34 | 739.59 | 34.12 |

数据来源：用益信托网，中诚信托战略研究部整理。

4. 建信信托重点投向基础产业领域

2020年3月信托产品成立规模前八名中，建信信托重点投向基础产业领域，其单月基础产业投向规模占比为47.63%，近一年基础产业投向规模占比为35.07%（见表8）。

表8 重点投向基础产业领域的信托公司

| 序号 | 公司名称 | 2020年3月基础产业投向成立规模/亿元 | 2020年3月基础产业投向规模占比/% | 近一年基础产业投向成立规模/亿元 | 近一年成立规模总计/亿元 | 近一年基础产业投向规模占比/% |
|---|---|---|---|---|---|---|
| 1 | 建信信托 | 63.45 | 47.63 | 253.93 | 724.14 | 35.07 |

数据来源：用益信托网，中诚信托战略研究部整理。

# 集合信托市场月度分析报告——2020年4月

## 一、2020年4月信托市场动态

（一）集合信托规模：发行规模和成立规模环比降同比升

用益信托网统计数据显示，2020年4月集合信托产品发行规模2,453.38亿元，环比减少22.30%，同比则增长13.87%；4月集合信托产品成立规模2,290.07亿元，环比减少12.25%，同比增长36.04%（见图1）。

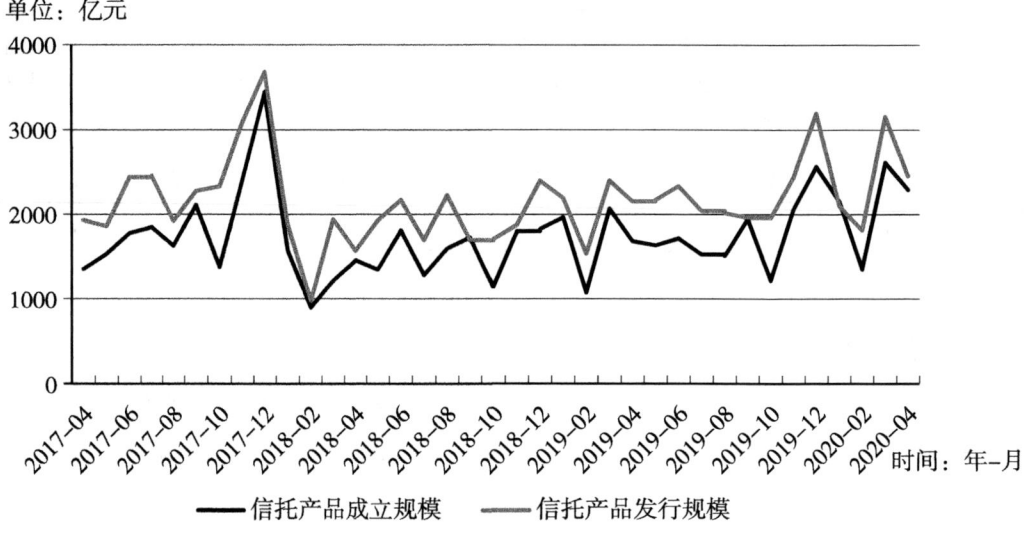

数据来源：用益信托网，中诚信托战略研究部整理。

**图1 近三年集合信托产品发行规模与成立规模**

（二）集合信托收益率：持续回落

2020年4月集合信托发行平均收益率为7.62%，环比下降0.09个百分点，同比下降0.63个百分点；集合信托成立平均收益率7.64%，环比降低0.09个百分点，同比下降0.65个百分点（见图2）。其中，金融、房地产、基础产业和工商企业投向的信托产品收益率分别为6.76%、7.94%、8.01%和8.15%，环比分别下降0.03、0.03、0.11和0.01个百分点，同比分别下降0.89、0.51、0.54和0.17个百分点（见表1、图3）。

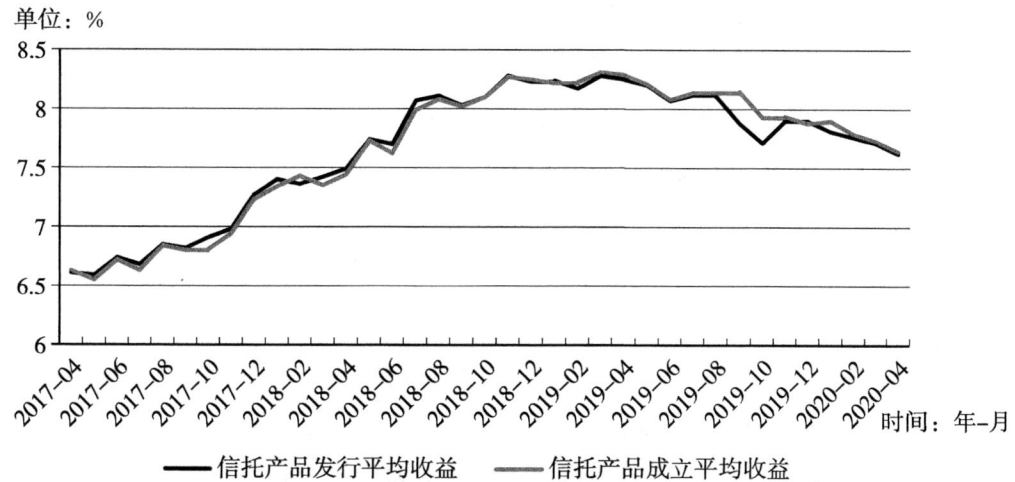

图2 近三年集合信托产品平均收益率

表1 集合信托产品各投向平均收益率同比、环比变化

| 投资领域 | 2020年4月平均收益率/% | 2020年3月平均收益率/% | 2019年4月平均收益率/% | 环比变化/百分点 | 同比变化/百分点 |
|---|---|---|---|---|---|
| 金融 | 6.76 | 6.79 | 7.65 | -0.03 | -0.89 |
| 房地产 | 7.94 | 7.97 | 8.45 | -0.03 | -0.51 |
| 基础产业 | 8.01 | 8.12 | 8.55 | -0.11 | -0.54 |
| 工商企业 | 8.15 | 8.16 | 8.32 | -0.01 | -0.17 |

数据来源：用益信托网，中诚信托战略研究部整理。

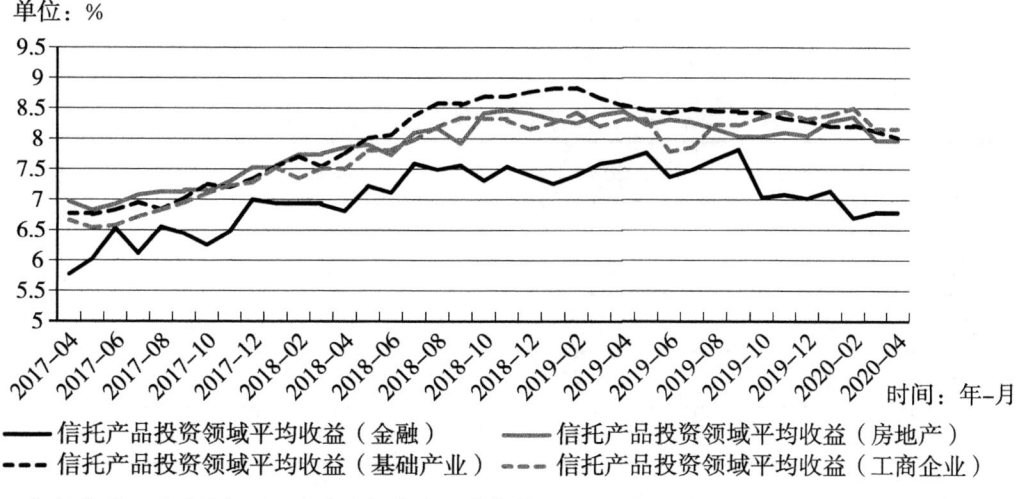

图3 近三年集合信托产品各投向平均收益率

### (三）集合信托资金投向：基础产业投向成立规模及占比提升

2020年4月，投向金融、房地产和工商企业领域的集合信托产品成立规模分别为628.32亿元、636.00亿元和239.13亿元，环比分别减少19.29%、5.57%和52.11%；基础产业领域投向的集合信托产品成立规模696.95亿元，环比增长15.59%。同比来看，4月投向金融、基础产业和工商企业领域的集合信托产品成立规模分别增长27.61%、72.06%和7.47%，投向房地产领域的集合信托产品成立规模减少13.46%（见表2）。

从各投向规模占比来看，4月投向房地产和基础产业领域的集合信托产品成立规模占比分别为27.77%和30.43%，环比分别提升1.96和7.33个百分点；投向金融和工商企业领域的集合信托产品成立规模占比分别为27.44%和10.44%，环比分别降低1.94和8.69个百分点。同比来看，投向金融和基础产业领域的集合信托产品成立规模分别提升3.78和9.37个百分点，投向房地产和工商企业领域的集合信托产品成立规模降低10.44和1.13个百分点（见表3）。

表2　集合信托产品各投向成立规模同比、环比变化

| 投资领域 | 2020年3月成立规模/亿元 | 2020年4月成立规模/亿元 | 2019年4月成立规模/亿元 | 环比变化/% | 同比变化/% |
| --- | --- | --- | --- | --- | --- |
| 金融 | 778.49 | 628.32 | 492.37 | -19.29 | +27.61 |
| 房地产 | 673.53 | 636.00 | 734.89 | -5.57 | -13.46 |
| 基础产业 | 602.95 | 696.95 | 405.07 | +15.59 | +72.06 |
| 工商企业 | 499.35 | 239.13 | 222.51 | -52.11 | +7.47 |

数据来源：用益信托网，中诚信托战略研究部整理。

表3　集合信托产品各投向规模占比同比、环比变化

| 投资领域 | 2020年3月规模占比/% | 2020年4月规模占比/% | 2019年4月规模占比/% | 环比变化/百分点 | 同比变化/百分点 |
| --- | --- | --- | --- | --- | --- |
| 金融 | 29.38 | 27.44 | 25.60 | -1.94 | +3.78 |
| 房地产 | 25.81 | 27.77 | 38.21 | +1.96 | -10.44 |
| 基础产业 | 23.10 | 30.43 | 21.06 | +7.33 | +9.37 |
| 工商企业 | 19.13 | 10.44 | 11.57 | -8.69 | -1.13 |

数据来源：用益信托网，中诚信托战略研究部整理。

## 二、重点公司分析

### （一）成立规模前八名信托公司

根据用益信托网统计，2020年4月集合资金信托产品成立规模最大的八家信托公司依次为光大信托、民生信托、五矿信托、百瑞信托、中航信托、建信信托、外贸信托和中融信托（见表4）。

表4　2020年4月集合信托产品成立规模前八名

| 序号 | 公司名称 | 成立数量 | 成立规模/亿元 | 平均期限/年 | 预期收益率/% |
| --- | --- | --- | --- | --- | --- |
| 1 | 光大信托 | 358 | 457.78 | 1.58 | 7.96 |
| 2 | 民生信托 | 448 | 237.07 | 1.12 | 7.47 |
| 3 | 五矿信托 | 124 | 196.47 | 2.73 | 7.77 |
| 4 | 百瑞信托 | 20 | 140.15 | 2.01 | 8.23 |
| 5 | 中航信托 | 182 | 132.46 | 1.63 | 7.43 |
| 6 | 建信信托 | 79 | 102.97 | 1.47 | 6.56 |
| 7 | 外贸信托 | 136 | 102.17 | 3.23 | 5.86 |
| 8 | 中融信托 | 33 | 70.90 | 1.55 | 7.35 |

数据来源：用益信托网，中诚信托战略研究部整理。

### （二）重点公司及业务分析

**1. 光大信托、民生信托、外贸信托重点投向金融领域**

2020年4月信托产品成立规模前八名中，光大信托、民生信托和外贸信托重点投向金融领域，单月金融投向规模占比分别为32.31%、47.13%和74.81%，近一年金融投向规模占比分别为33.16%、43.18%和77.50%（见表5）。

表5　重点投向金融领域的信托公司

| 序号 | 公司名称 | 2020年4月金融投向成立规模/亿元 | 2020年4月金融投向规模占比/% | 近一年金融投向成立规模/亿元 | 近一年成立规模总计/亿元 | 近一年金融投向规模占比/% |
| --- | --- | --- | --- | --- | --- | --- |
| 1 | 光大信托 | 147.91 | 32.31 | 1,199.35 | 3,616.92 | 33.16 |
| 2 | 民生信托 | 111.72 | 47.13 | 573.77 | 1,328.69 | 43.18 |
| 3 | 外贸信托 | 76.43 | 74.81 | 813.17 | 1,049.29 | 77.50 |

数据来源：用益信托网，中诚信托战略研究部整理。

**2. 五矿信托、中航信托、中融信托重点投向房地产领域**

2020年4月信托产品成立规模前八名中，五矿信托、中航信托和中融信托重点投向房地产领域，其单月房地产投向规模占比分别为 40.71%、43.48% 和 82.37%，近一年房地产投向规模占比分别为 32.39%、26.31% 和 39.57%（见表6）。

表6 重点投向房地产领域的信托公司

| 序号 | 公司名称 | 2020年4月房地产投向成立规模/亿元 | 2020年4月房地产投向规模占比/% | 近一年房地产投向成立规模/亿元 | 近一年成立规模总计/亿元 | 近一年房地产投向规模占比/% |
|---|---|---|---|---|---|---|
| 1 | 五矿信托 | 79.98 | 40.71 | 642.20 | 1,982.93 | 32.39 |
| 2 | 中航信托 | 57.59 | 43.48 | 424.03 | 1,611.58 | 26.31 |
| 3 | 中融信托 | 58.40 | 82.37 | 256.41 | 648.00 | 39.57 |

数据来源：用益信托网，中诚信托战略研究部整理。

3. 百瑞信托、建信信托重点投向基础产业领域

2020年3月信托产品成立规模前八名中，百瑞信托和建信信托重点投向基础产业领域，其单月基础产业投向规模占比分别为 51.96% 和 54.50%，近一年基础产业投向规模占比分别为 36.54% 和 36.41%（见表7）。

表7 重点投向基础产业领域的信托公司

| 序号 | 公司名称 | 2020年4月基础产业投向成立规模/亿元 | 2020年4月基础产业投向规模占比/% | 近一年基础产业投向成立规模/亿元 | 近一年成立规模总计/亿元 | 近一年基础产业投向规模占比/% |
|---|---|---|---|---|---|---|
| 1 | 百瑞信托 | 72.82 | 51.96 | 341.82 | 935.38 | 36.54 |
| 2 | 建信信托 | 56.12 | 54.50 | 284.89 | 782.46 | 36.41 |

数据来源：用益信托网，中诚信托战略研究部整理。

# 集合信托市场月度分析报告——2020年5月

## 一、2020年5月信托市场动态

### (一) 集合信托规模: 发行规模和成立规模环比均降

用益信托网统计数据显示,2020年5月集合信托产品发行规模1,961.77亿元,环比减少24.57%,同比则微增2.08%;5月集合信托产品成立规模1,961.77亿元,环比减少28.64%,同比则下降16.41%(见图1)。

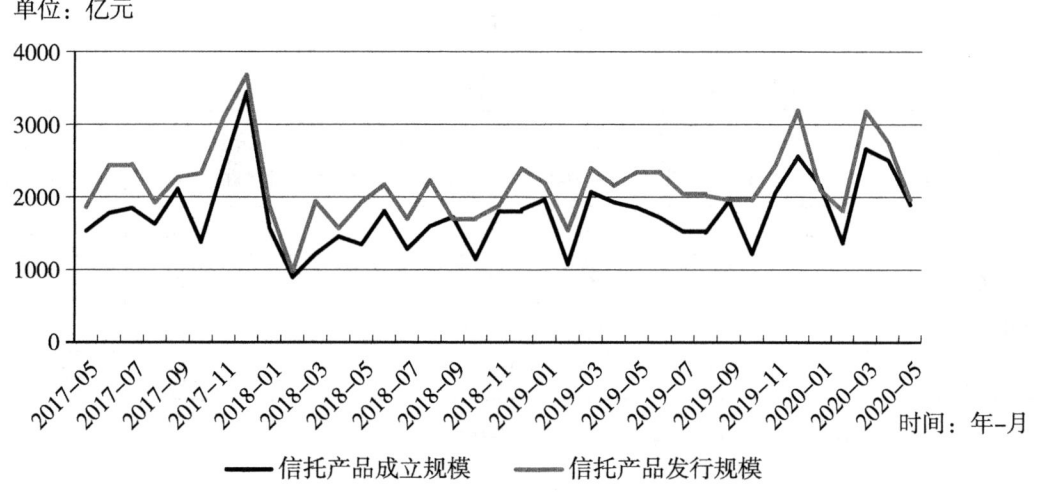

数据来源:用益信托网,中诚信托战略研究部整理。

**图1 近三年集合信托产品发行规模与成立规模**

### (二) 集合信托收益率: 持续下行

2020年5月集合信托发行平均收益率为7.49%,环比下降0.14个百分点,同比下降0.67个百分点;集合信托成立平均收益率7.52%,环比降低0.14个百分点,同比下降0.66个百分点(见图2)。其中,金融、基础产业和工商企业投向的信托产品收益率环比分别下降0.20、0.05和0.01个百分点,房地产投向信托产品收益率环比微涨0.02个百分点。同比来看,各投向信托产品收益率均不同程度下降(见表1、图3)。

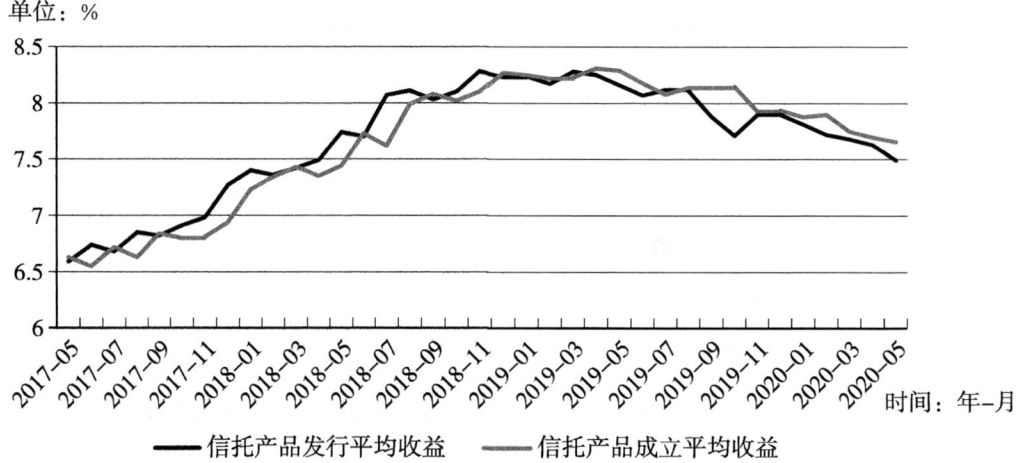

数据来源:用益信托网,中诚信托战略研究部整理。

**图2 近三年集合信托产品平均收益率**

**表1 集合信托产品各投向平均收益率同比、环比变化**

| 投资领域 | 2020年5月平均收益率/% | 2020年4月平均收益率/% | 2019年5月平均收益率/% | 环比变化/百分点 | 同比变化/百分点 |
|---|---|---|---|---|---|
| 金融 | 6.56 | 6.76 | 7.70 | -0.20 | -1.14 |
| 房地产 | 7.98 | 7.96 | 8.21 | +0.02 | -0.23 |
| 基础产业 | 7.98 | 8.03 | 8.46 | -0.05 | -0.48 |
| 工商企业 | 8.13 | 8.14 | 8.35 | -0.01 | -0.20 |

数据来源:用益信托网,中诚信托战略研究部整理。

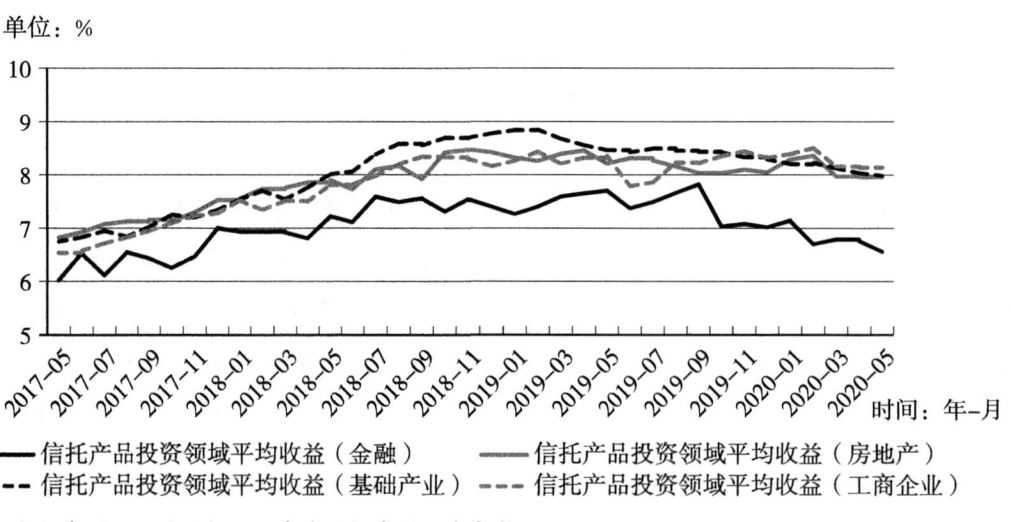

数据来源:用益信托网,中诚信托战略研究部整理。

**图3 近三年集合信托产品各投向平均收益率**

（三）集合信托资金投向：房地产投向占比同比大幅下降，金融投向占比同比提升

2020年5月，投向金融、房地产、基础产业和工商企业领域的集合信托产品成立规模分别为617.88亿元、597.56亿元、405.42亿元和234.66亿元，环比分别减少12.64%、15.53%、44.44%和14.75%。同比来看，投向金融、基础产业和工商企业领域的集合信托产品成立规模分别增长25.94%、10.57%和17.68%，投向房地产领域的集合信托产品成立规模减少23.48%（见表2）。

从各投向规模占比来看，5月投向金融、房地产和工商企业领域的集合信托产品成立规模占比分别为32.66%、31.59%和12.40%，环比分别提升4.46、3.38和1.42个百分点；投向基础产业的集合信托产品成立规模占比21.43%，环比下降7.66个百分点。同比来看，投向房地产领域的集合信托产品成立规模占比大幅下降10.55个百分点，而投向金融领域的集合信托产品成立规模占比提升最多，升幅6.19个百分点，投向基础产业和工商企业领域的集合信托产品成立规模占比分别小幅提升1.65和1.64个百分点（见表3）。

表2 集合信托产品各投向成立规模同比、环比变化

| 投资领域 | 2020年4月成立规模/亿元 | 2020年5月成立规模/亿元 | 2019年5月成立规模/亿元 | 环比变化/% | 同比变化/% |
| --- | --- | --- | --- | --- | --- |
| 金融 | 707.31 | 617.88 | 490.62 | -12.64 | +25.94 |
| 房地产 | 707.44 | 597.56 | 780.94 | -15.53 | -23.48 |
| 基础产业 | 729.68 | 405.42 | 366.65 | -44.44 | +10.57 |
| 工商企业 | 275.27 | 234.66 | 199.40 | -14.75 | +17.68 |

数据来源：用益信托网，中诚信托战略研究部整理。

表3 集合信托产品各投向规模占比同比、环比变化

| 投资领域 | 2020年4月规模占比/% | 2020年5月规模占比/% | 2019年5月规模占比/% | 环比变化/百分点 | 同比变化/百分点 |
| --- | --- | --- | --- | --- | --- |
| 金融 | 28.20 | 32.66 | 26.47 | +4.46 | +6.19 |
| 房地产 | 28.21 | 31.59 | 42.14 | +3.38 | -10.55 |
| 基础产业 | 29.09 | 21.43 | 19.78 | -7.66 | +1.65 |
| 工商企业 | 10.98 | 12.40 | 10.76 | +1.42 | +1.64 |

数据来源：用益信托网，中诚信托战略研究部整理。

## 二、重点公司分析

### （一）成立规模前八名信托公司

根据用益信托网统计，2020年5月集合资金信托产品成立规模最大的八家信托公司依次为光大信托、民生信托、五矿信托、中航信托、外贸信托、中融信托、建信信托和中建投信托（见表4）。

表4　2020年5月集合信托产品成立规模前八名

| 序号 | 公司名称 | 成立数量 | 成立规模/亿元 | 平均期限/年 | 预期收益率/% |
|---|---|---|---|---|---|
| 1 | 光大信托 | 299 | 360.63 | 1.63 | 7.78 |
| 2 | 民生信托 | 346 | 224.87 | 1.05 | 7.71 |
| 3 | 五矿信托 | 144 | 154.82 | 1.87 | 7.67 |
| 4 | 中航信托 | 166 | 110.71 | 1.30 | 7.07 |
| 5 | 外贸信托 | 89 | 98.55 | 4.40 | 5.27 |
| 6 | 中融信托 | 17 | 84.50 | 1.67 | 7.51 |
| 7 | 建信信托 | 54 | 76.07 | 2.23 | 6.58 |
| 8 | 中建投信托 | 36 | 62.76 | 2.20 | 7.13 |

数据来源：用益信托网，中诚信托战略研究部整理。

### （二）重点公司及业务分析

**1. 光大信托、民生信托、中航信托、外贸信托、建信信托和中建投信托重点投向金融领域**

2020年5月信托产品成立规模前八名中，光大信托、民生信托、中航信托、外贸信托、建信信托和中建投信托重点投向金融领域，单月金融投向规模占比分别为29.80%、40.05%、57.10%、91.45%、35.41%和66.12%，近一年金融投向规模占比分别为32.79%、42.90%、53.97%、79.35%、30.57%和12.22%（见表5）。

表5　重点投向金融领域的信托公司

| 序号 | 公司名称 | 2020年5月金融投向成立规模/亿元 | 2020年5月金融投向规模占比/% | 近一年金融投向成立规模/亿元 | 近一年成立规模总计/亿元 | 近一年金融投向规模占比/% |
|---|---|---|---|---|---|---|
| 1 | 光大信托 | 107.48 | 29.80 | 1,252.83 | 3,820.24 | 32.79 |
| 2 | 民生信托 | 90.05 | 40.05 | 630.81 | 1,470.32 | 42.90 |
| 3 | 中航信托 | 63.21 | 57.10 | 875.54 | 1,622.35 | 53.97 |

续表

| 序号 | 公司名称 | 2020年5月金融投向成立规模/亿元 | 2020年5月金融投向规模占比/% | 近一年金融投向成立规模/亿元 | 近一年成立规模总计/亿元 | 近一年金融投向规模占比/% |
|---|---|---|---|---|---|---|
| 4 | 外贸信托 | 90.12 | 91.45 | 874.62 | 1,102.26 | 79.35 |
| 5 | 建信信托 | 26.94 | 35.41 | 254.15 | 831.45 | 30.57 |
| 6 | 中建投信托 | 41.50 | 66.12 | 68.15 | 557.80 | 12.22 |

数据来源：用益信托网，中诚信托战略研究部整理。

2. 五矿信托和中融信托重点投向房地产领域

2020年5月信托产品成立规模前八名中，五矿信托和中融信托重点投向房地产领域，其单月房地产投向规模占比分别为46.07%和87.93%，近一年房地产投向规模占比分别为31.71%和45.08%（见表6）。

表6 重点投向房地产领域的信托公司

| 序号 | 公司名称 | 2020年5月房地产投向成立规模/亿元 | 2020年5月房地产投向规模占比/% | 近一年房地产投向成立规模/亿元 | 近一年成立规模总计/亿元 | 近一年房地产投向规模占比/% |
|---|---|---|---|---|---|---|
| 1 | 五矿信托 | 71.32 | 46.07 | 651.07 | 2,053.03 | 31.71 |
| 2 | 中融信托 | 74.30 | 87.93 | 309.65 | 686.84 | 45.08 |

数据来源：用益信托网，中诚信托战略研究部整理。

# 集合信托市场月度分析报告——2020年6月

## 一、2020年6月信托市场动态

### （一）集合信托规模：发行规模和成立规模同环比均升

用益信托网统计数据显示，2020年6月集合信托产品发行规模2,976.47亿元，环比增长23.41%，同比增长18.14%；6月集合信托产品成立规模2,210.94亿元，环同比升幅分别为5.84%和8.41%（见图1）。

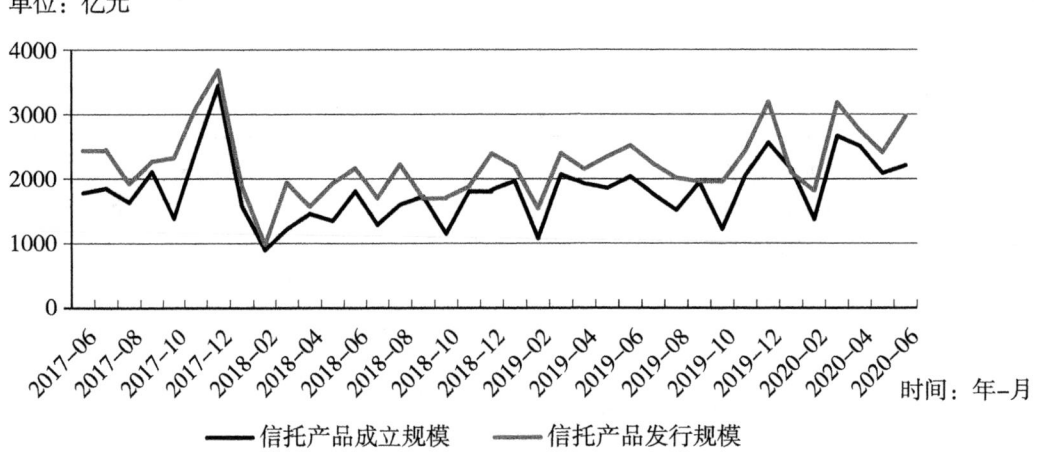

数据来源：用益信托网，中诚信托战略研究部整理。

**图1 近三年集合信托产品发行规模与成立规模**

### （二）集合信托收益率：持续回落

2020年6月集合信托发行平均收益率为7.36%，环比下降0.12个百分点，同比下降0.71个百分点；集合信托成立平均收益率7.29%，环比降低0.22个百分点，同比下降0.79个百分点（见图2）。其中，金融、房地产、基础产业和工商企业投向的信托产品收益率环比分别下降0.23、0.30、0.20和0.32个百分点。同比来看，金融、房地产和基础产业投向信托产品收益率分别减少1.05、0.60和0.64个百分点，工商企业投向集合信托产品收益率上升0.04个百分点（见表1、图3）。

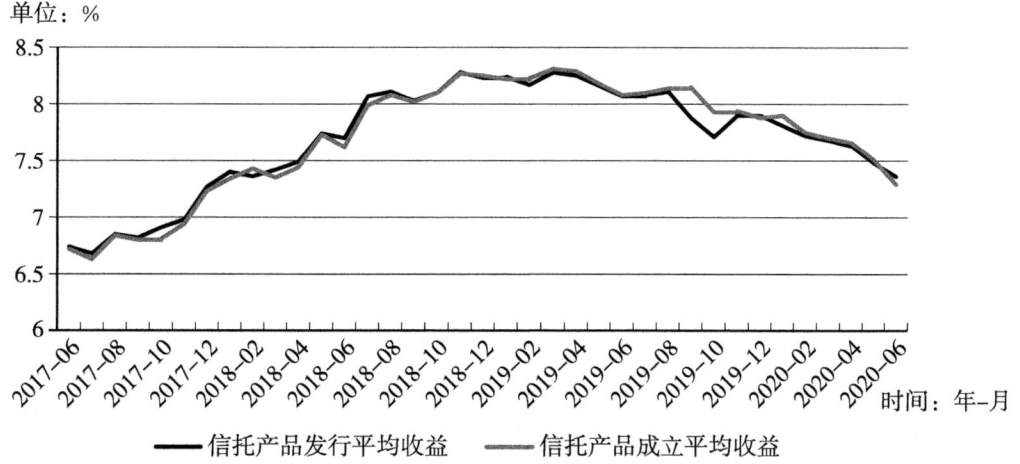

数据来源：用益信托网，中诚信托战略研究部整理。

**图 2　近三年集合信托产品平均收益率**

**表 1　集合信托产品各投向平均收益率同比、环比变化**

| 投资领域 | 2020年6月平均收益率/% | 2020年5月平均收益率/% | 2019年6月平均收益率/% | 环比变化/百分点 | 同比变化/百分点 |
|---|---|---|---|---|---|
| 金融 | 6.32 | 6.55 | 7.37 | -0.23 | -1.05 |
| 房地产 | 7.61 | 7.91 | 8.21 | -0.30 | -0.60 |
| 基础产业 | 7.77 | 7.97 | 8.41 | -0.20 | -0.64 |
| 工商企业 | 7.81 | 8.13 | 7.77 | -0.32 | +0.04 |

数据来源：用益信托网，中诚信托战略研究部整理。

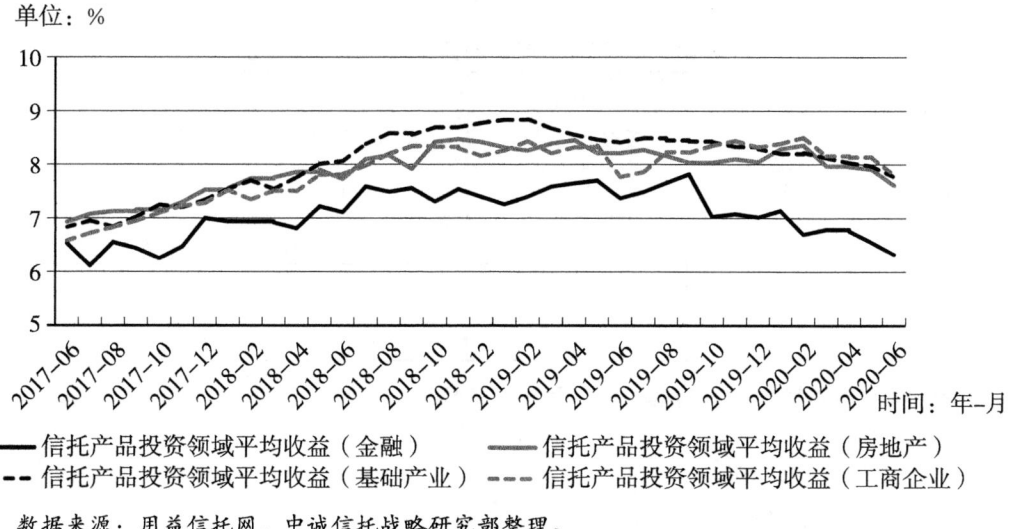

数据来源：用益信托网，中诚信托战略研究部整理。

**图 3　近三年集合信托产品各投向平均收益率**

## （三）集合信托资金投向：基础产业投向占比同比、环比提升，金融、房地产、工商企业投向占比同比、环比均降

2020年6月，投向金融、房地产和工商企业领域的集合信托产品成立规模分别为628.66亿元、660.20亿元和190.84亿元，环比分别减少8.28%、5.75%和21.18%，投向基础产业领域的集合信托产品成立规模555.32亿元，环比增长30.77%。同比来看，投向金融、基础产业和工商企业领域的集合信托产品成立规模分别增长7.11%、54.89%和77.20%，投向房地产领域的集合信托产品成立规模减少30.53%（见表2）。

从各投向规模占比来看，6月投向金融、房地产和工商企业领域的集合信托产品成立规模占比分别为28.43%、29.86%和8.63%，环比分别减少4.38、3.67和2.96个百分点，同比分别减少4.56、3.67和0.31个百分点；投向基础产业的集合信托产品成立规模占比25.12%，环同比分别提升4.79和1.95个百分点（见表3）。

表2 集合信托产品各投向成立规模同比、环比变化

| 投资领域 | 2020年5月成立规模/亿元 | 2020年6月成立规模/亿元 | 2019年6月成立规模/亿元 | 环比变化/% | 同比变化/% |
| --- | --- | --- | --- | --- | --- |
| 金融 | 685.38 | 628.66 | 586.93 | -8.28 | +7.11 |
| 房地产 | 700.51 | 660.20 | 950.31 | -5.75 | -30.53 |
| 基础产业 | 424.65 | 555.32 | 358.52 | +30.77 | +54.89 |
| 工商企业 | 242.11 | 190.84 | 107.70 | -21.18 | +77.20 |

数据来源：用益信托网，中诚信托战略研究部整理。

表3 集合信托产品各投向规模占比同比、环比变化

| 投资领域 | 2020年5月规模占比/% | 2020年6月规模占比/% | 2019年6月规模占比/% | 环比变化/百分点 | 同比变化/百分点 |
| --- | --- | --- | --- | --- | --- |
| 金融 | 32.81 | 28.43 | 32.99 | -4.38 | -4.56 |
| 房地产 | 33.53 | 29.86 | 33.53 | -3.67 | -3.67 |
| 基础产业 | 20.33 | 25.12 | 23.17 | +4.79 | +1.95 |
| 工商企业 | 11.59 | 8.63 | 8.94 | -2.96 | -0.31 |

数据来源：用益信托网，中诚信托战略研究部整理。

## 二、重点公司分析

### （一）成立规模前八名信托公司

根据用益信托网统计，2020年6月集合资金信托产品成立规模最大的八家信托公

司依次为光大信托、五矿信托、民生信托、外贸信托、建信信托、中信信托、中航信托和中融信托（见表4）。

表4 2020年6月集合信托产品成立规模前八名

| 序号 | 公司名称 | 成立数量 | 成立规模/亿元 | 平均期限/年 | 预期收益率/% |
|---|---|---|---|---|---|
| 1 | 光大信托 | 294 | 592.75 | 1.60 | 7.20 |
| 2 | 五矿信托 | 170 | 237.03 | 2.50 | 7.59 |
| 3 | 民生信托 | 271 | 139.95 | 0.98 | 7.68 |
| 4 | 外贸信托 | 138 | 130.53 | 4.02 | 6.43 |
| 5 | 建信信托 | 57 | 120.95 | 1.39 | 6.51 |
| 6 | 中信信托 | 44 | 113.82 | 2.06 | 6.79 |
| 7 | 中航信托 | 106 | 96.96 | 1.16 | 6.55 |
| 8 | 中融信托 | 29 | 54.55 | 1.32 | 6.77 |

数据来源：用益信托网，中诚信托战略研究部整理。

（二）重点公司及业务分析

1. 五矿信托、民生信托、外贸信托、建信信托和中航信托重点投向金融领域

2020年6月信托产品成立规模前八名中，五矿信托、民生信托、外贸信托、建信信托和中航信托重点投向金融领域，单月金融投向规模占比分别为41.35%、52.71%、75.70%、47.52%和60.88%，近一年金融投向规模占比分别为37.10%、43.50%、78.99%、33.18%和55.86%（见表5）。

表5 重点投向金融领域的信托公司

| 序号 | 公司名称 | 2020年6月金融投向成立规模/亿元 | 2020年6月金融投向规模占比/% | 近一年金融投向成立规模/亿元 | 近一年成立规模总计/亿元 | 近一年金融投向规模占比/% |
|---|---|---|---|---|---|---|
| 1 | 五矿信托 | 98.01 | 41.35 | 783.16 | 2,110.83 | 37.10 |
| 2 | 民生信托 | 73.77 | 52.71 | 652.38 | 1,499.85 | 43.50 |
| 3 | 外贸信托 | 98.81 | 75.70 | 952.20 | 1,205.47 | 78.99 |
| 4 | 建信信托 | 57.47 | 47.52 | 311.62 | 939.06 | 33.18 |
| 5 | 中航信托 | 59.03 | 60.88 | 933.78 | 1,671.74 | 55.86 |

数据来源：用益信托网，中诚信托战略研究部整理。

2. 中信信托和中融信托重点投向房地产领域

2020年6月信托产品成立规模前八名中，中信信托和中融信托重点投向房地产领

域，其单月房地产投向规模占比分别为84.80%和60.59%，近一年房地产投向规模占比分别为63.65%和48.12%（见表6）。

表6 重点投向房地产领域的信托公司

| 序号 | 公司名称 | 2020年6月房地产投向成立规模/亿元 | 2020年6月房地产投向规模占比/% | 近一年房地产投向成立规模/亿元 | 近一年成立规模总计/亿元 | 近一年房地产投向规模占比/% |
|---|---|---|---|---|---|---|
| 1 | 中信信托 | 96.52 | 84.80 | 359.43 | 564.73 | 63.65 |
| 2 | 中融信托 | 33.05 | 60.59 | 321.70 | 668.51 | 48.12 |

数据来源：用益信托网，中诚信托战略研究部整理。

3. 光大信托重点投向基础设施领域

2020年6月信托产品成立规模前八名中，光大信托重点投向基础设施领域，其单月基础设施投向规模占比为28.84%，近一年基础产业投向规模占比为21.96%（见表7）。

表7 重点投向房地产领域的信托公司

| 序号 | 公司名称 | 2020年6月基础设施投向成立规模/亿元 | 2020年6月基础设施投向规模占比/% | 近一年基础设施投向成立规模/亿元 | 近一年成立规模总计/亿元 | 近一年基础设施投向规模占比/% |
|---|---|---|---|---|---|---|
| 1 | 光大信托 | 170.93 | 28.84 | 923.54 | 4,205.12 | 21.96 |

数据来源：用益信托网，中诚信托战略研究部整理。

# 集合信托市场月度分析报告——2020年7月

## 一、2020年7月信托市场动态

（一）集合信托规模：发行规模和成立规模环比大幅下滑

用益信托网统计数据显示，2020年7月集合信托产品发行规模2,020.37亿元，环同比分别下滑44.76%和9.69%；7月集合信托产品成立规模1,905.76亿元，环比大幅下跌31.31%，同比则提升8.36%（见图1）。

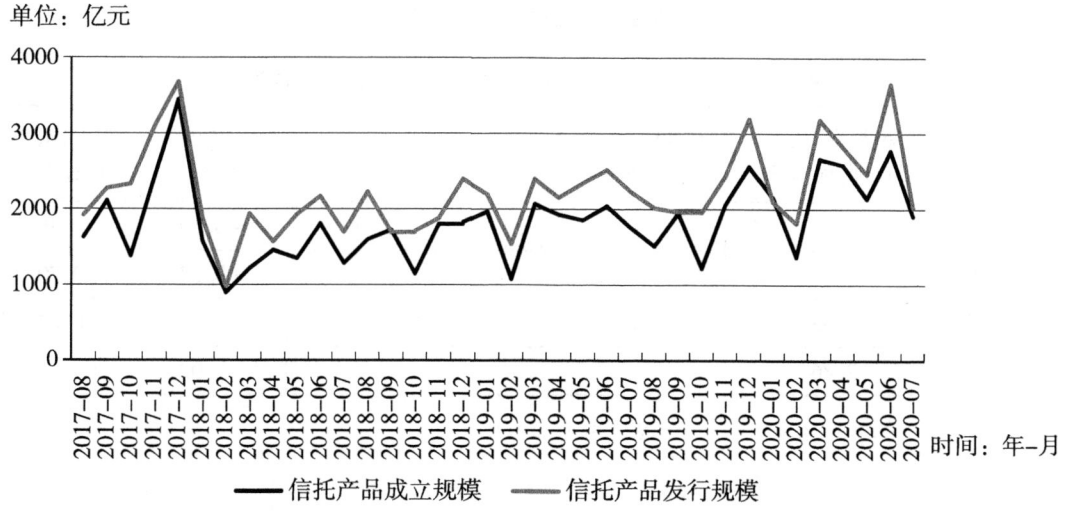

数据来源：用益信托网，中诚信托战略研究部整理。

图1 近三年集合信托产品发行规模与成立规模

（二）集合信托收益率：继续下跌

2020年7月集合信托发行平均收益率为7.02%，环比下降0.26个百分点，同比下降1.06个百分点；集合信托成立平均收益率7.07%，环比降低0.16个百分点，同比下降1.03个百分点（见图2）。各投向领域来看，金融、基础产业投向的集合信托产品收益率环比分别下跌0.10、0.09个百分点，房地产、工商企业投向的集合信托产品收益率环比分别提升0.07、0.09个百分点；同比来看，金融、房地产和基础产业投向信托产品收益率分别减少1.30、0.70和0.83个百分点，工商企业投向集合信托产品收益率上升0.06个百分点（见表1、图3）。

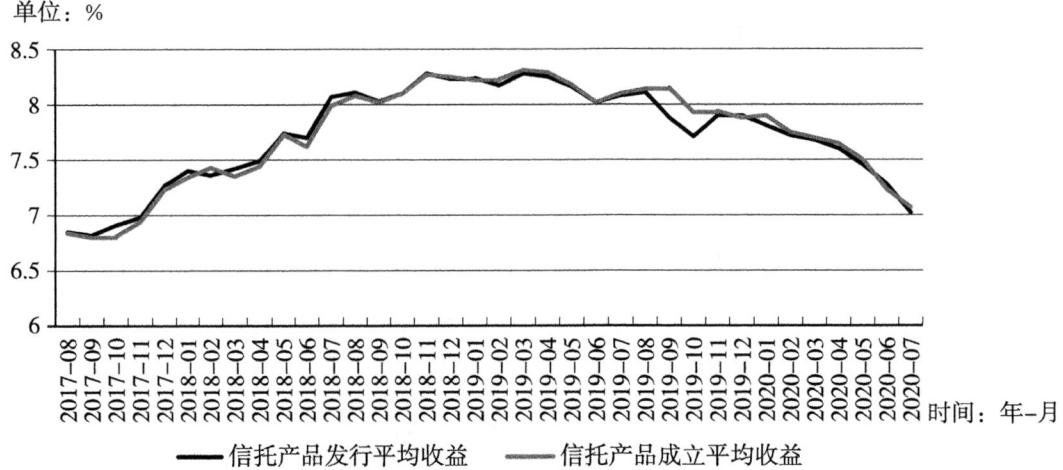

**图 2　近三年集合信托产品平均收益率**

**表 1　集合信托产品各投向平均收益率同比、环比变化**

| 投资领域 | 2020年7月平均收益率/% | 2020年6月平均收益率/% | 2019年7月平均收益率/% | 环比变化/百分点 | 同比变化/百分点 |
|---|---|---|---|---|---|
| 金融 | 6.10 | 6.25 | 7.40 | -0.10 | -1.30 |
| 房地产 | 7.60 | 7.53 | 8.30 | +0.07 | -0.70 |
| 基础产业 | 7.65 | 7.74 | 8.48 | -0.09 | -0.83 |
| 工商企业 | 7.86 | 7.77 | 7.80 | +0.09 | +0.06 |

数据来源：用益信托网，中诚信托战略研究部整理。

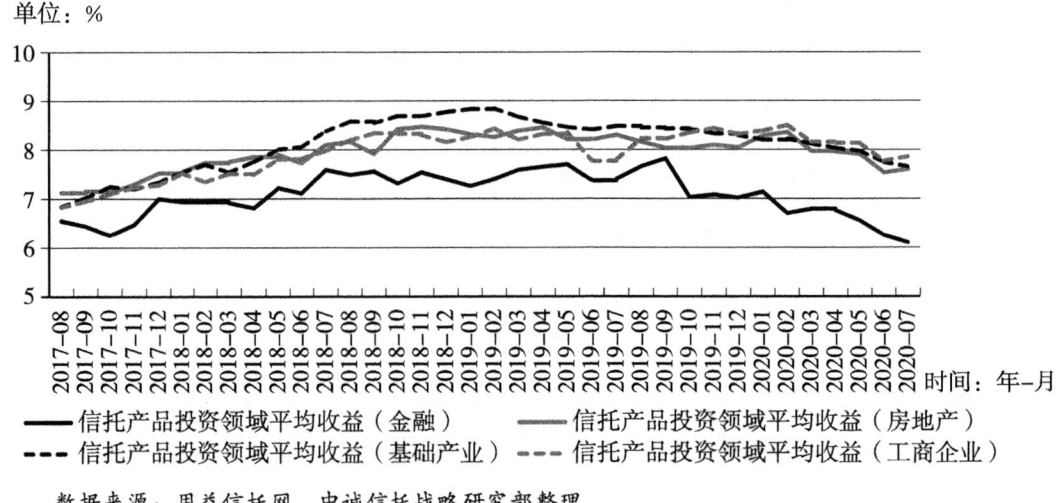

数据来源：用益信托网，中诚信托战略研究部整理。

**图 3　近三年集合信托产品各投向平均收益率**

## (三）集合信托资金投向：金融投向占比大幅提升，房地产投向占比跌幅较大

2020年7月，投向金融、房地产、基础产业和工商企业领域的集合信托产品成立规模分别为748.46亿元、600.81亿元、307.58亿元和161.43亿元，环比分别减少9.32%、33.48%、49.69%和34.95%。同比来看，投向金融和工商企业领域的集合信托产品成立规模分别增长66.21%和55.57%，投向房地产和基础产业领域的集合信托产品成立规模分别减少17.79%和25.37%（见表2）。

从各投向规模占比来看，7月投向金融和工商企业领域的集合信托产品成立规模占比分别为49.42%和9.72%，环比分别增长19.67和0.78个百分点，同比分别增加23.77和3.81个百分点；投向房地产和基础产业领域的集合信托产品成立规模占比分别为19.35%和19.10%，环比分别减少13.20和2.94个百分点，同比分别下跌22.27和4.37个百分点（见表3）。

表2 集合信托产品各投向成立规模同比、环比变化

| 投资领域 | 2020年7月成立规模/亿元 | 2020年6月成立规模/亿元 | 2019年7月成立规模/亿元 | 环比变化/% | 同比变化/% |
|---|---|---|---|---|---|
| 金融 | 748.46 | 825.38 | 450.31 | -9.32 | +66.21 |
| 房地产 | 600.81 | 903.20 | 730.86 | -33.48 | -17.79 |
| 基础产业 | 307.58 | 611.41 | 412.16 | -49.69 | -25.37 |
| 工商企业 | 161.43 | 248.18 | 103.77 | -34.95 | +55.57 |

数据来源：用益信托网，中诚信托战略研究部整理。

表3 集合信托产品各投向规模占比同比、环比变化

| 投资领域 | 2020年7月规模占比/% | 2020年6月规模占比/% | 2019年7月规模占比/% | 环比变化/百分点 | 同比变化/百分点 |
|---|---|---|---|---|---|
| 金融 | 49.42 | 29.75 | 25.65 | +19.67 | +23.77 |
| 房地产 | 19.35 | 32.55 | 41.62 | -13.20 | -22.27 |
| 基础产业 | 19.10 | 22.04 | 23.47 | -2.94 | -4.37 |
| 工商企业 | 9.72 | 8.94 | 5.91 | +0.78 | +3.81 |

数据来源：用益信托网，中诚信托战略研究部整理。

## 二、重点公司分析

### （一）成立规模前八名信托公司

根据用益信托网统计，2020年7月集合资金信托产品成立规模最大的八家信托公

司依次为光大信托、五矿信托、中航信托、民生信托、外贸信托、建信信托、中融信托和万向信托（见表4）。

**表4　2020年7月集合信托产品成立规模前八名**

| 序号 | 公司名称 | 成立数量 | 成立规模/亿元 | 平均期限/年 | 预期收益率/% |
|---|---|---|---|---|---|
| 1 | 光大信托 | 322 | 475.33 | 1.31 | 6.67 |
| 2 | 五矿信托 | 150 | 245.70 | 2.51 | 7.43 |
| 3 | 中航信托 | 178 | 139.79 | 1.55 | 6.79 |
| 4 | 民生信托 | 186 | 110.40 | 1.22 | 7.91 |
| 5 | 外贸信托 | 158 | 103.04 | 3.59 | 6.85 |
| 6 | 建信信托 | 56 | 92.48 | 2.35 | 6.46 |
| 7 | 中融信托 | 18 | 81.68 | 1.52 | 6.69 |
| 8 | 万向信托 | 13 | 43.76 | 1.30 | 7.20 |

数据来源：用益信托网，中诚信托战略研究部整理。

**（二）重点公司及业务分析**

1. 光大信托、五矿信托、外贸信托、中航信托、民生信托、建信信托重点投向金融领域

2020年7月信托产品成立规模前八名中，光大信托、五矿信托、外贸信托、中航信托、民生信托和建信信托重点投向金融领域，单月金融投向规模占比分别为41.54%、43.69%、92.58%、49.76%、43.03%和60.72%，近一年金融投向规模占比分别为32.03%、39.92%、79.20%、55.46%、42.70%和36.65%（见表5）。

**表5　重点投向金融领域的信托公司**

| 序号 | 公司名称 | 2020年7月金融投向成立规模/亿元 | 2020年7月金融投向规模占比/% | 近一年金融投向成立规模/亿元 | 近一年成立规模总计/亿元 | 近一年金融投向规模占比/% |
|---|---|---|---|---|---|---|
| 1 | 光大信托 | 197.46 | 41.54 | 1,464.83 | 4,573.25 | 32.03 |
| 2 | 五矿信托 | 105.73 | 43.69 | 944.36 | 2,365.53 | 39.92 |
| 3 | 外贸信托 | 95.39 | 92.58 | 984.41 | 1,242.99 | 79.20 |
| 4 | 中航信托 | 69.56 | 49.76 | 968.52 | 1,746.39 | 55.46 |
| 5 | 民生信托 | 47.50 | 43.03 | 645.17 | 1,511.05 | 42.70 |
| 6 | 建信信托 | 56.15 | 60.72 | 362.34 | 988.56 | 36.65 |

数据来源：用益信托网，中诚信托战略研究部整理。

## 2. 中融信托、万向信托重点投向房地产领域

2020年7月信托产品成立规模前八名中，中融信托和万向信托重点投向房地产领域，其单月房地产投向规模占比分别为96.20%和65.36%，近一年房地产投向规模占比分别为54.34%和74.07%（见表6）。

表6 重点投向房地产领域的信托公司

| 序号 | 公司名称 | 2020年7月房地产投向成立规模/亿元 | 2020年7月房地产投向规模占比/% | 近一年房地产投向成立规模/亿元 | 近一年成立规模总计/亿元 | 近一年房地产投向规模占比/% |
|---|---|---|---|---|---|---|
| 1 | 中融信托 | 78.58 | 96.20 | 385.72 | 709.89 | 54.34 |
| 2 | 万向信托 | 28.60 | 65.36 | 293.50 | 396.23 | 74.07 |

数据来源：用益信托网，中诚信托战略研究部整理。

# 集合信托市场月度分析报告——2020年8月

## 一、2020年8月信托市场动态

（一）集合信托规模：发行规模和成立规模环比持续下滑

用益信托网统计数据显示，2020年8月集合信托产品发行规模1,903.99亿元，环同比分别下滑14.80%和8.04%；8月集合信托产品成立规模1,615.93亿元，环同比分别下跌18.42%和2.04%（见图1）。

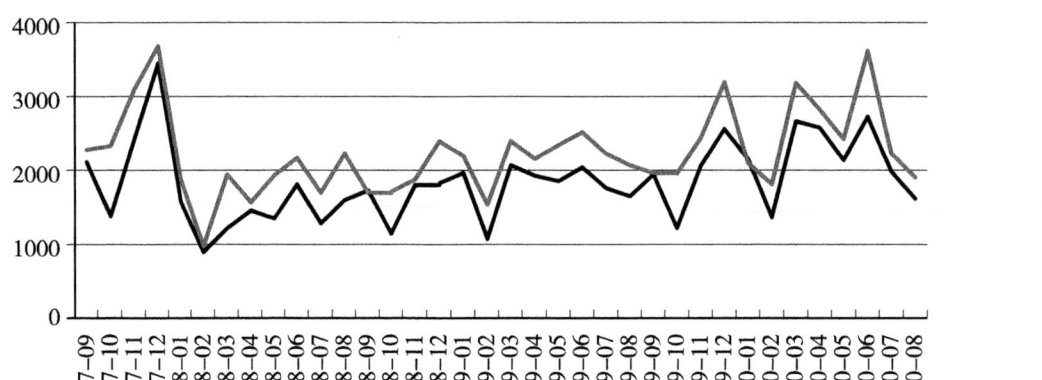

数据来源：用益信托网，中诚信托战略研究部整理。

**图1 近三年集合信托产品发行规模与成立规模**

（二）集合信托收益率：发行平均收益率和成立平均收益率双破"7"

2020年8月集合信托发行平均收益率为6.79%，环比下降0.23个百分点，同比下降1.29个百分点；集合信托成立平均收益率6.81%，环比降低0.26个百分点，同比下降1.30个百分点（见图2）。各投向领域来看，金融、房地产、基础产业和工商企业投向的集合信托产品收益率全线下滑，环比分别降低0.17、0.10、0.20、0.17个百分点，同比分别降低1.62、0.67、1.03、0.61个百分点（见表1、图3）。

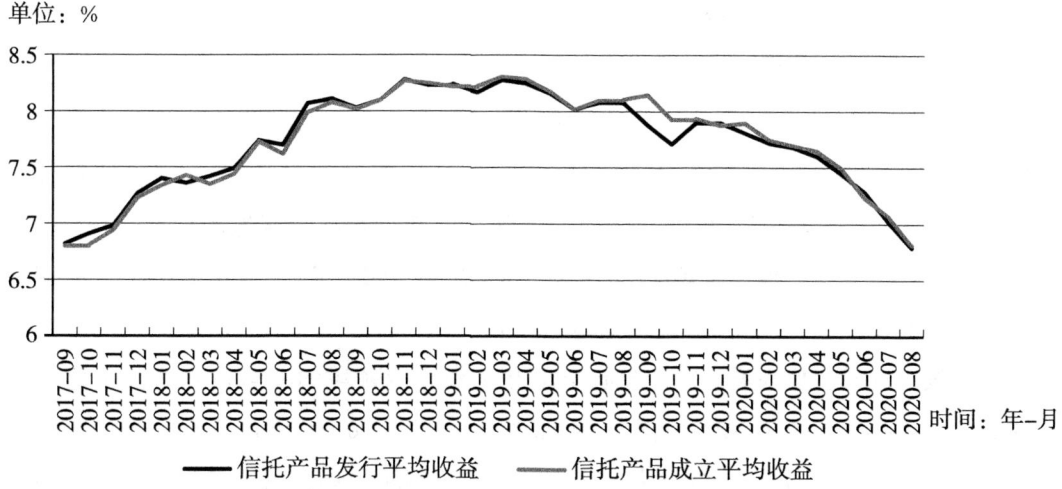

**图2　近三年集合信托产品平均收益率**

**表1　集合信托产品各投向平均收益率同比、环比变化**

| 投资领域 | 2020年8月平均收益率/% | 2020年7月平均收益率/% | 2019年8月平均收益率/% | 环比变化/百分点 | 同比变化/百分点 |
|---|---|---|---|---|---|
| 金融 | 5.97 | 6.14 | 7.59 | -0.17 | -1.62 |
| 房地产 | 7.48 | 7.58 | 8.15 | -0.10 | -0.67 |
| 基础产业 | 7.42 | 7.62 | 8.45 | -0.20 | -1.03 |
| 工商企业 | 7.66 | 7.83 | 8.27 | -0.17 | -0.61 |

数据来源：用益信托网，中诚信托战略研究部整理。

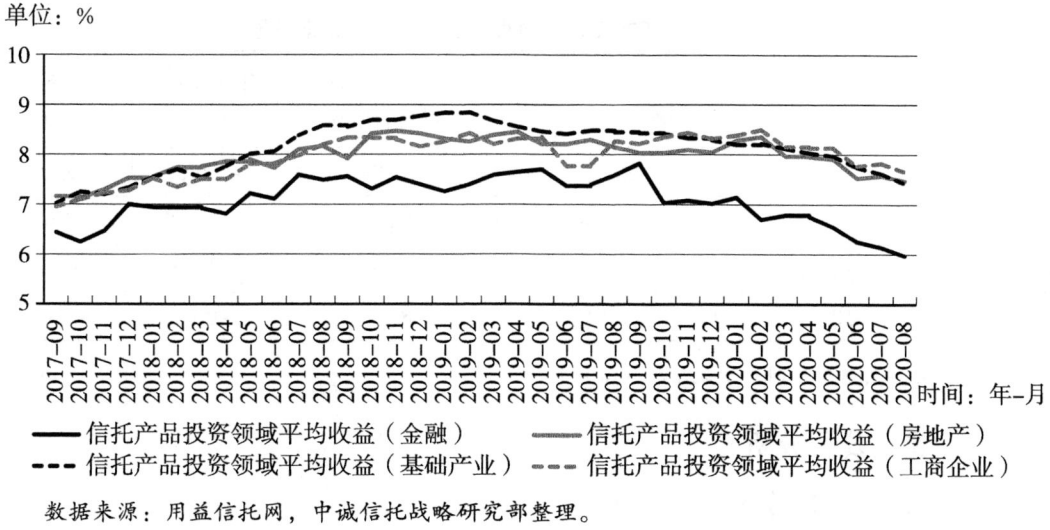

数据来源：用益信托网，中诚信托战略研究部整理。

**图3　近三年集合信托产品各投向平均收益率**

## （三）集合信托资金投向：金融、工商企业投向占比持续提升，房地产、基础产业投向占比下降

2020 年 8 月，投向金融、房地产、基础产业和工商企业领域的集合信托产品成立规模分别为 676.90 亿元、578.18 亿元、163.52 亿元和 145.44 亿元，环比分别减少 12.64%、9.86%、49.77% 和 22.78%。同比来看，投向金融、房地产和工商企业领域的集合信托产品成立规模分别增长 23.45%、19.51% 和 2.83%，投向基础产业领域的集合信托产品成立规模减少 62.67%（见表 2）。

从各投向规模占比来看，8 月投向金融和工商企业领域的集合信托产品成立规模占比分别为 53.79% 和 10.22%，环比分别增加 14.67 和 0.71 个百分点，同比分别增加 20.55 和 1.65 个百分点；投向房地产和基础产业领域的集合信托产品成立规模占比分别为 19.63% 和 14.70%，环比分别减少 12.75 和 1.73 个百分点，同比分别下跌 9.70 和 11.86 个百分点（见表 3）。

表 2 集合信托产品各投向成立规模同比、环比变化

| 投资领域 | 2020 年 8 月成立规模/亿元 | 2020 年 7 月成立规模/亿元 | 2019 年 8 月成立规模/亿元 | 环比变化/% | 同比变化/% |
|---|---|---|---|---|---|
| 金融 | 676.90 | 774.83 | 548.34 | -12.64 | +23.45 |
| 房地产 | 578.18 | 641.42 | 483.81 | -9.86 | +19.51 |
| 基础产业 | 163.52 | 325.51 | 438.08 | -49.77 | -62.67 |
| 工商企业 | 145.44 | 188.34 | 141.44 | -22.78 | +2.83 |

数据来源：用益信托网，中诚信托战略研究部整理。

表 3 集合信托产品各投向规模占比同比、环比变化

| 投资领域 | 2020 年 8 月规模占比/% | 2020 年 7 月规模占比/% | 2019 年 8 月规模占比/% | 环比变化/百分点 | 同比变化/百分点 |
|---|---|---|---|---|---|
| 金融 | 53.79 | 39.12 | 33.24 | +14.67 | +20.55 |
| 房地产 | 19.63 | 32.38 | 29.33 | -12.75 | -9.70 |
| 基础产业 | 14.70 | 16.43 | 26.56 | -1.73 | -11.86 |
| 工商企业 | 10.22 | 9.51 | 8.57 | +0.71 | +1.65 |

数据来源：用益信托网，中诚信托战略研究部整理。

## 二、重点公司分析

### （一）成立规模前八名信托公司

根据用益信托网统计，2020 年 8 月集合资金信托产品成立规模最大的八家信托公

司依次为五矿信托、光大信托、外贸信托、中诚信托、民生信托、中融信托、百瑞信托和中航信托（见表4）。

表4　2020年8月集合信托产品成立规模前八名

| 序号 | 公司名称 | 成立数量 | 成立规模/亿元 | 平均期限/年 | 预期收益率/% |
|---|---|---|---|---|---|
| 1 | 五矿信托 | 149 | 294.32 | 4.81 | 7.10 |
| 2 | 光大信托 | 188 | 226.82 | 1.32 | 6.01 |
| 3 | 外贸信托 | 156 | 119.34 | 3.94 | 6.74 |
| 4 | 中诚信托 | 42 | 108.25 | 1.86 | 7.32 |
| 5 | 民生信托 | 209 | 102.21 | 1.32 | 7.65 |
| 6 | 中融信托 | 20 | 80.48 | 1.90 | 6.87 |
| 7 | 百瑞信托 | 16 | 62.92 | 1.24 | 7.77 |
| 8 | 中航信托 | 66 | 54.73 | 1.66 | 6.95 |

数据来源：用益信托网，中诚信托战略研究部整理。

（二）重点公司及业务分析

1. 光大信托、民生信托、外贸信托、五矿信托和中航信托重点投向金融领域

2020年8月信托产品成立规模前八名中，光大信托、民生信托、外贸信托、五矿信托和中航信托重点投向金融领域，单月金融投向规模占比分别为47.86%、47.61%、82.33%、56.26%和58.16%，近一年金融投向规模占比分别为33.61%、43.76%、79.03%、41.20%和57.15%（见表5）。

表5　重点投向金融领域的信托公司

| 序号 | 公司名称 | 2020年8月金融投向成立规模/亿元 | 2020年8月金融投向规模占比/% | 近一年金融投向成立规模/亿元 | 近一年成立规模总计/亿元 | 近一年金融投向规模占比/% |
|---|---|---|---|---|---|---|
| 1 | 光大信托 | 108.56 | 47.86 | 1,537.31 | 4,573.68 | 33.61 |
| 2 | 民生信托 | 48.66 | 47.61 | 682.21 | 1,558.85 | 43.76 |
| 3 | 外贸信托 | 98.25 | 82.33 | 993.10 | 1,256.54 | 79.03 |
| 4 | 五矿信托 | 165.58 | 56.26 | 1,057.50 | 2,566.80 | 41.20 |
| 5 | 中航信托 | 31.83 | 58.16 | 970.82 | 1,698.69 | 57.15 |

数据来源：用益信托网，中诚信托战略研究部整理。

2. 中诚信托、百瑞信托和中融信托重点投向房地产领域

2020年8月信托产品成立规模前八名中，中诚信托、百瑞信托和中融信托重点投

向房地产领域，其单月房地产投向规模占比分别为 54.74%、71.52% 和 84.99%，近一年房地产投向规模占比分别为 71.45%、15.53% 和 59.21%（见表6）。

表6 重点投向房地产领域的信托公司

| 序号 | 公司名称 | 2020年8月房地产投向成立规模/亿元 | 2020年8月房地产投向规模占比/% | 近一年房地产投向成立规模/亿元 | 近一年成立规模总计/亿元 | 近一年房地产投向规模占比/% |
|---|---|---|---|---|---|---|
| 1 | 中诚信托 | 59.26 | 54.74 | 283.72 | 397.07 | 71.45 |
| 2 | 百瑞信托 | 45.00 | 71.52 | 160.85 | 1,036.01 | 15.53 |
| 3 | 中融信托 | 68.40 | 84.99 | 440.65 | 744.19 | 59.21 |

数据来源：用益信托网，中诚信托战略研究部整理。

# 集合信托市场月度分析报告——2020年9月

## 一、2020年9月信托市场动态

（一）集合信托规模：发行规模和成立规模环比持续下滑

用益信托网统计数据显示，2020年9月集合信托产品发行规模2,034.08亿元，环比下滑7.73%，同比增长3.63%；9月集合信托产品成立规模1,656.47亿元，环同比分别下跌4.03%和14.91%（见图1）。

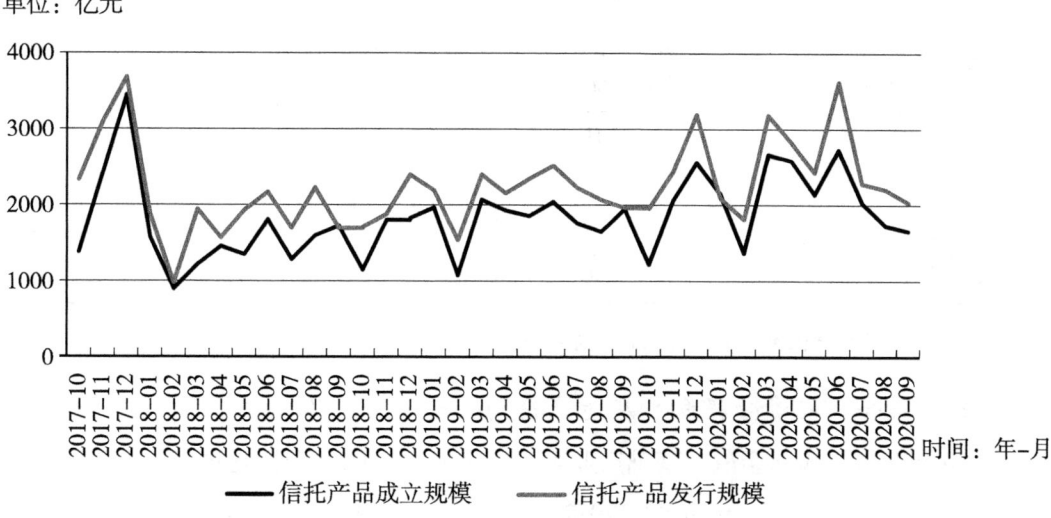

图1 近三年集合信托产品发行规模与成立规模

（二）集合信托收益率：发行平均收益率和成立平均收益率继续下行

2020年9月集合信托发行平均收益率为6.69%，环同比分别下降0.14、1.19个百分点；集合信托成立平均收益率6.69%，环同比分别降低0.17、1.46个百分点（见图2）。各投向领域来看，金融、房地产、基础产业和工商企业投向的集合信托产品收益率全线下滑，环比分别降低0.01、0.21、0.38、0.06个百分点，同比分别降低1.57、0.87、1.41、0.78个百分点（见表1）。

单位：%

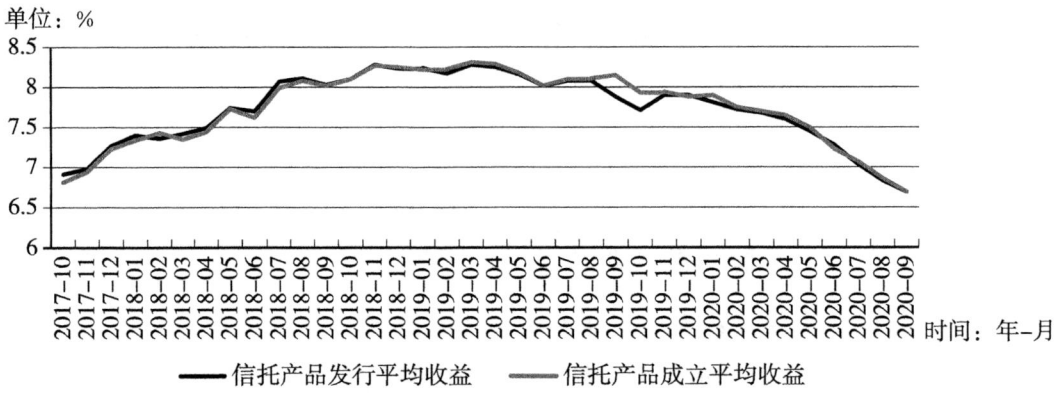

数据来源：用益信托网，中诚信托战略研究部整理。

**图2　近三年集合信托产品平均收益率**

**表1　集合信托产品各投向平均收益率同比、环比变化**

| 投资领域 | 2020年9月平均收益率/% | 2020年8月平均收益率/% | 2019年9月平均收益率/% | 环比变化/百分点 | 同比变化/百分点 |
|---|---|---|---|---|---|
| 金融 | 6.02 | 6.01 | 7.59 | -0.01 | -1.57 |
| 房地产 | 7.28 | 7.49 | 8.15 | -0.21 | -0.87 |
| 基础产业 | 7.04 | 7.42 | 8.45 | -0.38 | -1.41 |
| 工商企业 | 7.49 | 7.55 | 8.27 | -0.06 | -0.78 |

数据来源：用益信托网，中诚信托战略研究部整理。

（三）集合信托资金投向：房地产投向规模及占比均大幅下滑

2020年9月，投向金融、基础产业和工商企业领域的集合信托产品成立规模分别为744.97亿元、221.49亿元和170.27亿元，环比分别增长5.03%、34.96%和13.06%；投向房地产领域的集合信托产品成立规模430.03亿元，环比大幅下降34.86%。同比来看，投向金融领域的集合信托产品成立规模提升40.16%；投向房地产、基础产业和工商企业领域的集合信托产品成立规模分别减少45.66%、51.12%和2.96%（见表2）。

从各投向规模占比来看，9月投向金融、基础产业和工商企业领域的集合信托产品成立规模占比分别为44.97%、13.37%和10.28%，环比分别增加3.88、3.86和1.56个百分点；投向房地产领域的集合信托产品成立规模占比25.96%，环比降低12.29个百分点。同比来看，投向金融和工商企业领域的集合信托产品成立规模占比分别增加18.59和1.57个百分点；投向房地产和基础产业的集合信托产品成立规模占比分别降低13.32和9.12个百分点（见表3）。

表2 集合信托产品各投向成立规模同比、环比变化

| 投资领域 | 2020年9月成立规模/亿元 | 2020年8月成立规模/亿元 | 2019年9月成立规模/亿元 | 环比变化/% | 同比变化/% |
|---|---|---|---|---|---|
| 金融 | 744.97 | 709.29 | 531.51 | +5.03 | +40.16 |
| 房地产 | 430.03 | 660.20 | 791.43 | -34.86 | -45.66 |
| 基础产业 | 221.49 | 164.11 | 453.14 | +34.96 | -51.12 |
| 工商企业 | 170.27 | 150.60 | 175.46 | +13.06 | -2.96 |

数据来源：用益信托网，中诚信托战略研究部整理。

表3 集合信托产品各投向规模占比同比、环比变化

| 投资领域 | 2020年9月规模占比/% | 2020年8月规模占比/% | 2019年9月规模占比/% | 环比变化/百分点 | 同比变化/百分点 |
|---|---|---|---|---|---|
| 金融 | 44.97 | 41.09 | 26.38 | +3.88 | +18.59 |
| 房地产 | 25.96 | 38.25 | 39.28 | -12.29 | -13.32 |
| 基础产业 | 13.37 | 9.51 | 22.49 | +3.86 | -9.12 |
| 工商企业 | 10.28 | 8.72 | 8.71 | +1.56 | +1.57 |

数据来源：用益信托网，中诚信托战略研究部整理。

## 二、重点公司分析

### （一）成立规模前八名信托公司

根据用益信托网统计，2020年9月集合资金信托产品成立规模最大的八家信托公司依次为光大信托、五矿信托、民生信托、外贸信托、建信信托、华能信托、中诚信托和中融信托（见表4）。

表4 2020年9月集合信托产品成立规模前八名

| 序号 | 公司名称 | 成立数量 | 成立规模/亿元 | 平均期限/年 | 预期收益率/% |
|---|---|---|---|---|---|
| 1 | 光大信托 | 155 | 334.78 | 1.55 | 6.12 |
| 2 | 五矿信托 | 181 | 230.50 | 3.33 | 6.91 |
| 3 | 民生信托 | 202 | 126.82 | 1.45 | 7.63 |
| 4 | 外贸信托 | 198 | 126.62 | 3.53 | 6.94 |
| 5 | 建信信托 | 63 | 68.66 | 1.44 | 6.41 |
| 6 | 华能信托 | 31 | 61.50 | 2.13 | 5.58 |
| 7 | 中诚信托 | 34 | 60.07 | 2.24 | 7.00 |
| 8 | 中融信托 | 20 | 51.65 | 3.20 | 7.17 |

数据来源：用益信托网，中诚信托战略研究部整理。

## （二）重点公司及业务分析

**1. 光大信托、华能信托、民生信托、外贸信托、五矿信托和建信信托重点投向金融领域**

2020年9月信托产品成立规模前八名中，光大信托、华能信托、民生信托、外贸信托、五矿信托和建信信托重点投向金融领域，单月金融投向规模占比分别为39.14%、95.72%、63.15%、93.90%、46.30%和64.23%，近一年金融投向规模占比分别为32.76%、78.58%、46.67%、79.79%、42.21%和39.20%（见表5）。

表5 重点投向金融领域的信托公司

| 序号 | 公司名称 | 2020年9月金融投向成立规模/亿元 | 2020年9月金融投向规模占比/% | 近一年金融投向成立规模/亿元 | 近一年成立规模总计/亿元 | 近一年金融投向规模占比/% |
|---|---|---|---|---|---|---|
| 1 | 光大信托 | 131.03 | 39.14 | 1,528.89 | 4,667.30 | 32.76 |
| 2 | 华能信托 | 58.87 | 95.72 | 459.73 | 585.08 | 78.58 |
| 3 | 民生信托 | 80.09 | 63.15 | 756.41 | 1,620.17 | 46.67 |
| 4 | 外贸信托 | 118.89 | 93.90 | 1,057.06 | 1,324.73 | 79.79 |
| 5 | 五矿信托 | 106.71 | 46.30 | 1,110.84 | 2,632.00 | 42.21 |
| 6 | 建信信托 | 44.11 | 64.23 | 324.86 | 828.81 | 39.20 |

数据来源：用益信托网，中诚信托战略研究部整理。

**2. 中融信托重点投向基础产业领域**

2020年9月信托产品成立规模前八名中，中融信托重点投向房地产领域，其单月基础产业投向规模占比为40.76%，近一年基础产业投向规模占比为20.68%（见表6）。

表6 重点投向基础产业领域的信托公司

| 序号 | 公司名称 | 2020年9月基础产业投向成立规模/亿元 | 2020年9月基础产业投向规模占比/% | 近一年基础产业投向成立规模/亿元 | 近一年成立规模总计/亿元 | 近一年基础产业投向规模占比/% |
|---|---|---|---|---|---|---|
| 1 | 中融信托 | 21.05 | 40.76 | 159.39 | 770.81 | 20.68 |

数据来源：用益信托网，中诚信托战略研究部整理。

# 集合信托市场月度分析报告——2020年10月

## 一、2020年10月信托市场动态

### (一) 集合信托规模：发行规模四连降

用益信托网统计数据显示，2020年10月集合信托产品发行规模1,808.85亿元，环同比分别下滑15.66%和7.60%，已连续四个月环比下跌；10月集合信托产品成立规模1,324.62亿元，环比大幅减少33.49%，同比则提升8.93%（见图1）。

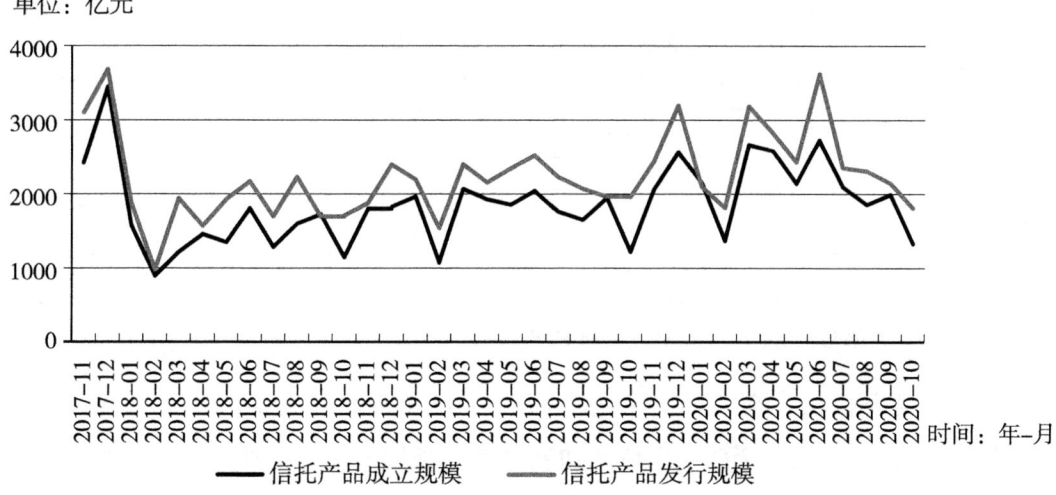

数据来源：用益信托网，中诚信托战略研究部整理。

**图1 近三年集合信托产品发行规模与成立规模**

### (二) 集合信托收益率：发行平均收益率和成立平均收益率持续下滑

2020年10月集合信托发行平均收益率为6.53%，环同比分别下降0.17和1.18个百分点；集合信托成立平均收益率6.56%，环同比分别降低0.21和1.37个百分点（见图2）。从各投向领域来看，金融、房地产、基础产业和工商企业投向的集合信托产品收益率同比分别降低1.19、0.80、1.35、0.70个百分点；环比来看，金融和基础产业投向的集合信托产品收益率减少0.26和0.02个百分点，房地产投向的集合信托产品收益率维持不变，工商企业投向的集合信托产品收益率提高0.09个百分点（见表1）。

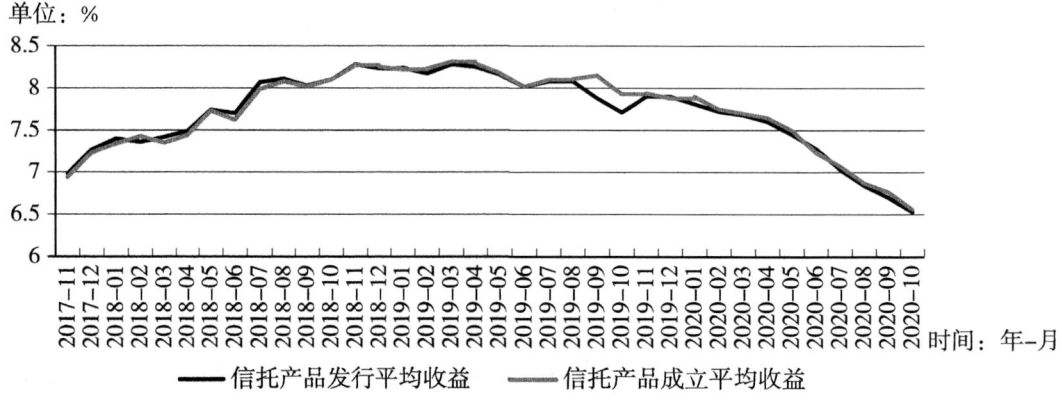

图 2　近三年集合信托产品平均收益率

表 1　集合信托产品各投向平均收益率同比、环比变化

| 投资领域 | 2020年10月平均收益率/% | 2020年9月平均收益率/% | 2019年10月平均收益率/% | 环比变化/百分点 | 同比变化/百分点 |
|---|---|---|---|---|---|
| 金融 | 5.87 | 6.13 | 7.06 | -0.26 | -1.19 |
| 房地产 | 7.31 | 7.31 | 8.11 | 0.00 | -0.80 |
| 基础产业 | 7.06 | 7.04 | 8.41 | -0.02 | -1.35 |
| 工商企业 | 7.58 | 7.49 | 8.28 | +0.09 | -0.70 |

数据来源：用益信托网，中诚信托战略研究部整理。

（三）集合信托资金投向：房地产投向规模及占比均大幅下滑

2020年10月，投向金融、房地产和基础产业领域的集合信托产品成立规模分别为557.58亿元、277.50亿元和200.47亿元，环比分别降低36.20%、52.34%和18.95%；投向工商企业领域的集合信托产品成立规模244.91亿元，环比增长24.06%。同比来看，投向金融和工商企业领域的集合信托产品成立规模分别提升20.82%和105.98%；投向房地产和基础产业领域的集合信托产品成立规模分别减少27.50%和35.12%（见表2）。

各投向规模占比来看，10月投向金融和房地产领域的集合信托产品成立规模占比分别为42.09%和20.95%，环比分别降低1.79和8.28个百分点；投向基础产业和工商企业领域的集合信托产品成立规模占比分别为15.13%和18.49%，环比分别提升2.71和8.58个百分点。同比来看，投向金融和工商企业领域的集合信托产品成立规模占比分别增加6.51和9.32个百分点；投向房地产和基础产业的集合信托产品成立规模占比分别降低8.56和8.69个百分点（见表3）。

表2 集合信托产品各投向成立规模同比、环比变化

| 投资领域 | 2020年10月成立规模/亿元 | 2020年9月成立规模/亿元 | 2019年10月成立规模/亿元 | 环比变化/% | 同比变化/% |
|---|---|---|---|---|---|
| 金融 | 557.58 | 873.91 | 461.49 | -36.20 | +20.82 |
| 房地产 | 277.50 | 582.21 | 382.73 | -52.34 | -27.50 |
| 基础产业 | 200.47 | 247.34 | 308.96 | -18.95 | -35.12 |
| 工商企业 | 244.91 | 197.42 | 118.90 | +24.06 | +105.98 |

数据来源：用益信托网，中诚信托战略研究部整理。

表3 集合信托产品各投向规模占比同比、环比变化

| 投资领域 | 2020年10月规模占比/% | 2020年9月规模占比/% | 2019年10月规模占比/% | 环比变化/百分点 | 同比变化/百分点 |
|---|---|---|---|---|---|
| 金融 | 42.09 | 43.88 | 35.58 | -1.79 | +6.51 |
| 房地产 | 20.95 | 29.23 | 29.51 | -8.28 | -8.56 |
| 基础产业 | 15.13 | 12.42 | 23.82 | +2.71 | -8.69 |
| 工商企业 | 18.49 | 9.91 | 9.17 | +8.58 | +9.32 |

数据来源：用益信托网，中诚信托战略研究部整理。

## 二、重点公司分析

### （一）成立规模前八名信托公司

根据用益信托网统计，2020年10月集合资金信托产品成立规模最大的八家信托公司依次为光大信托、外贸信托、民生信托、中航信托、五矿信托、建信信托、陕国投和百瑞信托（见表4）。

表4 2020年10月集合信托产品成立规模前八名

| 序号 | 公司名称 | 成立数量 | 成立规模/亿元 | 平均期限/年 | 预期收益率/% |
|---|---|---|---|---|---|
| 1 | 光大信托 | 136 | 350.91 | 1.34 | 6.08 |
| 2 | 外贸信托 | 216 | 150.04 | 4.79 | 6.25 |
| 3 | 民生信托 | 134 | 98.91 | 0.96 | 7.20 |
| 4 | 中航信托 | 72 | 76.54 | 1.68 | 6.77 |
| 5 | 五矿信托 | 41 | 75.43 | 2.65 | 7.28 |
| 6 | 建信信托 | 49 | 55.32 | 1.27 | 6.63 |
| 7 | 陕国投 | 15 | 40.13 | 0.92 | 5.46 |
| 8 | 百瑞信托 | 17 | 37.53 | 1.95 | 8.06 |

数据来源：用益信托网，中诚信托战略研究部整理。

## （二）重点公司及业务分析

### 1. 外贸信托、民生信托、中航信托、建信信托和陕国投重点投向金融领域

2020年10月信托产品成立规模前八名中，外贸信托、民生信托、中航信托、建信信托和陕国投重点投向金融领域，单月金融投向规模占比分别为100%、58.59%、62.31%、40.51%和74.31%，近一年金融投向规模占比分别为81.46%、48.03%、58.76%、37.07%和24.64%（见表5）。

表5 重点投向金融领域的信托公司

| 序号 | 公司名称 | 2020年10月金融投向成立规模/亿元 | 2020年10月金融投向规模占比/% | 近一年金融投向成立规模/亿元 | 近一年成立规模总计/亿元 | 近一年金融投向规模占比/% |
|---|---|---|---|---|---|---|
| 1 | 外贸信托 | 150.04 | 100 | 1,148.98 | 1,410.41 | 81.46 |
| 2 | 民生信托 | 57.95 | 58.59 | 815.12 | 1,696.97 | 48.03 |
| 3 | 中航信托 | 47.69 | 62.31 | 1,054.66 | 1,794.80 | 58.76 |
| 4 | 建信信托 | 22.41 | 40.51 | 304.78 | 822.09 | 37.07 |
| 5 | 陕国投 | 29.82 | 74.31 | 112.95 | 458.36 | 24.64 |

数据来源：用益信托网，中诚信托战略研究部整理。

### 2. 五矿信托重点投向基础产业领域

2020年9月信托产品成立规模前八名中，五矿信托重点投向基础产业领域，其单月基础产业投向规模占比为54.79%，近一年基础产业投向规模占比为19.85%（见表6）。

表6 重点投向基础产业领域的信托公司

| 序号 | 公司名称 | 2020年10月基础产业投向成立规模/亿元 | 2020年10月基础产业投向规模占比/% | 近一年基础产业投向成立规模/亿元 | 近一年成立规模总计/亿元 | 近一年基础产业投向规模占比/% |
|---|---|---|---|---|---|---|
| 1 | 五矿信托 | 41.33 | 54.79 | 522.16 | 2,629.93 | 19.85 |

数据来源：用益信托网，中诚信托战略研究部整理。

### 3. 光大信托、百瑞信托重点投向工商企业领域

2020年10月信托产品成立规模前八名中，光大信托、百瑞信托重点投向工商企业领域，其单月工商企业投向规模占比分别为40.35%和69.70%，近一年基础产业投向规模占比分别为23.91%和43.29%（见表7）。

表7 重点投向基础产业领域的信托公司

| 序号 | 公司名称 | 2020年10月工商企业投向成立规模/亿元 | 2020年10月工商企业投向规模占比/% | 近一年工商企业投向成立规模/亿元 | 近一年成立规模总计/亿元 | 近一年工商企业投向规模占比/% |
|---|---|---|---|---|---|---|
| 1 | 光大信托 | 141.60 | 40.35 | 1,171.38 | 4,899.50 | 23.91 |
| 2 | 百瑞信托 | 26.16 | 69.70 | 462.57 | 1,068.62 | 43.29 |

数据来源：用益信托网，中诚信托战略研究部整理。

# 集合信托市场月度分析报告——2020年11月

## 一、2020年11月信托市场动态

（一）集合信托规模：发行规模和成立规模回暖

用益信托网统计数据显示，2020年11月集合信托产品发行规模2,610.14亿元，环同比分别增长44.30%和6.89%，环比止跌回升；11月集合信托产品成立规模1,710.34亿元，环比增长18.51%，同比则减少16.98%（见图1）。

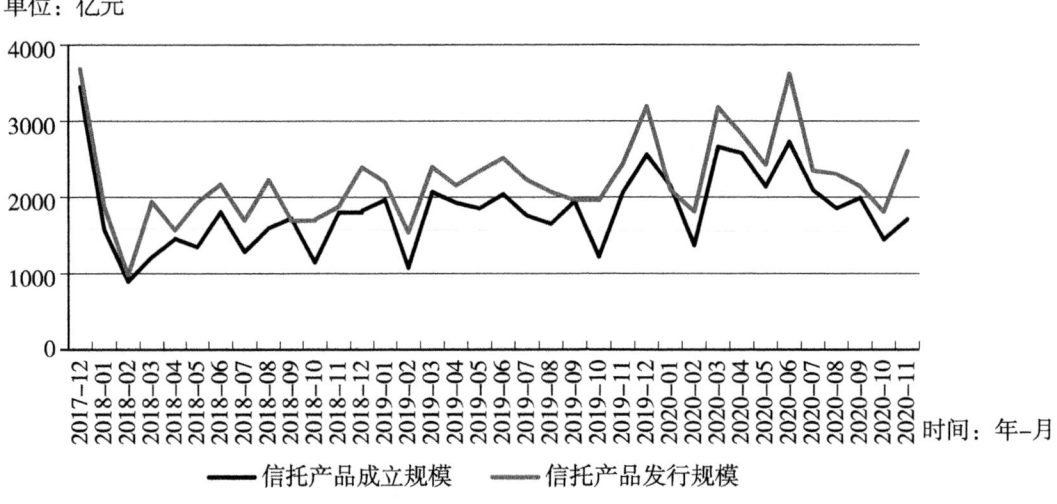

数据来源：用益信托网，中诚信托战略研究部整理。

**图1 近三年集合信托产品发行规模与成立规模**

（二）集合信托收益率：发行平均收益率和成立平均收益率止跌回升

2020年11月集合信托发行平均收益率和成立平均收益率分别为6.67%和6.63%，环比分别提升0.22和0.12个百分点，同比则分别降低1.23和1.31个百分点（见图2）。各投向领域来看，金融、房地产、基础产业和工商企业投向的集合信托产品收益率同比分别降低1.19、0.97、1.40、0.73个百分点；环比来看，金融和房地产投向的集合信托产品收益率分别增加0.05和0.17个百分点，基础产业和工商企业投向的集合信托产品收益率分别降低0.13和0.01个百分点（见表1）。

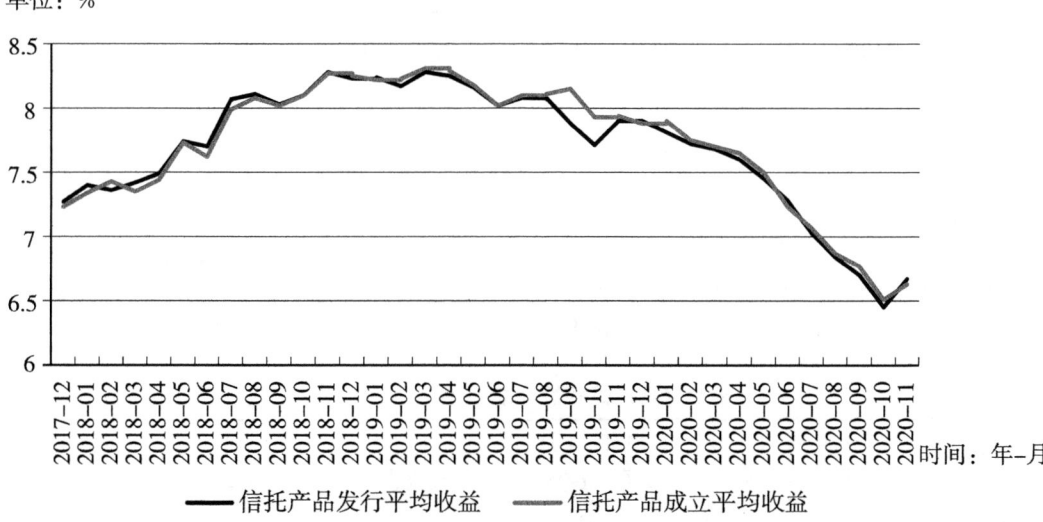

**图 2　近三年集合信托产品平均收益率**

数据来源：用益信托网，中诚信托战略研究部整理。

**表 1　集合信托产品各投向平均收益率同比、环比变化**

| 投资领域 | 2020年11月平均收益率/% | 2020年10月平均收益率/% | 2019年11月平均收益率/% | 环比变化/百分点 | 同比变化/百分点 |
| --- | --- | --- | --- | --- | --- |
| 金融 | 5.92 | 5.87 | 7.11 | +0.05 | -1.19 |
| 房地产 | 7.15 | 6.98 | 8.12 | +0.17 | -0.97 |
| 基础产业 | 6.91 | 7.04 | 8.31 | -0.13 | -1.40 |
| 工商企业 | 7.63 | 7.64 | 8.36 | -0.01 | -0.73 |

数据来源：用益信托网，中诚信托战略研究部整理。

**（三）集合信托资金投向：房地产投向规模及占比大幅回升**

2020年11月，投向房地产领域的集合信托产品成立规模569.28亿元，环比大幅回升85.57%，几乎恢复到去年同期水平；其在所有集合信托产品成立规模的占比也回升至33.28%，环比增加12.02个百分点，同比也增加了5.33个百分点。究其原因，是在"资金信托新规""三道红线"、房地产融资规模管控等政策引导下，信托公司与房企的合作纷纷转向股权投资模式并在业内广泛推广，对传统信托融资模式起到很好的替代作用。融资收紧背景下，房企为优化负债率和现金流，也积极与信托公司等金融机构展开股权合作（见表2）。

表2　集合信托产品各投向成立规模同比、环比变化

| 投资领域 | 2020年11月成立规模/亿元 | 2020年10月成立规模/亿元 | 2019年11月成立规模/亿元 | 环比变化/% | 同比变化/% |
|---|---|---|---|---|---|
| 金融 | 762.07 | 619.25 | 656.51 | +23.06 | +16.08 |
| 房地产 | 569.28 | 306.77 | 583.23 | +85.57 | -2.39 |
| 基础产业 | 116.67 | 225.34 | 518.28 | -48.23 | -77.49 |
| 工商企业 | 164.84 | 247.66 | 271.97 | -33.44 | -39.39 |

数据来源：用益信托网，中诚信托战略研究部整理。

表3　集合信托产品各投向规模占比同比、环比变化

| 投资领域 | 2020年11月规模占比/% | 2020年10月规模占比/% | 2019年11月规模占比/% | 环比变化/百分点 | 同比变化/百分点 |
|---|---|---|---|---|---|
| 金融 | 44.56 | 42.91 | 31.46 | +1.65 | +13.10 |
| 房地产 | 33.28 | 21.26 | 27.95 | +12.02 | +5.33 |
| 基础产业 | 6.82 | 15.61 | 24.83 | -8.79 | -18.01 |
| 工商企业 | 9.64 | 17.16 | 13.03 | -7.52 | -3.39 |

数据来源：用益信托网，中诚信托战略研究部整理。

## 二、重点公司分析

### （一）成立规模前八名信托公司

根据用益信托网统计，2020年11月集合资金信托产品成立规模最大的八家信托公司依次为光大信托、外贸信托、民生信托、中融信托、中诚信托、陕国投、建信信托和百瑞信托（见表4）。

表4　2020年11月集合信托产品成立规模前八名

| 序号 | 公司名称 | 成立数量 | 成立规模/亿元 | 平均期限/年 | 预期收益率/% |
|---|---|---|---|---|---|
| 1 | 光大信托 | 190 | 315.16 | 1.52 | 6.70 |
| 2 | 外贸信托 | 251 | 218.24 | 3.52 | 6.60 |
| 3 | 民生信托 | 216 | 121.41 | 0.99 | 6.82 |
| 4 | 中融信托 | 21 | 93.08 | 1.73 | 7.70 |
| 5 | 中诚信托 | 27 | 75.05 | 1.79 | 6.43 |
| 6 | 陕国投 | 21 | 58.72 | 0.92 | 5.36 |
| 7 | 建信信托 | 45 | 55.71 | 1.38 | 6.20 |
| 8 | 百瑞信托 | 21 | 51.71 | 1.45 | 7.27 |

数据来源：用益信托网，中诚信托战略研究部战略研究部整理。

(二)重点公司及业务分析

1. 光大信托、外贸信托、民生信托、陕国投和建信信托重点投向金融领域

2020年11月信托产品成立规模前八名中,光大信托、外贸信托、民生信托、陕国投和建信信托重点投向金融领域,其单月金融投向规模占比分别为39.71%、95.46%、48.90%、84.45%和64.46%,其近一年金融投向规模占比分别为32.26%、85.34%、47.86%、32.90%和39.66%(见表5)。

表5 重点投向金融领域的信托公司

| 序号 | 公司名称 | 2020年11月金融投向成立规模/亿元 | 2020年11月金融投向规模占比/% | 近一年金融投向成立规模/亿元 | 近一年成立规模总计/亿元 | 近一年金融投向规模占比/% |
|---|---|---|---|---|---|---|
| 1 | 光大信托 | 125.14 | 39.71 | 1,574.70 | 4,881.60 | 32.26 |
| 2 | 外贸信托 | 208.34 | 95.46 | 1,280.99 | 1,501.03 | 85.34 |
| 3 | 民生信托 | 59.37 | 48.90 | 854.20 | 1,784.81 | 47.86 |
| 4 | 陕国投 | 49.59 | 84.45 | 158.98 | 483.17 | 32.90 |
| 5 | 建信信托 | 33.33 | 64.46 | 323.75 | 816.37 | 39.66 |

数据来源:用益信托网,中诚信托战略研究部整理。

2. 百瑞信托、中融信托重点投向房地产领域

2020年11月信托产品成立规模前八名中,百瑞信托、中融信托重点投向房地产领域,其单月房地产投向规模占比为81.88%和96.91%,近一年房地产投向规模占比分别为21.52%和64.47%(见表6)。

表6 重点投向房地产领域的信托公司

| 序号 | 公司名称 | 2020年11月房地产投向成立规模/亿元 | 2020年11月房地产投向规模占比/% | 近一年房地产投向成立规模/亿元 | 近一年成立规模总计/亿元 | 近一年房地产投向规模占比/% |
|---|---|---|---|---|---|---|
| 1 | 百瑞信托 | 42.34 | 81.88 | 229.31 | 1,065.61 | 21.52 |
| 2 | 中融信托 | 90.20 | 96.91 | 527.28 | 817.85 | 64.47 |

数据来源:用益信托网,中诚信托战略研究部整理。

# 集合信托市场月度分析报告——2020年12月

## 一、2020年12月信托市场动态

### （一）集合信托规模：成立规模大幅回升

用益信托网统计数据显示，2020年12月集合信托产品发行规模2,552.85亿元，环同比分别下滑6.54%和20.11%；12月集合信托产品成立规模2,161.67亿元，环比增长23.56%，同比则减少15.59%（见图1）。

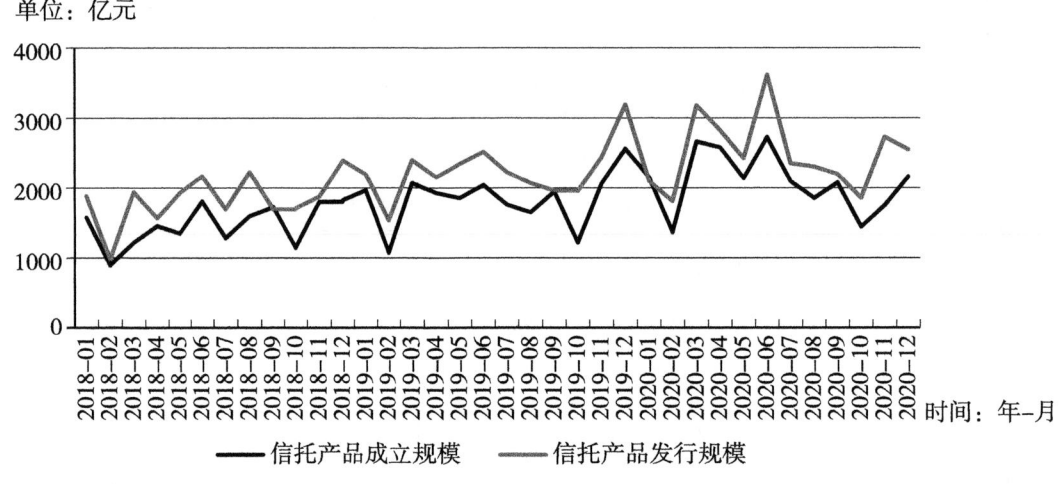

数据来源：用益信托网，中诚信托战略研究部整理。

**图1 近三年集合信托产品发行规模与成立规模**

### （二）集合信托收益率：发行和成立平均收益率环比继续小幅回升

2020年12月集合信托发行平均收益率和成立平均收益率分别为6.70%和6.76%，环比分别提升0.01和0.09个百分点，同比则分别降低1.20和1.12个百分点（见图2）。各投向领域来看，金融、房地产、基础产业和工商企业投向的集合信托产品收益率同比分别降低1.05、0.65、1.38、0.82个百分点；环比来看，金融和房地产投向的集合信托产品收益率分别增加0.02和0.22个百分点，基础产业和工商企业投向的集合信托产品收益率分别降低0.04和0.13个百分点（见表1）。

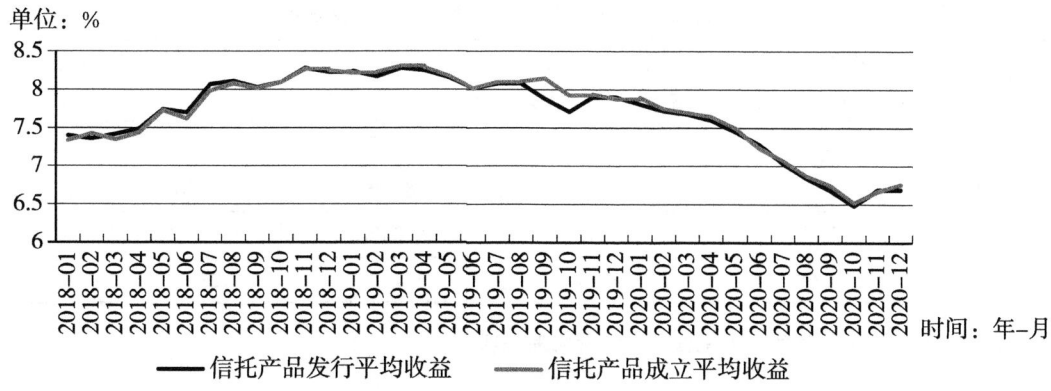

数据来源：用益信托网，中诚信托战略研究部整理。

**图2 近三年集合信托产品平均收益率**

**表1 集合信托产品各投向平均收益率同比、环比变化**

| 投资领域 | 2020年12月平均收益率/% | 2020年11月平均收益率/% | 2019年12月平均收益率/% | 环比变化/百分点 | 同比变化/百分点 |
|---|---|---|---|---|---|
| 金融 | 5.96 | 5.94 | 7.01 | +0.02 | -1.05 |
| 房地产 | 7.39 | 7.17 | 8.04 | +0.22 | -0.65 |
| 基础产业 | 6.88 | 6.92 | 8.26 | -0.04 | -1.38 |
| 工商企业 | 7.55 | 7.68 | 8.37 | -0.13 | -0.82 |

数据来源：用益信托网，中诚信托战略研究部整理。

**（三）集合信托资金投向：工商企业投向规模及占比大幅提升**

2020年12月，投向房地产领域的集合信托产品成立规模719.46亿元，环比小幅回落6.63%；投向房地产、基础产业和工商企业领域的集合信托产品成立规模分别为614.58亿元、277.47亿元和376.66亿元，环比分别增长3.46%、58.73%和128.07%。同比来看，投向金融、房地产和基础设施领域的集合信托产品成立规模分别减少0.84%、22.20%和46.46%；投向工商企业领域的集合信托产品成立规模增长38.49%（见表2）。

各投向规模占比情况来看，12月，投向金融和房地产领域的集合资金信托产品成立规模占比环比分别降低10.76和5.52个百分点；投向基础产业和工商企业领域的集合资金信托产品成立规模占比分别提升2.85和7.98个百分点。同比来看，投向金融和工商企业领域的集合资金信托产品成立规模占比分别提升5.51和4.39个百分点，投向房地产和基础产业领域的集合资金信托产品成立规模占比分别减少1.81和11.99个百分点（见表3）。

**表 2　集合信托产品各投向成立规模同比、环比变化**

| 投资领域 | 2020年12月成立规模/亿元 | 2020年11月成立规模/亿元 | 2019年12月成立规模/亿元 | 环比变化/% | 同比变化/% |
|---|---|---|---|---|---|
| 金融 | 719.46 | 770.55 | 725.53 | -6.63 | -0.84 |
| 房地产 | 614.58 | 594.03 | 789.95 | +3.46 | -22.20 |
| 基础产业 | 277.47 | 174.81 | 518.28 | +58.73 | -46.46 |
| 工商企业 | 376.66 | 165.15 | 271.97 | +128.07 | +38.49 |

数据来源：用益信托网，中诚信托战略研究部整理。

**表 3　集合信托产品各投向规模占比同比、环比变化**

| 投资领域 | 2020年12月规模占比/% | 2020年11月规模占比/% | 2019年12月规模占比/% | 环比变化/百分点 | 同比变化/百分点 |
|---|---|---|---|---|---|
| 金融 | 33.28 | 44.04 | 27.77 | -10.76 | +5.51 |
| 房地产 | 28.43 | 33.95 | 30.24 | -5.52 | -1.81 |
| 基础产业 | 12.84 | 9.99 | 24.83 | +2.85 | -11.99 |
| 工商企业 | 17.42 | 9.44 | 13.03 | +7.98 | +4.39 |

数据来源：用益信托网，中诚信托战略研究部整理。

## 二、重点公司分析

### （一）成立规模前八名信托公司

根据用益信托网统计，2020年12月集合资金信托产品成立规模最大的八家信托公司依次为光大信托、建信信托、粤财信托、外贸信托、华鑫信托、陕国投、中融信托和兴业信托（见表4）。

**表 4　2020年12月集合信托产品成立规模前八名**

| 序号 | 公司名称 | 成立数量 | 成立规模/亿元 | 平均期限/年 | 预期收益率/% |
|---|---|---|---|---|---|
| 1 | 光大信托 | 214 | 300.41 | 1.66 | 6.95 |
| 2 | 建信信托 | 77 | 238.97 | 2.30 | 6.34 |
| 3 | 粤财信托 | 49 | 196.63 | 2.33 | 7.52 |
| 4 | 外贸信托 | 269 | 127.18 | 3.55 | 6.69 |
| 5 | 华鑫信托 | 121 | 115.49 | 2.30 | 6.80 |
| 6 | 陕国投 | 21 | 86.49 | 0.94 | 5.20 |
| 7 | 中融信托 | 39 | 83.98 | 2.27 | 6.03 |
| 8 | 兴业信托 | 23 | 75.15 | 3.83 | 6.80 |

数据来源：用益信托网，中诚信托战略研究部整理。

## （二）重点公司及业务分析

### 1. 光大信托、外贸信托、粤财信托和陕国投信托重点投向金融领域

2020年12月信托产品成立规模前八名中，光大信托、外贸信托、粤财信托和陕国投重点投向金融领域，其单月金融投向规模占比分别为37.74%、91.88%、43.93%和80.95%，其近一年金融投向规模占比分别为32.18%、89.23%、41.84%和41.29%（见表5）。

表5 重点投向金融领域的信托公司

| 序号 | 公司名称 | 2020年12月金融投向成立规模/亿元 | 2020年12月金融投向规模占比/% | 近一年金融投向成立规模/亿元 | 近一年成立规模总计/亿元 | 近一年金融投向规模占比/% |
|---|---|---|---|---|---|---|
| 1 | 光大信托 | 113.37 | 37.74 | 1,556.70 | 4,837.98 | 32.18 |
| 2 | 外贸信托 | 116.85 | 91.88 | 1,323.35 | 1,483.15 | 89.23 |
| 3 | 粤财信托 | 86.37 | 43.93 | 137.86 | 329.48 | 41.84 |
| 4 | 陕国投信托 | 70.01 | 80.95 | 227.28 | 550.40 | 41.29 |

数据来源：用益信托网，中诚信托战略研究部整理。

### 2. 中融信托、兴业信托重点投向房地产领域

2020年12月信托产品成立规模前八名中，中融信托和兴业信托重点投向房地产领域，其单月房地产投向规模占比分别为60.73%和44.46%，其近一年房地产投向规模占比分别为67.37%和59.82%（见表6）。

表6 重点投向房地产领域的信托公司

| 序号 | 公司名称 | 2020年12月房地产投向成立规模/亿元 | 2020年12月房地产投向规模占比/% | 近一年房地产投向成立规模/亿元 | 近一年成立规模总计/亿元 | 近一年房地产投向规模占比/% |
|---|---|---|---|---|---|---|
| 1 | 中融信托 | 51.00 | 60.73 | 573.38 | 851.14 | 67.37 |
| 2 | 兴业信托 | 33.41 | 44.46 | 267.44 | 447.04 | 59.82 |

数据来源：用益信托网，中诚信托战略研究部整理。

### 3. 华鑫信托重点投向工商企业领域

2020年12月信托产品成立规模前八名中，华鑫信托重点投向工商企业领域，其单月房地产投向规模占比为47.84%，其近一年房地产投向规模占比为13.58%（见表7）。

表7 重点投向工商企业领域的信托公司

| 序号 | 公司名称 | 2020年12月工商企业投向成立规模/亿元 | 2020年12月工商企业投向规模占比/% | 近一年工商企业投向成立规模/亿元 | 近一年成立规模总计/亿元 | 近一年工商企业投向规模占比/% |
|---|---|---|---|---|---|---|
| 1 | 华鑫信托 | 54.29 | 47.84 | 69.53 | 511.83 | 13.58 |

数据来源：用益信托网，中诚信托战略研究部整理。

# 后　记

《信托市场热点研究（2020）》收录了中诚信托战略研究部2020年信托市场研究的成果，体现了对当年信托行业重要发展动态的长期跟踪研究与深入思考分析。

中诚信托战略研究部设立二十多年来，为公司发展持续提供创新研究和智力支持，充分体现了中诚信托的专业品牌形象。战略研究部建立了每周、每月、每季度研究报告工作体系，内容覆盖宏观形势、金融市场、信托热点、创新业务、监管政策等多个方面，研究成果具有较强的理论性和应用性。此外，战略研究部积极参与信托行业研究，多年来承担监管部门、信托业协会等重点研究课题二十余项，在主流媒体发表专业文章数十篇，为推动信托行业研究发展做出了一定的贡献。

本书得到了中诚信托党委领导和管理层的大力支持。公司领导和各部门同事一直关心和指导战略研究部的研究工作，并在本书的篇章结构方面给予了富有建设性的建议，在此表示感谢。

由于本书收录的研究文章均由各位作者独立完成，撰写文风不尽一致，编写水平亦有所参差，难免有疏漏之处，敬请社会各界、行业同人与读者批评指正。

中诚信托战略研究部